古典文獻研究輯刊

三七編

潘美月・杜潔祥 主編

第49冊

《四分律刪繁補闕行事鈔》集釋
（第七冊）

王 建 光 著

國家圖書館出版品預行編目資料

《四分律刪繁補闕行事鈔》集釋（第七冊）／王建光 著 -- 初
版 -- 新北市：花木蘭文化事業有限公司，2023〔民112〕

目 4+234 面；19×26 公分

（古典文獻研究輯刊 三七編；第 49 冊）

ISBN 978-626-344-512-3（精裝）

1.CST：四分律 2.CST：律宗 3.CST：注釋

011.08   112010540

ISBN-978-626-344-512-3

古典文獻研究輯刊
三七編　第四九冊　　　　　ISBN：978-626-344-512-3

《四分律刪繁補闕行事鈔》集釋（第七冊）

作　　　者　王建光
主　　　編　潘美月、杜潔祥
總 編 輯　杜潔祥
副總編輯　楊嘉樂
編輯主任　許郁翎
編　　　輯　張雅淋、潘玟靜　美術編輯　陳逸婷
出　　　版　花木蘭文化事業有限公司
發 行 人　高小娟
聯絡地址　235 新北市中和區中安街七二號十三樓
　　　　　電話：02-2923-1455／傳真：02-2923-1452
網　　　址　http://www.huamulan.tw 信箱 service@huamulans.com
印　　　刷　普羅文化出版廣告事業
初　　　版　2023 年 9 月
定　　　價　三七編 58 冊（精裝）新台幣 150,000 元　　版權所有・請勿翻印

《四分律刪繁補闕行事鈔》集釋
（第七冊）

王建光　著

目次

卷中之二

唐京兆崇義寺沙門釋道宣撰述

隨戒釋相篇第十四（二）

僧殘〔一〕篇中。

【校釋】

〔一〕僧殘　鈔批卷一五：「立謂：此篇從懺時境體得名。由犯此罪，從僧乞懺。僧是能懺之境，殘是所犯之體，故曰僧殘。若欲豎義，如戒疏述。今聊出三門：一曰遮性，就十三中，媒及二房，是其遮戒；餘之十戒，體是不善，故是性戒。二曰持犯者，謂二房中，具二持犯，以中含止、作二持犯也；餘十一戒，止持、作犯，亦可止持、作犯，通十三戒。三曰僧尼同異者，媒、嫁、二謗、四諫，此七戒僧尼同犯。然而四諫，得罪雖齊，各違當眾，如謀謗三戒，境罪俱等，有六戒，僧尼不同：漏失，僧重尼輕。所以爾者，多云：女人煩惱深重，難拘難制。若制與重罪，則是苦惱眾生。又，女人多在私屏，多緣多力，苦乃盈流，故輕；男子不爾，隨事能出，故重。摩觸一戒，尼重僧輕。所以然者，尼則煩惑情重，既受摩觸，必為陵逼，容成大過，方便之內，（六八六頁上）制尼與重名。丈夫摩捉，必無陵壞，不假深防，就限分故，制輕也。又，女人貪觸情重，律有背夫從觸之相，如彼賢愚，試之以氈，女住男去，情有著故也。二房亦爾，僧重尼輕：僧是多利，孤遊造房，事數故重；尼則反前，故輕。立云：今此釋相，且約僧十三而明，尼有十七。今僧十三中，七戒與尼同犯。餘之十戒，下尼眾別行中自明。」（六八六頁下）搜玄：「僧殘篇。雖南山八門，今欲略知，敘五門義。將釋此篇，大分為二：初，總以義門分別；二、依篇正解。初，分五：初起由三毒，二配於身口，三自作教人，四解遮性，五

初篇種類。初，起由三毒者。初有七戒，因三事起貪染心成；次有二戒，嗔心起成；次有二戒，因三事起癡慢心成；次有二戒，嗔癡起成。第二，配身口者。謂初二局身，次二麤語、二謗、四諫八戒，口為正犯，有（【案】『有』疑『身』）助成；二房，身為正犯，口是助業；次媒嫁一戒，身口正犯也。第三，自作教人者。位分為三：初，有五戒，謂：麤語、歎身、媒嫁、二房，自作定殘，教人同不同。若作此五，於己有潤，故同犯殘；若泛爾教人，於己無潤者，但可犯蘭也。二、有二戒，謂二謗戒，自作、教人，為己、不為己，惱境處齊，彼我同犯。三、有六戒，謂漏失、摩觸，自作犯殘，教人偷蘭，（四二五頁上）以無潤己故；□四諫，自作正犯，教人違諫，亦得蘭也。第四，遮性者。媒及二房，是其遮惡，餘之十威（【案】『威』疑『戒』。），體是不善，故是性惡也。第五雜類者。見論分四：初，有五戒，是愛染氣分，婬之種類；二者，二房兩戒，是盜種類；三、汙家□行，是煞種類；四、餘之五戒，是要語種類。」（四二五頁下）【案】本篇內容包括十三僧殘、二不定和三十捨墮。以下「十三僧殘法」，四分卷二，五七九頁上開始。鈔文以下，列釋戒相，其基本結構是：

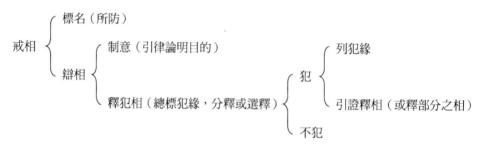

故失精戒〔一〕第一

此戒人之喜犯，故在初〔二〕也。

多論，三義故，佛制此戒：一、為令正法久住〔三〕故，二、欲止誹謗〔四〕故，三、欲生天龍善神信敬心〔五〕故。四部律中〔六〕，佛竝訶責言：云何以此不淨手，受人信施？

具三緣：一、標心作究竟意〔七〕，二、方便動轉，律中有六種：一、內色，謂受色〔八〕；二、外色〔九〕，謂不受色；三、內外色〔一〇〕，二色中間；四、水中，逆水順水；五、風中，同「水法」〔一一〕；六、空者，自空動身。乃至餘境〔一二〕也。三、體分〔一三〕盈流，便犯。

五分：睡時不淨出，若覺，發心，身動，偷蘭；身不動而心動者，

吉羅〔一四〕。善見云：若手捉根而睡，擬出精者，眠中若出，僧殘〔一五〕。律中，開夢出者不犯〔一六〕。若亂意睡眠，有五過失：一者惡夢〔一七〕，二者諸天不護〔一八〕，三、心不入法〔一九〕，四、不思明相〔二〇〕，五、喜出精〔二一〕。五分，得五吉羅〔二二〕，以夢故，不犯殘也。

律不犯〔二三〕中。

若夢中失〔二四〕，覺已，恐污身衣故，以弊物及手捔棄；若欲想出〔二五〕；若見好色，不觸而失；若行時，自觸兩胜而失；若觸衣而失；若浴時失；若手揩摩而失。如是一切〔二六〕，不作出精意而自出者，無犯。

十誦：擔重、遠行、騎乘，筋節斷解，便有種種精出。善見云：精徧身中〔二七〕故。伽論中：故出他精，偷蘭，為他作境界也。

【校釋】

〔一〕故失精戒　搜玄：「初緣起者。佛在舍衛國，迦留陀夷欲意熾盛，隨憶挼失，比丘白佛，佛呵制也。制意，如鈔引多論是。釋名者。戒疏云：方便動轉，標心究竟，名之為故；體分盈緣，故稱為失。此是所防，戒是能治之行。彼能所合舉，故曰也。」（四二五頁下）【案】下文共列十三僧殘。本戒鈔科簡稱為「漏失戒」。釋文分為三：初「此戒」下；二「多論」下；三「具三」下，又分二：犯與不犯。四分卷二，五七九頁上開始。

〔二〕此戒人之喜犯，故在初　資持卷中二：「準戒疏意，不獨此篇，餘篇皆爾，舉之可知。『喜』字去呼，猶好也，又數也。」（二八六頁上）搜玄：「以犯此戒，自行戲失，宣（原注：『宣』字更勘。）能維持，故使佛法有速滅也。（四二五頁下）今由制故，自行冰潔，眾仰維持，故使正法久住不滅也。」（四二六頁上）簡正卷一〇：「此明制意也。初之兩句，述先後之意也。問曰：『十三戒僧殘，何故此戒最居其首？為復據犯戒，次第安設；為復約三毒種類排之？』可引抄答云：『此戒人之憙犯，故在初也。憙者，數也。但據比丘頻犯之邊，故在初列。』」（六五六頁上）

〔三〕為令正法久住　資持卷中二：「初，即通意，通一切故。」（二八六頁上）鈔批卷一五：「疏云：然婬欲惡法，正是生死之源、障道根本，理宜制斷，令梵行清淨故也。以犯此戒，何能維持佛法？故速滅正法。今由制故，正法久住故。」（六八六頁下）簡正卷一〇：「謂自行虧失，豈能維持，故使佛法速滅。今制此戒，自行永潔，眾仰（六五六頁上）迬（【案】『迬』疑『匡』。）持，故使正法不滅，即久住義也。」（六五六頁下）

〔四〕欲止誹謗　資持卷中二：「論釋云：世人外道當言，沙門釋子作不淨行，與俗無異。」（二八六頁上）

〔五〕欲生天龍善神信敬心　搜玄：「論云：若作此事，雖復私屏，天龍善神，一切見之。靈山云：今若不作，則能生天龍信敬心也。」（四二六頁上）

〔六〕四部律中　簡正卷一〇：「四部律中，即四、五、十、祇，同此呵責也。」（六五六頁下）

〔七〕標心作究竟意　資持卷中二：「初，即結業之本，下二相成之緣。究竟意者，期出乃已也。若但為弄，理應結吉。」（二八六頁上）

〔八〕內色，謂受色　簡正卷一〇：「心能領納，名受此色。與受相應，名為受色，即令人身有識持者。」（六五六頁下）鈔批卷一五：「律云：謂心領納，名之為受。受相應色，名為受色，即是人身，有識持者是也。立云：此約有心識能受其色，即一切有情之類也。」（六八六頁下）資持卷中二：「示境釋成方便，內色、外色者，即情、非情（五塵並有內外）。受謂執受，即有情也，不問自他。（五分：內色己身，外色他身，與此不同。）不受即無情，反上可解。」（二八六頁上）扶桑記釋「執受」：「第八識三種境中，依報器界，名非執受，正報根身及種子名執受，符今記釋。」（一八八頁下）

〔九〕外色　簡正卷一〇：「謂不受色，即非情色。非『心』『心所法』領納，名不受也。」（六五六頁下）鈔批卷一五：「謂非情色也。即一切外物，無情之類，如衣物、竹木等，約為漏失境也。此非情物，不能受色也。」（六八六頁下）

〔一〇〕內外色　簡正卷一〇：「謂衣是無情，身是有情，於中作境界也。若據五分云：內色己身，外色他身。（似有異也。）」（六五六頁下）鈔批卷一五：「謂兩色中間也。一邊是有情色，一邊是無情色，於此二色中間出精也。准五分云：內色是於己身，外色是他身也。」（六八七頁上）資持卷中二：「謂情、非清，二物相兼。如以手持物，隔衣就身之類。問：『下列水風，亦即非情，何意重出？』答：『若據二色，收無不盡。但水風二物，物來觸身，恐謂不犯，故須細簡。空境亦爾。以不假色，疑無罪故，猶恐上六攝境不盡，仍以乃至統而收之。』問：『前淫戒中，半壞、多分、骨間等境，作出精意；犯僧殘者，此為何色？』答：『雖無執受，義歸內色，但取情類，豈簡死活？』」（二八六頁上）扶桑記：「本云：內外者，受不受色。順水之下，有『若以水灑』四字。同水法者，彼云：『若順風，或逆風，或口吹。』」（一八八頁下）

〔一一〕風中，同「水法」　鈔批卷一五：「下至口吹，亦得是風也。」（六八七頁上）

〔一二〕乃至餘境　扶桑記：「『乃至』已下，鈔主義加。」（一八八頁下）鈔批卷一五：
　　　「據律且約六境而言，准義一切萬境，皆得為犯境也。故下持犯篇云：如漏失
　　　戒，觸緣斯犯，何須境想？又云：漏失同然，境仍是寬。」（六八七頁上）搜
　　　玄：「花嚴：一切万境，皆為犯境。故下犯持篇（【案】『犯持』疑倒。）云：
　　　如漏失戒，觸緣斯犯。何僧（原注：『僧』字更勘。【案】『僧』疑『須』。）境
　　　想。」（四二六頁上）

〔一三〕體分　扶桑記：「行宗云：體分，即不淨。善見：舉體有精，除髮爪及燥皮無
　　　也。」（一八八頁下）

〔一四〕身不動而心動者，吉羅　資持卷中二：「初文，五分結輕，本不作意，闕初緣
　　　故。出時方覺，因動身心，故罪分兩等。言心動者，即生樂念。」（二八六頁
　　　上）搜玄：「初，五分，約睡覺，身心俱單，明犯相。」（四二六頁上）

〔一五〕若手捉根而睡，擬出精者，眠中若出，僧殘　搜玄：「『見論』下，遂本期心，
　　　明犯相。」（四二六頁上）資持卷中二：「重者雖在無記，稱前方便故。」（二
　　　八六頁中）

〔一六〕律中，開夢出者不犯　簡正卷一〇：「既位在下凡，未能無夢，故律開也。此
　　　言開者，謂不犯殘，非無小罪。下文列五過失，結五吉羅，豈非是罪？」（六
　　　五六頁下）資持卷中二：「律明除夢。因示五過，如文所列。乃至云：反此得
　　　五功德等。然文中但言過失，不明罪相，故引五分決之。今斷此罪，若初眠
　　　時，攝意夢失，如律無犯，不攝而失悔五，吉羅。（無記結業，準此文也。）
　　　亂意不失，理非結限，但不繫想，違律得吉。初眠即結，非是夢犯。」（二八
　　　六頁中）搜玄：「『律中』下，亂意睡眠，明犯相。……靈山云：位在下凡，未
　　　能無曼（原注：『曼』疑『夢』。下同），故律開也。（四二六頁上）鈔意：律開
　　　不犯殘。既言有五過失……如五分中不攝而眠，五吉羅也。此云不犯，開於殘
　　　耳。」（四二六頁下）

〔一七〕惡夢　鈔批卷一五：「案見論十二云：夢有四種，一、四大不和故夢。如見山
　　　崩地動，飛騰虛空，虎狼賊逐等也。二、先見故夢。如晝日見青、黃、赤、白
　　　男女，夜則夢見。三、天人與故夢。或有善惡天子為現善惡兩夢也。四、想心
　　　故夢。此人前身為福，則有善夢，誦經禮佛等；若為惡者，則見殺盜等。前二
　　　不實，經云『如夢幻』等是也；後二為實，經云但取夢相，如方等、佛名所說
　　　也。賓云：有人引見論四夢，於此義中全成無用。」（六八七頁上）簡正卷一
　　　〇：「夢見煞等，謂若持戒攝念，即常有善夢，如上卷說。今不攝念致有惡夢

也。又，夢通三性，夢禮佛誦經是善行，煞等惡，青黃赤白等無記。」（六五六頁下）

〔一八〕諸天不護　簡正卷一〇：「意亂攀緣龍天，既知並捨去也。」（六五六頁下）鈔批卷一五：「立云：國王一人，有多人護。貧窮人，雖有眾多，無一人護。若一人持戒，眾多天護。若破戒者，雖復眾多，無一天護。」（六八七頁上）搜玄：「意既亂緣，天如不護。」（四二六頁下）

〔一九〕心不入法　資持卷中二：「律制思惟善法故。」（二八六頁中）搜玄：「心既散亂，不能入於覺觀等法喜。」（四二六頁下）

〔二〇〕不思明相　資持卷中二：「律制分星月想，明相故。」（二八六頁中）

〔二一〕喜出精　簡正卷一〇：「精謂精髓，遍在身中，是持身之寶。若無此任持，即便枯瘁也。律中有七種：青、黃、黑、赤、白、酪酪、漿也。青者，輪王。黃者，輪王太子。黑者，王、大臣。赤者，犯女色多。白者，負重人。酪者，初果人。漿者，二果也。」（六五七頁上）鈔批卷一五：「律中，精有七種，謂青、黃等，以故出時，還有七種心，謂擬出青、黃等也。（六八七頁上）一種精上，既有七心，七七便成四十九心。兼一漫心，成五十心。於前內色、外色等六境上，一境有五十心，六境是三百心也。律中，出精時，有十一法，於一一法上有三百，合成三千三百句，皆犯殘也。（下明不犯法。）」（六八七頁下）搜玄：「有人於此作三千句，鈔皆從略，故不敘也。五分第二云：因有比丘夢失不淨，疑犯殘。白佛。佛呵責云：汝等不應散心眠，犯吉。散心有五過失，與四分大同。」（四二六頁下）

〔二二〕得五吉羅　簡正卷一〇：「五分五吉羅者，結犯也。『若爾，何不犯殘？』鈔答：『以夢故不犯也。』」（六五七頁上）

〔二三〕不犯　資持卷中二：「不犯中。律文七種。」（二八六頁中）搜玄：「欲想好色，但起於心行時，觸脾、觸衣皆摩。雖觸內外色，而不作出意，無犯。見論云：精是持身之寶，故遍身中。若無，枯瘁。伽論為釋妨故來。上諸不犯事緣，皆約自有，如是事緣，不作出意，故不犯也。若別人故意為他出精，為他揩摩，令他作上事而出精，（四二六頁下）古（原注：『古』字更勘）前人為他作故，犯蘭也。」（四二七頁上）【案】「不犯七種」即下文「若」字所始之七句。「不犯」文分二：初本律；二、「十誦」下。

〔二四〕若夢中失　資持卷中二：「已出而棄，非故弄也。」（二八六頁中）

〔二五〕若欲想出　資持卷中二：「心想淫欲而失。不作出意，與下『見好色』事同。

然此二種，非無吉羅。但不犯殘，故在開限。心思、眼見，以至漏失業相麤顯，豈得無過？律制惡覺，染心看女，皆制吉罪，足為明準。（有云：欲想出而不出者，不出無犯，何得論開？）」（二八六頁中）

〔二六〕如是一切　資持卷中二：「約事而論，豈唯七種？故以此語，統收多相，則開意可知矣。」（二八六頁中）

〔二七〕精徧身中　資持卷中二：「除髮爪及燥皮無精耳。」（二八六頁中）

摩觸女人戒〔一〕第二

多論六義〔二〕：一者，出家之人，飄然無所依止〔三〕，今制此戒與之作伴，有所依怙〔四〕故。二、為息鬪諍，此是諍競根本〔五〕故。三、為息疑嫌，不但謂「捉」而已，謂作大惡〔六〕故。四、為斷大惡之原，禁微防著〔七〕故。五、為護正念〔八〕，若觸女人，必失正念故。六、比丘出家，理應超絕塵染，棲心累外，為世軌則，若觸女人，則喪世人崇敬心〔九〕故。

具五緣成犯：一、人女，二、人女想，三、有染心〔一〇〕，四、身相觸〔一一〕，五、著，便結犯。

初明人女者。律本云「四種女人〔一二〕」，如「淫戒」中。

有染心者，愛染污心〔一三〕。

身者，從髮至足〔一四〕也。言相觸者，有三種〔一五〕：初，比丘往觸。無衣、覺女、睡眠、新死、少分壞〔一六〕者，但使往觸著，不問受樂、不受樂，皆犯僧殘〔一七〕。二者，女來觸比丘。不必須淫心〔一八〕，而比丘要須動身受樂者，犯殘〔一九〕。此律文不了〔二〇〕，今準十誦，言犯僧殘〔二一〕。若不動身而受樂者，此律吉羅〔二二〕。若先有染心於前女，後女來觸，比丘不動而受樂者，偷蘭遮〔二三〕；動則犯殘。如上，竝據二俱無衣以言〔二四〕。若互有衣者，犯偷蘭〔二五〕；二俱有衣，犯吉羅〔二六〕。若與二形身相觸，偷蘭〔二七〕。此又律文不了〔二八〕。如十誦、伽論：意在女者，僧殘；在男者，偷蘭〔二九〕。律中，若欲心觸男子，或衣鉢、坐具，乃至自觸身，一切吉羅〔三〇〕。

善見：若以髮髮相觸、爪爪相觸，悉偷蘭〔三一〕，以無覺能觸故。覺境不覺，應作四句〔三二〕。十誦：比丘及女人，身根互壞，相觸皆蘭〔三三〕；若以爪、齒、毛、瘡、無肉骨觸女身，偷蘭〔三四〕。若依四分戒本，若捉髮者，殘〔三五〕。謂以覺觸不覺也。僧祇律中：若觸畜生女者，一切吉

羅〔三六〕。非人女亦爾，謂無淫心〔三七〕。十誦：若觸不能女、男身者，俱蘭〔三八〕。僧祇：意謂男子、黃門，而是女人，觸者殘〔三九〕。謂前有方便心，後稱本境〔四〇〕。善見云，相觸得五罪〔四一〕，謂：夷、殘、蘭、吉；指觸故，波逸提。

不犯中。

律云：若有所取與相觸，或戲笑，若相解時相觸，一切不犯〔四二〕。非不犯餘罪〔四三〕。

僧祇：若共女人捉物呪願、捉器行食、捉繩頭尾、捉杖竹木，皆非威儀〔四四〕；有欲心者，吉羅〔四五〕。欲心動物，及以器繩，或濺水著女，皆偷蘭〔四六〕。若母等近親，久別相見，抱捉比丘者，當正念住，不犯〔四七〕。十誦〔四八〕：若母女姊妹，為病患及水火、刀兵、深坑、惡獸難，救者無犯，但無染心。若為水所沒，開比丘手捉，雖淫心起，但捉一處莫放〔四九〕；到岸，不應故觸，得殘。若女人寫水，注比丘手，水流不斷，於女生淫心，偷蘭〔五〇〕。僧祇〔五一〕：若城門道迮，逢女人鬧者，要待希已，便過。若女人有所須，令淨人與；無者，持著牀几上，語言「取之」。若擔重不舉，倩比丘者，旁無淨人，比丘為舉著高處，令自擔之。若乞食時，有端正女持食來，比丘若起淫心者，放鉢著地，令餘人授受之〔五二〕。準此〔五三〕，若就女人取鍼線、瓶盂等物，恐搪觸者，當語「著地」，然後比丘自取。餘並例知。

十誦、四分，開處猶多。若據僧祇，水溺難緣，至死不開。須知「急」「緩」之意〔五四〕，過集積增〔五五〕，莫不由此。

【校釋】

〔一〕摩觸女人戒　搜玄：「緣起者。佛在舍衛國，迦留墮夷，佛制『漏失』，便觸諸女，手捉捫摸，招譏，呵制。制意如鈔。三、釋名者。當陽云：身相捫摸為摩，二境交對曰觸。此是所防。戒是能治之行，能所通舉，故曰也。向下諸戒，雖此結語，更不述也。戒疏問云：『僧尼俱觸，而罪有輕重，二人俱宿，而罪無階降者？』答：『的對為言，綾、不綾別，故有夷、殘。宿中懸對，譏義是同，故俱提也。』」（四二七頁上）【案】本節明摩觸，所言觸的形式有自觸和他觸，觸者有男、有女和二形，有著衣和非著衣之分。釋相文分為二：初「多論」下；二、「具五」下，犯與不犯。本戒鈔科簡稱為「摩觸戒」。四分卷二，五八〇頁中開始。

〔二〕**多論六義** 搜玄：「慈云：制此戒與為律者，如俗人無其良伴，即作諸惡。出家之人，若無此戒，便作諸惡，故制此戒，用為伴也。故智論二十一云：僧戒是我趣涅槃之真伴。如俗人種種眾惡妻子、奴婢、人民等，是入三惡道伴。今聖人伴，安穩至涅槃者，（四二七頁上）當淨持戒憶念。如佛所說，戒為伴也。此約智論，通約諸戒為伴，准此鈔文，事約此戒為伴。至下引見論，觸得五罪故，將此五罪，與諸比丘為淨伴也。」（四二七頁下）【案】薩婆多卷三，五二○頁上。

〔三〕**飄然無所依止** 資持卷中二：「初，意通一切戒，故知比丘以法為伴。必無戒者，窮獨何依？」（二八六頁中）簡正卷一○：「宛陵云如浮萍，隨風不定，無其所止也。比丘之法亦然，去住隨緣，無所故戀、滯著等者，今制此戒。伴者謂良伴，有琢磨之益。今戒伴能制禁行人，不造諸過。問：『抄今云制此戒作伴，為是二百五十戒總為伴，唯局此戒？』答：『然二百五十戒，總是行人伴。今言作伴者，故智論云：俗妻子、奴婢、人民等，是入惡道之伴。沙門用戒是趣涅槃之真伴』。」（六五七頁上）

〔四〕**有所依怙** 簡正卷一○：「大德云：如毛詩中說：無父曰無怙，無母曰無恃。既無父母，即無可恃怙。今制此戒亦共有娜父在世不殊，即有依怙也。」（六五七頁上）鈔批卷一五：「以出家僧尼善法為伴也。准理，其餘諸戒豈不作伴？其實亦得作伴也。言依怙者，依，由仗也。怙者，恃也。」（六八七頁下）

〔五〕**為息鬬諍，此是諍競根本** 鈔批卷一五：「謂比丘觸他婦時，夫主聞之，特生不忍，必與比丘而生諍競也。」（六八七頁下）資持卷中二：「女多繫屬，人所忌故。」（二八六頁中）（四二七頁下）

〔六〕**不但謂「捉」而已，謂作大惡** 資持卷中二：「『不但』等者，出他疑嫌之相。」（二八六頁中）鈔批卷一五：「謂俗人見觸女時，謂言比丘亦作婬欲，故曰也。」（六八七頁下）【案】「但謂」，底本為「但為」，據敦煌甲本、敦煌乙本、敦煌丙本、薩婆多及文義改。

〔七〕**為斷大惡之原，禁微防著** 資持卷中二：「根本淫業即大惡源，制此防彼故。」（二八六頁中）

〔八〕**為護正念** 資持卷中二：「順本貪欲，不能攝心故。」（二八六頁中）

〔九〕**若觸女人，則喪世人崇敬心** 資持卷中二：「『若』下，明非所應為。既乖超絕，即失自利，喪人崇敬，即失利他。僧田既失，佛法隨壞，三寶滅故。」（二八六頁中）

〔一〇〕**有染心** 資持卷中二:「釋第三中。恐濫大淫,故約愛染,釋出心相,非期淫也。」(二八六頁下)扶桑記釋「恐濫大淫」:「恐謂有染心者,行淫心故,但約愛染汙釋之。」(一八九頁下)

〔一一〕**身相觸** 簡正卷一〇:「約二俱無衣說也,即簡互有衣,蘭;俱為衣,吉。」(六五七頁下)搜玄:「但舉是身,簡互有衣,犯曾非殘,故戒疏第四緣云『二俱無衣』也。」(四二七頁下)

〔一二〕**四種女人** 鈔科卷中二:「引本律通釋三緣。」(五七頁中)資持卷中二:「女境多種,隨戒各異,觸境同淫,故指淫戒。」(二八六頁中)簡正卷一〇:「一、覺女,二、睡女,三、新死,四、少分壞。若觸此四境是犯殘。除此四外,即半壞、多壞,犯輕也。」(六五七頁下)搜玄:「先釋初緣,是其犯境。……四種女人婬戒者,謂:活中,覺及睡;死中,即新死、少分壞也。除此四女人,外餘境輕也。」(四二七頁下)【案】列緣分二:初列本律;二、「善見」下列他部。本句釋第一緣。此處見四分卷一,五七一頁下;卷二,五八〇頁下。

〔一三〕**有染心者,愛染污心** 簡正卷一〇:「戒疏云:心本性淨,由愛生染。今言愛者,謂婬欲染污之愛,即非淨也。」(六五七頁下)搜玄:「『有婬心』下,解第三染心,顯其犯相。」(四二七頁下)【案】本句釋第三緣。

〔一四〕**身者,從髮至足** 簡正卷一〇:「舉於上下,以攝中間,俱名身分也。」(六五七頁下)【案】「身者」下釋第四緣,共分四:初,「身者」下明身相;二、「言相」下,明相觸;三、「若以」下明二形;四、「律中」下明男子。

〔一五〕**言相觸者,有三種** 簡正卷一〇:「今依戒疏科抄:初,從『比丘往觸無衣、覺女』乃至『並據二俱無衣以言』為一種;從『若互有衣』等為二種;從『若二俱有衣已來』為三種也。(不取古記諸科三種。)正釋三種也。就初段(【案】即第一種。)中,自分三句:初,約比丘往觸女;二、約女來觸比丘;三、先有染心於前女等。且往觸者,即第一段中,第一句也。」(六五七頁下)鈔批卷一五:「言相觸有三種者,一、比丘往觸女人;二、女來觸比丘;三、互來相對,亦名『俱設』。」(六八七頁下)資持卷中二:「『相觸』者,律云:若捉摩、重摩,或牽或推,逆摩、順摩,或舉或下,或捉或捺,若餘方便等。三種者,初至『以言二俱無衣』(【案】鈔文作『二俱無衣以言』。)為一;『若互』下互有為二;二(【案】『二』疑『三』)、『俱』下,俱有為三。(準疏分之。)初中,又二,如文自標。初,比丘觸女,方便自造,約觸明犯。初句標簡,『無衣』下即列四境。『但』下斷犯。二、女觸比丘,為彼所嬈,約樂論犯。初二

句標簡，由為他觸，不約前期，故云不必淫心。據後受樂，即淫心也。『而』（【案】即『而比丘要須』句。）下，斷犯，又二：初，約動身受樂。初斷僧殘，兼身心故。『此』下點示上判有所據故。」（二八六頁下）扶桑記：「一、俱無衣，二、互有衣，三、俱有衣也。」（一八九頁下）【案】雖然相觸有三種，但本段言第一種，即「比丘往觸女人」之事。余二種僅出簡名，解釋從略。第一種下，簡正又分三，鈔批作二。

〔一六〕無衣覺女、睡眠、新死、少分壞　簡正卷一〇：「舉四犯境也。」（六五七頁下）

〔一七〕不問受樂不受樂，皆犯僧殘　簡正卷一〇：「破古解也。古云：受樂方犯，不受樂不犯。今云但觸著便犯，不論樂不樂也。」（六五七頁下）鈔批卷一五：「立謂：此約比丘受樂不受樂也。對此作句，應有九百七十一句，如別記說。」（六八七頁下）

〔一八〕女來觸比丘，不必須淫心　簡正卷一〇：「此是第一段中第二句也。（六五七頁下）不必須婬心者，謂前女或因送物取與等時，觸著比丘，並無婬心。」（六五八頁上）

〔一九〕比丘要須動身受樂者，犯殘　搜玄：「隨前女作何事來觸比丘，但使比丘動身受樂，（四二八頁上）皆殘也。故律云：女作女想，女以手捫摸，比丘動身，婬意染著，受觸樂，僧殘。」（四二八頁下）

〔二〇〕此律文不了　簡正卷一〇：「四分中但云：女作女想，身相觸，欲心深著，不受樂動身，偷蘭；二欲心深著，受樂不動身，偷蘭。不言犯僧殘，是不了也。『若爾，前來抄言動身受樂犯殘，是何律文？』下句釋云：『今准士誦，言犯僧殘。寶云：四分中自有義了，今但引士誦文釋也。』」（六五八頁上）鈔批卷一五：「立謂：四分中，唯明動心吉羅，不明動身犯罪之相。（六八七頁下）今准士誦，動身則殘。」（六八八頁上）資持卷中二：「『此』下，點示。上判有所據故。律不了者，以無動身受樂判犯句故。文云：欲心染著，動身不受樂、受樂不動身等，皆偷蘭。（此下句，有染心，故蘭。不同下文，本無染故，但（【案】『佀』疑『但』。）吉羅。）」（二八六頁下）搜玄：「古人多釋。皆約女來觸比丘中解。尋戒本疏意及與律文，皆不然也。律云：女作女想，身相觸，欲心染著，不受樂動身，偷蘭。二類心染著，受樂不動身，偷蘭。此律二句，皆結偷蘭，不言犯殘，是不了也。又覆律師言：前後四句，皆是女來觸比丘。比丘觸女，律文略也。目後古人即解云：受樂即殘，不受樂即蘭。戒疏云：不同昔人，受樂便犯。但先有染，來觸於女，著便是犯。何得論樂？故士誦云：

比丘觸女，不問樂不樂，皆殘。若女未（原注：『未』疑『來』。下同。）觸，比丘要須動身受樂，結殘。」（四二八頁下）

〔二一〕今準十誦，言犯僧殘　資持卷中二：「彼云：女人欲心摩觸無衣比丘，比丘有欲心身動受細滑，僧伽婆尸沙。此文明顯，故今準決。」（二八六頁下）

〔二二〕若不動身，而受樂者，此律吉羅　簡正卷一○：「指十誦文也。四分即蘭，如上引之。」（六五八頁上）資持卷中二：「『若不』下，次約不動受樂。復分三別：上約宿心有無，分吉、蘭異；下動犯殘，即同上判。此律吉者，文云：若女人作禮促（【案】『促』四分作『捉』。）足，覺樂不動身，吉羅。」（二八六頁下）【案】四分卷二，五八○～五八一頁。

〔二三〕若先有染心於前女，後女來觸，比丘不動而受樂者，偷蘭遮　簡正卷一○：「即初段中第三句也。謂比丘先於前女生於染心。後女來觸比丘者，謂後時此女來觸著比丘，非謂別有第二女為後女也。犯相如鈔自明之。」（六五八頁上）鈔批卷一五：「立明：前後雖殊，而女是同，故犯殘也。此中有二女耳。深云：唯只一女，謂比丘先起染心於此女，此女後時即來觸比丘，即犯蘭，動則殘。此非別有女，還是前女也。計理，深解義長。所以然者？若無染心於前，前女來觸比丘，不動身受樂，但吉。只為先有染心故，便受樂，則蘭。」（六八八頁上）搜玄：「問：『何以律中女未觸，比丘不動身而受樂，何意有犯蘭、有犯吉者？』答：『鈔云：謂先有染心於前女，彼女來觸比丘，即犯蘭，動身則殘；若先無染心，但犯吉也。故律云：若女作禮捉是（【案】『是』疑『足』。），覺觸樂不動身，突吉羅。前女者，謂望前女境為前女，即此女後來觸比丘，故曰前後，非謂有二女也。先有婬心，不動身受樂，蘭；動身受樂，則殘也。」（四二八頁下）

〔二四〕竝據二俱無衣以言　簡正卷一○：「總結前來三句之文。」（六五八頁上）【案】以上釋文即第一種「比丘往觸女人」事。

〔二五〕若互有衣者，犯偷蘭　簡正卷一○：「引是前三種中第二段文也。或比丘無衣，必有衣等不定，謂律文但一向言犯蘭，不分別開輕重罪體。若准今師意，亦須分於蘭之輕重。所以然者，謂身動、不動，心有樂、身不樂，只如前文。比丘往觸女、女來觸比丘，尚分（六五八頁上）動身、不動身，受樂、不受樂。此中不可雷同。今據上文，即此偷蘭，體合輕重。若不分之，亦成未了。」（六五八頁下）資持卷中二：「互有中，彼此有無為二句，三俱有為一句，通前共為四句。並由染樂重輕，故罪分差降也。」（二八六頁下）搜玄：「戒疏云：互

觸有衣相，（四二八頁下）計應約身動不動、約心樂不樂，分輕重，以偷蘭含故，文中不分也。戒疏意，律中分比丘往觸女、女往觸比丘，分動身、不動身，受樂、不受樂，亦今分罪輕重，重即重蘭，輕即輕蘭，以偷蘭含於輕重也。」（四二九頁上）

〔二六〕**二俱有衣，犯吉羅**　簡正卷一〇：「此前三中第三段文也。律促（【案】『促』疑『但』。）通云吉羅。據理，須分比丘往觸女、女來觸比丘，動身、不動受樂，重即重吉，輕亦輕吉等。例同可。解云：若至本境者，此人律文不了者，四分但言觸二形，蘭，不分男女兩異，故不了也。下引伽論，方為決了，謂一身佩於二境觸意，既別須分蘭、殘也。」（六五八頁下）搜玄：「戒疏云：對後俱衣例同。『准戒疏意，律既分比丘觸女、女來觸比丘，動身不動身、受樂不受樂，言例同者？』答：『例同於蘭分輕重也，重即吉（原注：『吉』上疑脫『重』字。），輕即輕吉，以吉含輕重也。並謂律文不分蘭吉輕重，故不出也。』」（四二九頁上）

〔二七〕**若與二形身相觸，偷蘭**　資持卷中二：「二形中。律據非女結犯乃輕故。準士、伽，約心兩決。若約在男，應吉。由實非男，故加等矣。」（二八六頁下）【案】「與」，底本為「以」，據敦煌甲本、敦煌乙本、敦煌丙本、四分律及文義改。

〔二八〕**此又律文不了**　鈔批卷一五：「立謂：四分但言觸二形，蘭，則不明意在男邊也。今准士誦，意在男者，蘭；意在女者，殘。以二形佩男女二根，故使觸時，心緣男女二處也。」（六八八頁上）搜玄：「不了者，謂四分但言觸二形蘭，不分男女二別，故不了也。今雖士、伽分二處，可為一身中佩其二境，樂觸意別，故得殘蘭。」（四二九頁上）

〔二九〕**在男者，偷蘭**　資持卷中二：「準律，『男子』下有『身』字，文脫。觸衣鉢等事，通男女，雖非觸樂，妄適淫情，故同一制。」（二八六頁下）

〔三〇〕**若欲心觸男子，或衣鉢坐具，乃至自觸身，一切吉羅**　資持卷中二：「上明觸他。『乃至』下，明自觸。如自按摩而覺細滑是也。」（二八六頁下）搜玄：「戒疏云：衣鉢並是禁約之極，心為罪本，故隨境制，不令要起也。尼結夷者，大分為言，約境有深淺義，非觸即重也。」（四二九頁上）

〔三一〕**若以髮髮相觸、爪爪相觸，悉偷蘭**　資持卷中二：「初文前引善見，但示不覺相觸。」（二八六頁下）簡正卷一〇：「此文釋疑故來。恐有疑曰：『投手身髮，肉有暢適，示細滑。髮是身分之餘，無其覺觸，何故亦結耶？』四分不分相。故論云：髮髮相著，爪爪相觸，悉得偷蘭，俱無覺故。若互觸，理亦僧亦僧

（【案】次『亦僧』疑剩。）殘，莫非據染污心，而成前犯。」（六五八頁下）
搜玄：「此一段意，准戒疏云：髮者，釋除疑法也。時有疑云：『捉手身肉，則
有適樂細滑，髮是身分，何業之有，而結罪耶？』由染汙心。四分不分其相。
應以四句明其輕重覺不覺境。故善見云：髮髮相著，爪爪相觸，悉得蘭，俱無
覺故。若互觸者，理得殘也。」（四二九頁下）【案】「善見」下引他部別釋第
三，分四：初，「善見若」下；二、「僧祇律」下；三、「十誦若」下；四、「善
見云」下。善見卷一二，七六二頁。

〔三二〕**覺境不覺，應作四句** 資持卷中二：「一、覺觸不覺，（如下四分手捉髮殘；）
二、不覺觸覺，（十誦『爪』等皆蘭，準鈔亦殘；）三、俱覺，（結殘可知；）
四、俱不覺，（犯蘭，即上善見。）」（二八七頁上）搜玄：「即二殘二蘭。雖是
不覺，以是一身分，不同衣故，所以得殘。『若爾，十誦何故以覺觸不覺得蘭？
故十誦云：若以瘡無肉骨摩觸女人身，偷蘭；女身根壞，亦爾。』答：『瘡是
壞相。雖互相觸，染樂心輕，故結蘭也。無肉骨髮、齒毛等而觸彼女，於其比
丘成其不覺，得蘭。若比丘身觸女髮等，即得殘也。為簡此無，引十誦來。故
四分云：若捉髮者，謂以覺觸不覺也。』」（四二九頁下）

〔三三〕**比丘及女人，身根互壞相觸，皆蘭** 鈔批卷一五：「撿十誦云：若女人身根壞，
比丘摩觸得蘭。若比丘身根壞，摩觸女人得蘭。謂男根、女根俱爛壞也。」（六
八八頁上）資持卷中二：「次引十誦，初明互壞。雖二俱覺境，而病壞樂輕，
罪亦減降。身根者，對塵名根，即通身分。」（二八七頁上）

〔三四〕**若以爪齒毛瘡、無肉骨觸女身，偷蘭** 簡正卷一○：「爪齒毛瘡者，上二是不
覺境，瘡是壞相。雖觸染樂，心微故輕。無肉骨者，玄云齒也。大德與許此說，
上文已有了。今云：二肘二膝頭，是無肉骨。以上諸境，而觸彼女，於（六五
八頁下）比丘成其不覺，得蘭。若比丘身觸他女人髮等，即殘。為蘭，此異引
十誦也。」（六五九頁上）資持卷中二：「『若以』下，唯約能觸。文列五相，
上三不覺，下二病壞。無肉骨者，世有病壞，或然手指有餘骨者，即是其相。」
（二八七頁上）

〔三五〕**若依四分戒本，若捉髮者，殘** 簡正卷一○：「四分中提（【案】『提』四分作
『捉』。）手捉髮者，謂以覺觸不覺也。」（六五九頁上）資持卷中二：「『若』
下，即據本宗決上十誦。戒本即律戒本。彼云：若捉手、若髮，一一身分，僧
殘。（刪定戒本除之。）覺觸不覺，既結僧殘。不覺觸覺，義須同犯。故戒疏
云：善見，髮髮相著、爪爪相觸，悉得偷蘭，俱無覺故。若互觸者，理結僧殘，

同戒本也，則知不取十誦明矣。」（二八七頁上）

〔三六〕若觸畜生女者，一切吉羅　資持卷中二：「非、畜中。引僧祇，四分亦同。文
　　　中，非、畜同犯。祖師意謂非人制輕，故以無心決之。必有婬心，理應蘭罪。」
　　　（二八七頁上）搜玄：「謂比丘忽觸女人，無婬心故，吉也。十誦云：若摩觸
　　　不能女人身，得蘭。若比丘不能男，觸女人，得蘭。（四二九頁下）此不能男，
　　　即比丘身，非謂別有男也。」（四三〇頁上）【案】資持釋文中「非、畜」，即
　　　非人女、畜生女。

〔三七〕非人女亦爾，謂無婬心　簡正卷一〇：「亦爾者，亦吉也。此是祇文。外難曰：
　　　『既是人女，理合結殘，何言犯吉？』抄下釋云：『謂無婬心，偶爾觸著等類。』」
　　　（六五九頁上）

〔三八〕若觸不能女、男身者，俱蘭　簡正卷一〇：「此十誦文也。不能女者，即前女
　　　也。不能男者，即比丘身，非謂別為不能男子。謂今時比丘觸他能女即殘；不
　　　能女，即蘭。若不能男，比丘縱觸他能女之身，亦但蘭也。大德云：親曾撿彼
　　　律文，以彼宗開不能男，有比丘用故，所以觸得蘭也。」（六五九頁上）鈔批
　　　卷一五：「立云：石女及不男也。撿十誦云：若摩觸不能女人身，得蘭。若比
　　　丘不能男，摩觸女人身得蘭。祇意謂：男子黃門而是，女人犯殘。」（六八八
　　　頁上）【案】十誦卷五二，三八四頁上。

〔三九〕男子、黃門，而是女人，觸者殘　資持卷中二：「黃門中。十誦結蘭，在男女
　　　之間故。」（二八七頁上）簡正卷一〇：「彼云：女作黃子想，疑觸殘。人女作
　　　黃門想，疑觸亦殘。謂祇文性惡罪上，不開想疑，但從境制定也。」（六五九
　　　頁上）【案】僧祇卷五，二六六頁上。

〔四〇〕前有方便心，後稱本境　資持卷中二：「僧祇：心差不當結重，故以前心通之。」
　　　（二八七頁上）鈔批卷一五：「立謂：本心擬觸女人，然前境實是女，但往觸
　　　之時，中途轉想，謂是男子，或謂黃門，而境實是女，觸著之時犯殘，以稱本
　　　期故，又緣具故。依檢祇云：謂是黃門而是女人觸者，殘。又云：謂是男子而
　　　是女人觸者，殘。今詳鈔解錯也。何言謂前有方便心，後稱本境？引（【案】
　　　『引』疑『此』。）解定非。今詳，乃是祇文於戒上不開想疑，故犯殘耳。非
　　　開取前方便，是女人雖作黃門男子想，觸者亦殘。」（六八八頁下）簡正卷一
　　　〇：「南山意也。戒疏云：聖制有以文少不了，豈有智人堅持不觸，因事悟觸，
　　　可結殘耶？今須據他，先有方便之心擬觸。此女舉手之時，乃生男子、黃門之
　　　想及疑。若約後心邊說，合犯吉羅。今但與前方便相當，而境人實女，所以犯

殘也。謂律不了，今故決之。非理南山不知律性，戒不開之，謂為人不達，此文妄非（六五九頁上）鈔義。」（六五九頁下）

〔四一〕相觸得五罪　資持卷中二：「引善見：觸該五聚，唯無提舍。夷者，舊云：婬是內觸，或可尼觸，結重。殘及蘭吉，並見上文。指觸提者，擊攊他也。」（二八七頁上）簡正卷一〇：「彼云：舍利弗問波離：『相觸，得幾罪？』答：『五罪。如文所列：一、夷者，約比丘尼；殘者，約比丘也；蘭者，據互有；衣吉者，謂二俱有衣；指挃他比丘，得提。是名五罪。』此觸既通五篇，故制以之為伴。」（六五九頁下）【案】善見卷一八，七九八頁。

〔四二〕若有所取與相觸，或戲笑、若相解時相觸，一切不犯　簡正卷一〇：「戲笑大不以婬心也。此但開殘相解者，見彼為賊繫縛，解繩放之。或比丘被縛，女人為解亦爾，非不犯。」（六五九頁下）資持卷中二：「初科有三，取與相解，因事故觸。戲笑非正意故，取謂從他取物，與即以物授他。相解謂解彼鬥競。」（二八七頁上）搜玄：「初舉當宗。有所取與相觸，引僧祇釋成；（四三〇頁上）……戲非犯者，戒疏云：不以婬心別餘戲，可為開殘，故非不犯戒。儀相解者，為救解難也。」（四三〇頁下）【案】不犯文分二：初，「律云」下，列相；二、「僧祇若共」下，引決；三、「十誦、四分」下，指廣。四分卷二，五八一頁上。

〔四三〕非不犯餘罪　鈔批卷一五：「謂犯不應吉羅也。」（六八八頁下）資持卷中二：「非不犯者，總上三開，容有蘭、吉，故續引僧祇明之。」（二八七頁上）搜玄：「花嚴云：謂非戒儀吉也。」（四三〇頁下）簡正卷一〇：「餘罪者，上言開者，但不犯殘，非無吉也。」（六五九頁下）

〔四四〕非威儀　資持卷中二：「僧祇為三。初，明共捉。非威儀者，通是吉羅。」（二八七頁上）【案】僧祇卷五，二六六頁下。

〔四五〕有欲心者，吉羅　資持卷中二：「簡欲心，應得二吉。必無欲心，但犯非儀。」（二八七頁上）

〔四六〕欲心動物，及以器繩，或澆水著女，皆偷蘭　資持卷中二：「『欲心』下，次，明動物，罪乃加前。」（二八七頁上）

〔四七〕當正念住，不犯　資持卷中二：「『若母』下，三、明抱捉。正念者，攝心在戒，微生染樂，準前斷犯。」（二八七頁上）搜玄：「第二、『若母等』下，明母等女人別久，難緣救捉開不。」（四三〇頁上）

〔四八〕十誦　簡正卷一〇：「十誦云：諸女向阿脂羅阿洗浴，河水卒長，諸女被溺，

比丘見不取救。女言：『大德，慈悲怜愍，何處沙門釋子見為水漂而不救捉？』諸比丘以此緣白佛。佛言：『聽救。』諸比丘便捉女，忽婬心生，還放。諸女言：『莫放，待到岸。』佛言：『雖婬心生，但捉一處，莫放不犯。到岸後，不應更觸等。』」（六五九頁下）【案】十誦卷二五，一八二頁。

〔四九〕若為水所沒，開比丘手捉，雖淫心起，但捉一處莫放　資持卷中二：「『若為』下，別示拯溺。文中投（【案】『投』疑『捉』。）後生淫，故開至岸，必先起淫，理不應捉。」（二八七頁上）

〔五〇〕若女人寫水，注比丘手，水流不斷，於女生淫心，偷蘭　鈔批卷一五：「約比丘有婬心向女也。」（六八八頁下）資持卷中二：「『若女』下，動物成犯，義同上科。」（二八七頁上）

〔五一〕僧祇　資持卷中二：「僧初，避道法；『若女』下，與物法；『若擔』下，佐助法；（二八七頁上）『若乞』下，受食法。」（二八七頁中）【案】僧祇卷五，二六七頁中。

〔五二〕若乞食時，有端正女持食來，比丘若起淫心者，放鉢著地，令餘人授受之　鈔批卷一五：「案分別功德論云：有練若比丘乞食，逢一長者女，從女乞食。比丘與女，二俱端正，互起染心。比丘受食，欲心既盛，意動手掉，投飯於鉢，錯注於地，女自怩起嘆。比丘見女齒白，（六八八頁下）即自覺悟曰：『女人口中，純是骨耳。如佛語：人身中有三百二十骨、六百節、七十萬脈、九十萬毛孔。一孔入，九孔出，泄漏不淨，無一可貪。』諦觀女身，三十六物，慘然毛豎，專自思惟，即解身空，得須陀洹道。念曰：『我因女見法，則是我善知識，今當報恩，為女說向所解觀身法。』女即心開，亦得初果，以此言之，身念為勝。」（六八九頁上）

〔五三〕準此　資持卷中二：「準前淫心放鉢，例取餘事，縱無染意，義須深防。」（二八七頁中）

〔五四〕須知「急」「緩」之意　資持卷中二：「『須』下，結勸。二律（【案】『二律』即十誦、四分。）緩者，止為濟他；僧祇急者，防於損己。過集等者，出其急意。」（二八七頁中）簡正卷一〇：「實是死苦，即須救，是急。苦等（原注：『苦等』一作『若算』。）彼自得脫，不至於死，亦不得救，是緩也。」（六五九頁下）搜玄：「祇云：有比丘河邊行，有女人落水中，作哀苦聲，求比丘救。時比丘作他想，捉出不犯。若授竹木繩牽，牽出不犯。緩急意者，實是死苦，即須救之。若斷彼自得脫者，不得捉也。」（四三〇頁下）

〔五五〕**過集積增** 資持卷中二：「過集等者，出其急意。」（二八七頁中）簡正卷一
○：「過患染習，積貯增長，莫不由此女人之境也。」（六五九頁下）

與女人麤語戒〔一〕第三

七緣成犯〔二〕，謂：人女〔三〕，人女想，有染心，麤語，麤語想，六、
言章了了，七、前人知解〔四〕。伽論：比丘性好麤語，偷蘭〔五〕。

律中，「人女」者，要有所了知〔六〕，解淫欲語也。

麤惡語者，非梵行〔七〕也。未必言聲相有麤醜號為「麤惡」〔八〕，不
防涉於善事而意表於淫欲〔九〕，故律云「若復作餘語〔一○〕」者。如律云：
因消蘇著赤衣時〔一一〕，女形露，便言「消蘇好不」。若女情相領，律結
僧殘。若不解者，如僧祇云〔一二〕：比丘見女人新染衣，著形露，比丘言
「大赤好〔一三〕」。女人云：「新染故爾〔一四〕。」比丘生疑，白佛。佛令
一比丘問女〔一五〕，女具如前答。佛言：「義味俱解，僧殘〔一六〕。」四分：
解語不解義，偷蘭。

此但論染心向女麤語〔一七〕。若準五分，具有彼此互向麤語犯〔一八〕。
下「歎身戒〔一九〕」亦同。

律中不犯〔二○〕者。

為女說不淨惡露觀〔二一〕，九瘡〔二二〕、九孔、九入、九漏、九流，而
彼女謂為說麤語；若說毘尼時，言次及此；若說經、受經；若二人同受
〔二三〕；若彼問此答〔二四〕；若同誦；若錯說。但無欲心，一切無犯〔二五〕。

【校釋】

〔一〕**與女人麤語戒** 資持卷中二：「（迦留陀夷因制前戒，便於女前，欲心說麤語，
故制。）名中，境業合稱。」（二八七頁中）鈔批卷一五：「婬欲鄙惡，極為不
善，故名為麤；今（【案】『今』疑『令』。）說其狀，表彰在口曰語。『女』則
簡男子，『人』甄非、畜。此戒兩重境想：一、約人女人女想疑，二、約麤語、
麤語想疑也。」（六八九頁上）【案】本戒鈔科簡稱為「麤語戒」。四分卷三，
五八一頁中開始。

〔二〕**七緣成犯** 資持卷中二：「前列犯緣，後引伽論簡異。由彼慣習，出語成犯，
不必具緣故。」（二八七頁中）

〔三〕**人女** 資持卷中二：「初緣示境取。」（二八七頁中）

〔四〕**前人知解** 資持卷中二：「以前淫觸，通於死活，老幼睡覺，此戒必取。解知
言義，不解非犯，故特簡之。」（二八七頁中）

〔五〕**比丘性好麤語，偷蘭**　鈔批卷一五：「立云：由性好故，雖對女麤語，不得殘，唯犯蘭也。」（六八九頁上）

〔六〕**要有所了知**　簡正卷一〇：「戒疏云：異於觸境，彼通死治（原注：『治』疑『活』。）、昏睡、孩童，此唯覺境。又有智慧，名為解了。」（六六〇頁上）鈔批卷一五：「今引此言，明異前摩觸之境。前則境通死活，昏睡、孩童俱犯。此則唯是活女，情有智能解婬欲意，故此戒女異前戒女也。」（六八九頁下）

〔七〕**麤惡語者，非梵行**　鈔科卷中二：「『麤』下，釋第四。」（五頁中～五七頁下）資持卷中二：「語相中，初二句示麤惡相，即說淫欲二道好惡，故言非梵也。此明語意俱惡。」（二八七頁中）簡正卷一〇：「非梵行者，釋麤惡相也。說二道好惡，以明欲相等。」（六六〇頁上）鈔批卷一五：「案四分律中言，麤語者，惡說大小便道，得殘。若說餘處好惡者，得蘭也。」（六八九頁上）【案】「麤惡」下分二：初「麤惡」下；二「此但」下。初又分二：「麤惡」下通明；二「如律」下別證。

〔八〕**未必言聲相有麤醜號為「麤惡」**　資持卷中二：「『未必』下，明語善意惡。」（二八七頁中）簡正卷一〇：「謂此言麤語，亦未必高聲現相，談其猥惡之事，方（原注：『方』一作『號』。）為麤語也。」（六六〇頁上）

〔九〕**不防涉於善事而意表於淫欲**　簡正卷一〇：「謂口中發言，其言開（【案】『開』疑『關』。）涉善事相麤惡，而內心表於穢事，即是麤也。」（六六〇頁上）

〔一〇〕**餘語**　資持卷中二：「『故』下，引證，即廣解文。餘語者，非正，麤語也。」（二八七頁中）簡正卷一〇：「謂不妨涉於善事，意表於穢號，曰餘語。」（六六〇頁上）

〔一一〕**因消蘇著赤衣時**　鈔科卷中二：「二、『如』下，別證善語（二）：初明相解；二、『若』下，不相解。」（五八頁下）資持卷中二：「初文出律條部。消蘇，舊云是女名。（疑是梵語。）此假人名，意問女根耳。」（二八七頁中）簡正卷一〇：「消蘇是女人之名也，著赤衣。即別有一女新染衣，作赤色。此即兩事，鈔合標之。古記不達，將為因消蘇著赤色衣，但作一女說者，非也。文云：比丘往白衣家，有女人消蘇形露，比丘見了乃語女云：『汝消蘇？』而前女有智慧，解比丘之意，遂答云：『我消蘇。』比丘嘿然生疑，白佛。佛言：『若情不相解，但偷蘭；必解了，僧殘。』今抄引當部文，且顯相領解，結根本罪也。若不解者，謂比丘雖意表於非，女人謂言是其善語，即鈔引僧祇文也。（六六〇頁上）彼云：有乞食比丘至家中，見一女人著新染衣，坐不正，形露。比丘

見了，有欲心生，乃發言：『姊妹大赤好。』准此意，亦詺他女根也。其女不領解，乃答云：『阿闍梨，此衣新染故。』比丘疑心，白佛。佛遣一比丘依前而問，女亦約舊。佛言：『解義不解味，蘭；解義味不解義，亦蘭；義味俱解，殘；俱不解，越毗尼。』今鈔引此文，為顯上不領解也。律文總相而說其罪，都有四階。即知前文引四分情相領，當是義味，俱解犯殘。後文是解味不解義，但蘭。（首云：味者是語，屬能詮文，義者見理，屬所詮旨也。）」（六六〇頁下）

〔一二〕如僧祇云　資持卷中二：「僧祇相同緣別，不可濫前。」（二八七頁中）

〔一三〕大赤好　資持卷中二：「即假衣色以歎女道。」（二八七頁中）

〔一四〕新染故爾　資持卷中二：「由不解意，還以衣答，故云新染等。」（二八七頁中）

〔一五〕佛令一比丘問女　資持卷中二：「審實女意也。」（二八七頁中）

〔一六〕義味俱解，僧殘　資持卷中二：「『佛言』下，斷犯兩別。義謂言義，味即意趣。二具方殘，則顯上緣解義不解味，理應輕降，故引四分明之。此中語義，即上義味。」（二八七頁中）鈔批卷一五：「首疏云：昧（【案】『昧』疑『味』。）者是語，義者是理也。出語表事周圓，曰味也。理是語下所表之旨，故曰也。義味俱解，殘；互解，蘭；俱不解，越。」（六九〇頁上）扶桑記：「通釋：或有輕口比丘，向女人言汝之器物亦齊於此，或黑於此等，或言汝曾受他大棒子耳等，彼解義味，亦可犯也。故對女切須慎口。又，準律遣使遣書現相等，亦犯。」（一九一頁上）

〔一七〕此但論染心向女麤語　鈔科卷中二：「『此』下，約彼此互向。」（五七頁下）簡正卷一〇：「此四分宗促（【案】『促』疑『但』。）比丘有染心向女說，前女領解即殘，不解即蘭也。五分具有。」（六六〇頁下）

〔一八〕具有彼此互向麤語犯　簡正卷一〇：「准彼律云：比丘問女，女問比丘，即是彼此互向麤語。若比丘問女，女解義味，比丘殘。女向（【案】『向』疑『問』。）比丘，即約比丘隨順出語，一語一殘也。」（六六〇頁下）鈔批卷一五：「立謂：比丘向女說麤語，犯殘可知。比丘受女麤語，亦結殘也，謂女於比丘前麤語，染心相領，亦同犯也。依檢五分，不見此文，恐鈔者錯指耳。案十誦云：比丘在女前，贊歎三瘡門形色端正，不大不小，及毀呰三瘡門，隨意作如是事，皆殘。若女人在比丘前，讚嘆三瘡門形色端正，及毀呰，言三瘡門形色不好，乃至比丘前乞三瘡門中隨意作者：我隨汝意與，是中比丘隨順其心，少、

多語，出一一語，皆犯。」（六九〇頁上）

〔一九〕歎身戒　鈔批卷一五：「謂比丘於女前歎身索欲，犯殘。若女來比丘前，自歎
　　　身等，亦殘也。又戒疏解云：下歎身戒同者，同此『麤語戒』。女必命根不斷，
　　　有智解婬欲語者也。不同上觸身戒女，通於死活、昏睡等。下明不犯法也。」
　　　（六九〇頁上）

〔二〇〕不犯　資持卷中二：「初別舉七事，並以『若』字分之。前六皆據說法受經，
　　　因而言及，故開無犯。」（二八七頁中）

〔二一〕露觀　簡正卷一〇：「九瘡等是不淨可污，欲顯此觀行之法，要假言述者，名
　　　為露觀也。」（六六〇頁下）

〔二二〕九瘡　簡正卷一〇：「九瘡等是不淨可污。」（六六〇頁下）資持卷中二：「九
　　　瘡：眼、耳、鼻各二，口及大、小道。破肉如瘡，竅穴為孔，外通物入，內出
　　　流漏，故列多名。」（二八七頁中）

〔二三〕若二人同受　資持卷中二：「比丘與女同受，則同聲故。」（二八七頁中）

〔二四〕若彼問此答　資持卷中二：「但同誦，非從人受與上為異。」（二八七頁中）

〔二五〕但無欲心，一切無犯　資持卷中二：「『但無』下，此語通攝，不唯前事。」（二
　　　八七頁中）

　　　向女歎身索供戒〔一〕第四
　　　論犯七緣：一、人女，二、人女想，三、內有染心，四、歎身說麤
　　語，五、麤語想，六、七，同前戒。
　　　律云，歎身者：端正好顏色〔二〕、大姓〔三〕、出家、持戒、修善法、
　　行十二頭陀等〔四〕。不索淫欲供養者，偷蘭〔五〕；說欲并自歎者，僧殘〔六〕；
　　若直說麤語，犯前戒〔七〕。
　　　不犯〔八〕中。
　　　若為女人說法，及說毗尼時言次相及，而女謂自歎身，並無犯。

【校釋】

〔一〕向女歎身索供戒　鈔批卷一五：「制意者：良以惑染深厚，展轉相纏，自歎己
　　　身，意規婬欲，出家離染，彌所不應。水內火然，（六九〇頁上）特乖宜望，
　　　招譏納醜，故制僧殘。釋名者：言多巧伏美己之善，意專在欲，言現清淨，蕩
　　　逸其情，妄謂歡適，招誘令施，因說情懷，故言也。」（六九〇頁下）資持卷
　　　中二：「（迦留陀夷聞佛制前三戒，故將女入房，歎身索供，因制。）名中境
　　　過，一一須分。索供者，誘調前女，令以欲供也。疏問：『既修梵行，（牒戒本

文。）義無行非，何以索欲供者？』答：『必實行欲索者，偷蘭，大淫方便也。今本不行，口言其相，妄開淫門，擬通適耳。』」（二八七頁下）【案】本戒鈔科簡稱為「歎身戒」。四分卷三，五八二頁上開始。

〔二〕**歎身者，端正好顏色**　鈔科卷中二：「『律』下，釋第四。」（五八頁上）簡正卷一〇：「戒疏云：言好顏色，歎其豐味，以調前女也。」（六六一頁上）資持卷中二：「先出歎相，有三。初，端正等歎報色。」（二八七頁下）【案】此為「歎相」之一。

〔三〕**大姓**　資持卷中二：「歎種族。剎帝利、婆羅門名大姓，毘舍、首陀為下姓。」（二八七頁下）簡正卷一〇：「明種高貴。如西國剎利、婆羅門最為高貴，此土南、北二朝四姓等。舉斯二歎，或亂前女，女人性弱，貪附此二也。」（六六一頁上）【案】此為「歎相」之二。

〔四〕**出家、持戒、修善法、行十二頭陀等**　資持卷中二：「『出家』下，歎德行。是中，出家是遠離行，持戒即止作行，修善是少欲行。下舉頭陀，釋成修善。」（二八七頁下）簡正卷一〇：「舉善法也。戒疏云：『既修梵行，不合行非，何得素欲？』答：『若實行欲素者，偷蘭，是婬家方便。今本不行，口言其相，妄用婬門，用擬通適，故犯殘也。』十二頭陀者，謂一衣、三衣等。（云云。）『等』者，等取六種法也。疏云：一、謂頭陀節撿法；二、唄匿稱歎法；三、多聞廣見法；四、舉說明智法；五、持律奉行法；六、坐禪尅道法。鈔有第五及第一也。」（六六一頁上）【案】此為「歎相」之三。

〔五〕**不索淫欲供養者，偷蘭**　資持卷中二：「『不』下，結犯差別，有三句。初，結蘭者，歎而不索故。」（二八七頁下）

〔六〕**說欲并自歎者，僧殘**　資持卷中二：「犯殘者，索、歎兩兼故。」（二八七頁下）

〔七〕**若直說麤語，犯前戒**　資持卷中二：「索而不歎，即屬麤語。」（二八七頁下）

〔八〕**不犯**　資持卷中二：「且列二相，注戒更開錯說。」（二八七頁下）

　　媒人戒〔一〕第五
　　六緣成犯：一、是人男女；二、人想；三、為媒嫁事；四、媒嫁想；五、言辭了了；六、受語，往，還報〔二〕。便犯。
　　律文，要三時具〔三〕者，方結僧殘：一、謂受語，二、往彼陳說，三、還報知。若具二者，結偷蘭遮；具一時者，結突吉羅。若受語，往彼說〔四〕，而言已嫁、若死、若賊將去者，偷蘭；若言癲病等，還報者，

僧殘，以後得媒嫁〔五〕故。除二道已〔六〕，媒餘身分〔七〕者，偷蘭。若媒人男、畜生等，竝吉羅〔八〕。五分：不許而報，偷蘭〔九〕。

十誦，不能男、女〔一〇〕，若道合一道女、石女等，一切偷蘭〔一一〕。此律中：諸比丘白二羯磨，差人媒嫁，一切僧殘〔一二〕。今知事白僧〔一三〕，媒娶淨人，供給婚具，問僧同和，一切僧殘。若用僧物，同俱犯重〔一四〕。僧祇：為他求好馬種和合故，偷蘭〔一五〕。餘畜，吉羅。五分：若為男長倩女使，偷蘭〔一六〕。恐後和合〔一七〕。為女倩男，亦爾。十誦、伽論云：若指腹為媒，及自媒者，偷蘭〔一八〕。四分：媒法〔一九〕，以語、書、指印〔二〇〕、遣使，但情相領，參互作句〔二一〕，皆犯。若比丘持他書往不看〔二二〕者，及為白衣作餘使，竝吉羅。僧祇：勸歸婦早還者，偷蘭〔二三〕。

律不犯〔二四〕中。

若男女先已通，後離別，還和合者，開不犯。十誦云：作券書〔二五〕言「非我婦」，猶故未唱出者，偷蘭；若婦禮已斷〔二六〕，不復來往，而和合者，僧殘。

律中，開持書者：若為父母及信心精進優婆塞病，若在獄繫，及為佛法僧事、病比丘事等，看書持往，不犯。

【校釋】

〔一〕媒人戒　資持卷中二：「（佛在羅閱祇，迦羅比丘善知俗法，與俗為媒招譏，故制。）名標人者，簡餘類故。疏云：媒，謀也。計度二姓，用為好合。」（二八七頁下）簡正卷一〇：「戒疏云：為彼男女，往反相謀，以成婚娶，故曰媒人。此是所防。」（六六一頁上）鈔批卷一五：「此戒亦兩重境想，謂人女、人女想，及媒嫁、嫁（【案】『嫁』疑『媒』。）嫁想疑等也。媒者，謀也，合媾兩情，以成昏禮，計度二姓，用為好合，故曰也。首疏問：『一時多媒嫁、多男女，得幾罪？』答：『准祇文，多少不定。若各各別受男家語，得多吉羅；各各別向女家說，得多蘭。集多家，一時報，得一殘。若一時多受男家語有一吉。別求者，得多蘭。一時通報，一殘。若各各別受、別說、別報，多吉、多蘭、多殘。若一時受說，一時報，一吉、一蘭、一殘。』」（六九〇頁下）扶桑記引行宗：「計度謂量其可否。『好』去呼，謂善也，美也。並上聲。（一九一頁下）若去呼，則好愛義。」（一九二頁上）【案】四分卷三，五八二頁下開始。

〔二〕受語、往、還報　簡正卷一〇：「明三時也。若據戒疏，八緣：六、受語；七、往說；八、還報。抄合三為一，故但立六也。」（六六一頁上）

〔三〕三時具　簡正卷一〇：「釋第六緣也，如鈔自列。亦有雖具三緣時不犯，謂賊將去等，不得和合也。若言癲病等，此病容有好時，向後由得，和合亦犯。」（六六一頁上）資持卷中二：「釋第六，文有五節：一、約三時具缺，辨犯差降；具三可知；具二，謂受往而不報；具一，即受而不往。」（二八七頁下）

〔四〕若受語，往彼說　資持卷中二：「『若受』下，二、明四種緣差，三輕一重。」（二八七頁下）

〔五〕以後得媒嫁　資持卷中二：「注顯後一，由女尚存病容差故。」（二八七頁下）

〔六〕除二道已　資持卷中二：「『除』下，三、明非正道。問：『女有三道，但除二者？』答：『口雖通淫，非本媒意。縱有亦屬，餘身分耳。』」（二八七頁下）鈔批卷一五：「立謂：大小便二道也。媒餘處身分口等，但得蘭也。又云：媒口亦合犯殘，然今但舉二處者，略也。應合言除三道已。然無有媒口之事，故不明也。（未詳。）」（六九〇頁下）

〔七〕媒餘身分　簡正卷一〇：「玄云：謂口是餘身分，山云：曲肘處是餘也。」（六六一頁下）

〔八〕若媒人男、畜生等，竝吉羅　資持卷中二：「『若媒』下，四、簡異報也。」（二八七頁下）

〔九〕不許而報，偷蘭　資持卷中二：「『五分』下，五、明事不成也。」（二八七頁下）簡正卷一〇：「謂四分促（【案】『促』疑『但』。）有賊將去等，不言不許。故引五分文也。」（六六一頁下）

〔一〇〕不能男、女　鈔科卷中二：「『十』下，釋第三。」（五八頁中）資持卷中二：「不能男、女，即二種黃門，或彼此互是，或二俱是，並同下犯。」（二八七頁下）【案】十誦下，鈔科分六，如下所列。

〔一一〕若道合一道女、石女等，一切偷蘭　鈔科卷中二：「初，非女。」（五八頁下）簡正卷一〇：「一道者，祇云：若眾生一道，從是處食，是處大小便。石女者，根小也。」（六六一頁下）資持卷中二：「下列二女。道合一道，是一種。（舊分二女，非也。）石女者，根不通淫者。羯磨列遮，云二道合，道小，即同此矣。」（二八七頁下）

〔一二〕此律中，諸比丘白二羯磨，差人媒嫁，一切僧殘　鈔科卷中二：「『此』下，非法。」（五八頁下）資持卷中二：「先引律緣，一切殘者，盡界同犯也。」（二

八七頁下）鈔批卷一五：「立謂：四分調部中，諸比丘白二媒嫁也。若僧同和，一一僧，各犯殘。若僧物供給媒具，犯盜重也。今時雖不作羯磨，以眾同和，亦合殘也。」（六九〇頁下）

〔一三〕今知事白僧　資持卷中二：「『今』下，準斥非法。雖不羯磨白眾，同情故。」（二八八頁上）

〔一四〕若用僧物，同俱犯重　資持卷中二：「『若』下，因責盜用，非此犯相。」（二八八頁上）

〔一五〕為他求好馬種和合故，偷蘭　鈔科卷中二：「『僧』下，畜類。」（五八頁下）資持卷中二：「好馬勝於餘畜，故罪分二品。今世愚僧，多畜貓狗，求合雌雄，一一吉罪。制急過重，知者誡之。」（二八八頁上）簡正卷一〇：「問：『一等畜類，餘即犯吉，此便犯蘭？』鏡水大德曰：『良馬識親疏，餘畜無簡別。按相馬經曰：良馬識親，不頻餘群。時有母驪泥駒，便不識，交時忽認是母，立地即死。更有一類駿馬，不別好惡，衣冠仕浪（原注：『浪』一作『流』。），不合騎之。』」（六六一頁下）【案】僧祇卷六，二七五頁中。

〔一六〕若為男長倩女使，偷蘭　鈔科卷中二：「『五』下，倩使。」（五八頁下）【案】五分卷二，一三頁上。

〔一七〕恐後和合　資持卷中二：「以男女類殊，聚必相染故。」（二八八頁上）

〔一八〕若指腹為媒，及自媒者，偷蘭　鈔科卷中二：「『十』下，媒相。」（五八頁下）資持卷中二：「十誦二相，指腹者，未生而媒。古記準俗算法，預占胎中男女，學者無知，便對俗女，輪珠計數，以為己能。」（二八八頁上）簡正卷一〇：「問：『子既未座，何得知男女兩異而為媒禮，若得知者，須是聖人？』答：『雖非聖人，筭計亦得知也。法寶約有宮除，大凡女人，季四十九，生產即止。今若筭者，即先下四十九筭子，乃除母季，足胎月，如母季二十五，即除二十五個筭子。若有胎得五月，又下五个生筭子，然後除之。天一（除一）、地二（除二）、三才（除三）、四時（除四）、五行（除五）、六律（除六）、七皇（除七）、八節（除八）、九宮（除九）。剉者看之，隻即男，雙即女等。（云云。）以事猶奢遠，故結蘭也。自媒者，大德曰：如今時比丘自罷道入他舍，尼眾亦然，不更別覓人，作媒禮也。諸家云是方便蘭，今恐是果罪。」（六六一頁下）鈔批卷一五：「十誦文云：若女人一懷妊女，一懷妊男，比丘媒合，得蘭。立云：見他有胎，定知生子，許後為媒也。賓云：以其事奢故，結方便蘭也。言及自媒者，謂比丘自問女家，欲求為婦也。」（六九一頁上）【案】十

誦卷五二，三八四頁中。薩婆多卷二，五七一頁下。

〔一九〕媒法　資持卷中二：「四分中，初列四法，律有五種，此闕現相。疏云：若使及書，言中自了。指印現相，必假言通等。」（二八八頁上）簡正卷一〇：「律中有四種：一語、二書、三指印、四現相。今鈔所列，欠一相也。戒疏曰：語、書二種，言中自了。……現相者，祇云：若見我著弊垢衣，持空鉢坐早座，說賤語，即是不得之相，反上即相。（准此，須預情相領當也。）」（六六二頁上）

〔二〇〕指印　資持卷中二：「舊云：手墨印紙，約橫豎文，以表其意。或云：西人指上貫印，持以為信。然無所據，未知孰是。」（二八八頁上）簡正卷一〇：「以指印知許不許。玄云：指上文廣，橫豎有異。若示橫文凶，豎文吉，便知女家許不許等。寶云：指環上書得不得字，名為相印。（恐未反初解。）」（六六二頁上）

〔二一〕參互作句　資持卷中二：「律以五法，歷於三時，交絡作句，今略引示。（先以遣使傳語，參自作為四句：）一、自受語，自往自還；二、自受語，自往遣使報；三、自受語，遣使往自還報；四、自受語，遣使往遣使報。（次以遣使持書，參自作為四句：）一、自受語、自作書往，自持書報；二、自受語、自作書往，遣使持書報；三、自受語，遣使持書往，自持書報；四、自受語，遣使持書，往遣使持書報。指印、現相，各四句亦如是。（並法上持書參之。）餘句廣在律文，不復繁引。無問交參，但使三時具者，一切皆殘；具二皆蘭，具一並吉。則不勞作句，無不通達。」（二八八頁上）鈔批卷一五：「此中參互作，得四萬四千八百句。初，純語作四句：一、自受男家語，自持語往女家，自持語報男家。二、自受男家語，自持語往女家，遣使持語報男家。三、自受男家語，遣使持語往女家，自持語報男家。四、自受男家語，遣使持語往女家，遣使持語報男家。第二段，將書帖（【案】『帖』疑『帖』。）作四句：一、自受男家語，自持書往女家，自持書報男家。二、自受男家語，自持書往女家，遣使持書報男家。三、自受男家語，遣使持書往女家，自持書報男家。四、自受男家語，遣使持書往女家，持書報男家。如是已後，乃至指印、現相、來帖，一事已上，有四句，四四成十六。一事中既有十六，成四個十六句，合成六十四句。又，三事相帖作句，亦有四段，一段中有三事。第一段四句者：一、自受男家語，自往問女家，自性報男家。三句中，俱安自持語。二、自受男家書，自持書往女家，自持書報男家。三、自受男家指印，（六九一頁上）自持指印往女家，自持指印報男家。且除現相，如是已後，若與現相，則除指印等

四，迴作一句中如前。自為遣使句中當分，自有四句。於三事中有四句，三四成十二句。一段既有十二，四段則成四十八，并前六十四，合成一百一十二句也。乃至歸婦、私通、黃門、三道、男子、畜生等三趣，各作句如上。女中，又有二十種女，謂父護、母護等，合成四萬四千八百句也。其鈔文不出現相，但有三事耳。指印者，昔解以指節為印也。賓云：不然，乃是將手指上文橫豎有異，善惡吉凶，皆有表彰。若示橫文凶、豎文吉，文表所求，尅不尅等，則知女家許不許也。言現（原注：『現』鈔作『情』。）相者，先與男女家期契。若見我來，著弊衣、持空鉢，即知不許，婚事不成等。見我著好衣、持滿鉢，則是所求和合之相也。」（六九一頁下）

〔二二〕若比丘持他書往不看　資持卷中二：「『若』下，因制二事，非道所宜，事通一切，不局媒嫁。文制不看，看知可不，容有開持，如不犯所明。」（二八八頁上）

〔二三〕勸歸婦早還者，偷蘭　資持卷中二：「雖本夫婦，有同媒故。」（二八八頁上）簡正卷一〇：「祇云：謂婦還本家，比丘到舍，便勸早還，畏夫主瞋，不得種和合，故結蘭。（宛陵云：此亦是媒之流類。）」（六六二頁下）鈔批卷一五：「首疏引僧祇云：若主人畜多婦，妄不均鬥諍，一婦私求比丘，即為和平。若夫婦鬥諍，不便勸和合，皆蘭。若婦女還家，比丘到舍，使勸早還者，蘭。畏他夫瞋，不得合會故也。下明不犯法也。」（六九一頁下）

〔二四〕不犯　鈔科卷中二：「初開和合；二、『律』下，開持書。」（五八頁上）資持卷中二：「前開本犯，後開因制。」（二八八頁上）

〔二五〕券書　資持卷中二：「即今俗謂離書是也。」（二八八頁上）

〔二六〕婦禮已斷　簡正卷一〇：「婦禮已斷而和合得殘，義同新媒也。」（六六二頁下）

無主僧不處分過量房戒〔一〕第六

具有五過〔二〕：一、須人經營，妨修道業〔三〕；二、多論云：長己貪結〔四〕，壞少欲知足故；三、處處乞覓，惱亂人、非人二趣〔五〕，不生信敬，壞滅正法，令不久住故；四、專任自由，不乞處分，容障僧事，多惱亂故〔六〕；五、或自損行，違其慈道，壞梵行故〔七〕。

六緣成犯：一、無主，二、為己，三、自乞求，四、過量不處分〔八〕，五、過量不處分想，六、房成〔九〕，結犯。

薩婆多云：末後二搏泥未竟，輕蘭；餘一搏在，重蘭〔一〇〕。善見云：

若留一搏泥在，後當成，蘭；決罷心者，僧殘〔一一〕。僧祇：瓦、木、板、石灰、泥、草覆，乃至最後一把草覆竟〔一二〕，即殘；若自受用，皆吉羅〔一三〕。房主若死、休道、施僧，乃可受用〔一四〕。

　　律中：若作此房，先知無妨、難已，然後來僧中乞法〔一五〕。若不可信，一切僧共往看之〔一六〕；若可信者，即當聽作。善見云：無妨、難地處，平治如鼓面，後至僧中乞。長六搩手、廣四搩手已下，不須乞處分〔一七〕；四分云：長佛十二搩手，內廣七搩手〔一八〕。然佛搩手，尺量不定，今總會諸部，校勘是非〔一九〕：僧祇：佛搩手長二尺四寸〔二〇〕。明了論同之。善見云：中人三搩手〔二一〕，長〔二二〕佛一搩手。多論云：佛一搩手，凡人一肘半〔二三〕。五分：佛搩手長二尺〔二四〕。已上通明尺寸分量不定者。由翻經有南北二國〔二五〕，三藏生處不同〔二六〕，故致多別，各相矛盾〔二七〕。今以義約。佛在人，倍人，身量同爾〔二八〕。此震旦國法，尺寸隨俗不同〔二九〕。而用律曆定勘，則以姬周尺、斗為定〔三〇〕，通古共遵〔三一〕，百王不易。故隋煬帝立斗、尺、秤，準古立樣〔三二〕。余親見之。唐朝御宇，任世兩用，不違古典〔三三〕。故唐令云：尺者，以尺二寸為尺；斗、秤二種，例準增加〔三四〕。準論以言，此方人長八尺，佛則丈六〔三五〕。以此為率〔三六〕，佛搩手依五分，二尺為定。當律無文，可以用之〔三七〕。後進未知、前修昧教者，既不達道俗二制，隨語即行，一何混亂〔三八〕。即大國唐朝，文軌無二〔三九〕，及論用尺，五種不同〔四〇〕，必以姬周尺、秤以定。官市衡量，無事不平〔四一〕。此則閻浮通用，豈止姬周古法〔四二〕！乃至鉢量，三斗為上，下者斗半〔四三〕。以文校勘，尺、秤依古，彌彰上言〔四四〕。故今藥秤〔四五〕，古法不改。六尺為步〔四六〕，忽絲為先〔四七〕。如是準酌，想定綱旨。余曾遊莒、魏及以關輔諸方律肆〔四八〕，每必預筵，至論尺、斗廢興，並未霑述，故即刪補，反光九代〔四九〕：今用五分尺寸〔五〇〕，即以為率，廣二丈四尺，長一丈四尺〔五一〕也。善見云：皆謂明內為言〔五二〕。僧祇：邊壁高一丈二尺〔五三〕。

　　若男若女、在家出家，皆為房主〔五四〕。無此等主，故言「無主」。

　　難處者。四分中，虎狼乃至蟻子也〔五五〕。善見：下至若有蟻子窟，不得作；若蟻行覓食，逐令去，得作〔五六〕。何以故？如來為慈愍眾生及比丘〔五七〕故。五分：四衢道中、多人聚戲、淫女、市肆、放牧、惡獸、

隱險處、園田、社樹、墳墓、偪村近道等，是難處〔五八〕。妨處者。律
云：乃至不容草車〔五九〕迴轉處。善見云：是人田園，或怨家、賊處、
尸陀林處、王誌護處〔六○〕；四周不通十二軌梯，間有拳一肘者〔六一〕。
十誦：是舍四邊一尋地內〔六二〕，有塔地、官地，居士、外道、比丘尼
地，若大石、流水、大樹、深坑等，是妨處。明了論：或樹空、山巖、
石陰〔六三〕等，得行住坐臥，如作房舍所攝。解云：如上處等，欲於中
住，必須隔斷，須將比丘羯磨治地〔六四〕。所以爾者？若不依量，用功
則多；若有妨、難，自損惱他。故知僧私二地，竝須乞作〔六五〕。僧祇
〔六六〕：若僧中無能羯磨者，一切僧就彼作處，一人唱言「一切僧為某比
丘指授房」。三說，亦得。若處遠〔六七〕、隔水、寒暑、雨雪、多病，不
得竝往者，應差二三人，不得羯磨四人〔六八〕。往彼指授有四種人〔六九〕：
一、越年〔七○〕，二、異界僧〔七一〕，三、作私房者多〔七二〕，四、妨、難
二處〔七三〕，悉皆不成。即此律云：使可信者看〔七四〕。故知簡別。薩婆
多云：處分處得作，餘處不得〔七五〕；餘人就此房上作重屋〔七六〕，房主
聽，得，無不處分罪。善見云：長中減一磔手，廣中長一磔手，互減
過，皆僧殘〔七七〕。若房未成而行，客為成者，無罪〔七八〕。以人無一口
房分〔七九〕。若段段計人分，滿過量亦犯〔八○〕。問：「何不同長衣，必
俱過成犯〔八一〕？」答：「此房為造作故犯，長衣貯畜故犯〔八二〕。」四
分：「若教他作，受教者過量，犯〔八三〕。若是房主，得僧殘；巧師，得
偷蘭〔八四〕。

　　妨、難，各突吉羅〔八五〕；過量、不乞，二僧殘罪。」

　　律不犯〔八六〕中。

　　減量，無妨、難；為佛圖、講堂，為僧，多人住屋〔八七〕；草菴，小
容身屋者。

【校釋】

〔一〕無主僧不處分過量房戒　　鈔批卷一六：「初，明制意。出家之士，理無滯着，
　　　隨事將擬，即堪修道。有信施量時而受，縱有經營，安身便罷。今乃廣作，煩
　　　勞不少，是以聖制。次，釋名者。身獨運造，故曰『無主』；專任在己，故曰
　　　『僧不處分』；大非法限，故稱『過量』。故曰無主僧不處分過量房戒。過起
　　　廣野（【案】『廣』疑『鹿』。）中，諸比丘由造私房，乞求無度，俗生猒弊，
　　　濫及賢良。是以迦葉後時入村乞食，居士迸叛，謂：『乞人來處，從我曹乞索

財物。』迦葉悵問，方曉其源，還白世尊。即便出界。到暮，非人復來，白佛：『由伐神樹，傷損神子。』佛復但舉非人來白，不言迦葉，以護人心故也。」（六九二頁上）資持卷中二：「名標『無主』，簡後戒故。過量不乞，二過合制，同一房故。」（二八八頁中）簡正卷一〇：「戒疏云：身獨運造，故言『無主』；專任自由，不蒙指授，名『僧不處分』；越於限分，故云『過量』。」（六六二頁下）【案】本戒鈔科簡稱為「無主房戒」。四分卷三，五八四頁上開始。

〔二〕具有五過　資持卷中二：「初是今加，四出多論。」（二八八頁中）【案】「無主房戒」文，分二：初「具有」下；二、「六緣」下，又分二：犯與不犯。

〔三〕須人經營，妨修道業　資持卷中二：「是長業。」（二八八頁中）

〔四〕長己貪結　鈔批卷一六：「立云：既多乞求，遂乖少欲知足之道，貪煩惱故，曰長貪結也。檀越施雖無厭，而受者應知之也。律緣起中，佛敘昔從鳥乞毛事。（云云。）准祇第六云：暮鳥集時，比丘言：『汝釋軍多鳥，各乞一毛，我今須用眾鳥。』少時，無聲寂然，不得已，各拔一毛著地。晨朝復乞，時眾鳥即便移去，異處一宿，不樂彼尋復來還。（六九二頁上）比丘復乞，一一復與。眾鳥念言：『今此沙門，奇異喜乞，恐我不久毛衣都盡，段肉在地，不能復飛，當如之何？』便共議言：『我等當去，不復宜還。』」（六九二頁下）資持卷中二：「即增惑。」（二八八頁中）

〔五〕處處乞覓，惱亂人、非人二趣　簡正卷一〇：「人，謂居士見比丘避之。非人者，斫彼神樹、損他子臂也。樹神白佛，佛說偈云：『若人起嗔心，譬如車奔逸，車去（【案】『去』善見卷一五作『士』。）能制之，不足以為難，人能制嗔心，此事最為難。』樹神聞已，（六六二頁上）乃證初果。佛因立制。」（六六三頁上）鈔批卷一六：「惱亂人、非人者，多事乞，壞俗深信，故曰惱人。斬伐樹木，壞鬼神樹，夭傷彼命，惱非人也。單就伐樹邊，立惱亂三趣也。斫此神樹、傷害神兒，惱非人趣也。世人藉此樹，覆蔭涼樂。律明此樹下，容五百乘車，世人經過，用為止息，此人趣也。一切虫鳥，依之為舍，此惱傍生趣也。」（六九二頁下）資持卷中二：「律緣，曠野比丘乞覓多，故居士迴避，乃至迦葉入城亦避，此謂惱人也。又有比丘斫伐神樹，樹神白佛，佛為說法，令住他樹等，此謂惱非人也。」（二八八頁中）【案】善見卷一五，七八〇頁。

〔六〕專任自由，不乞處分，容障僧事，多惱亂故　資持卷中二：「立法制乞，為取僧和，不乞自任。僧事不行，故云障也。」（二八八頁中）

〔七〕**或自損行，違其慈道，壞梵行故**　鈔批卷一六：「專事造房，廢修出業，名自損行也。賓云：或自損者，據難處也。容有師子、虎狼，食噉比丘也。平治土地，殺傷虫蟻，是曰違慈道也。上釋五過義竟。」（六九二頁下）資持卷中二：「違慈者，或惱二趣，或傷物命故。壞行者，非沙門法故。已上五意，總束為三：初二損自，三四損他，後一自他兩損。又復，第四是制不乞法意，餘皆制過量意。」（二八八頁中）

〔八〕**過量不處分**　鈔批卷一六：「首問曰：『處分羯磨，防妨、難不？』答：『不防。』『若爾，說淨應不防長？』解：『此中，若有防難，本不聽處分，要無，方聽。是以處分不防難，說淨是懸防過限；是以說淨得防長，正由處分不防難故。處分竟，猶得難生，說淨正防長故。說淨竟，必無長過，是以不並。此戒四重境想：一、無主，二、不處分，三、無妨，四、無難。』」（六九二頁下）資持卷中二：「四、五二緣，文兼兩過。」（二二八頁中）【案】此列犯緣，「薩婆多」下釋。

〔九〕**房成**　資持卷中二：「結犯，義總二殘。」（二八八頁中）

〔一〇〕**末後二搏泥未竟，輕蘭；餘一搏在，重蘭**　鈔科卷中二：「初，釋第六。」（五三二頁上）資持卷中二：「多論：搏泥示犯分齊。彼宗，中下二蘭，為殘方便，文中對輕，故言量耳。」（二八八頁中）簡正卷一〇：「末後二團泥未竟，輕蘭者，表事未成，未結根本也。大德云：此之輕、重二蘭，皆據用第一團泥時結也。如將初團泥於屋上正擁時，結輕蘭；擺了結，重蘭。何以得知？故下句云：餘一團在，即第二團泥全未曾用。必決罷心者，同上見論殘也。此文亦是防人污情。謂恐人云：『若未後二團泥盡用即結殘，我今留最後者，顯事未竟。』應免僧殘。」（六六三頁上）鈔批卷一六：「立明：表事未成故，不結根本也。」（六九三頁上）【案】「薩」下為不犯文，分五：初，「薩婆」下；二、「律中」下；三、「若男」下；四、「難處」下；五、「妨難」下。薩婆多卷三，五二一頁上。

〔一一〕**決罷心者，僧殘**　資持卷中二：「善見結蘭，同上。決罷殘者，雖留搏泥，事畢竟故。」（二八八頁中）簡正卷一〇：「決罷心者，殘。謂既無心將第二團覆之，只此初團繞竟，隨決心斷處，便犯殘也。」（六六三頁上）鈔批卷一六：「決心罷，雖搏泥在者，同下善見，亦殘。」（六九三頁上）【案】善見卷一三，七六五頁上。

〔一二〕**瓦、木、板、石灰、泥、草覆，乃至最後一把草覆竟**　資持卷中二：「僧祇諸

物，但取最後，不局搏泥。」（二八八頁中）鈔批卷一六：「謂用團泥覆屋，非謂泥壁。」（六九三頁上）【案】僧祇卷六，二七八頁下。

〔一三〕若自受用，皆吉羅　簡正卷一○：「入結吉。以非法房，不合入中，故犯吉也。」（六六三頁上）鈔批卷一六：「立明：自作犯殘，後若受用，又得吉也。」（六九三頁上）資持卷中二：「由本非法，制不聽用。彼云：於中熏缽作衣，若受誦，若思惟一切，越毗尼。」（二八八頁中）

〔一四〕房主若死、休道、施僧，乃可受用　資持卷中二：「『死』等開僧用者，相續斷故。」（二八八頁中）

〔一五〕若作此房，先知無妨、難已，然後來僧中乞法　鈔科卷中二：「『律』下，釋第四。初明乞法。」（五八頁上）簡正卷一○：「戒疏云：羯磨所因，在于妨、難，必有作法，得罪不成。」（六六三頁上）【案】釋第四緣，文分為二：此為第一，「善見云無」下第二。

〔一六〕若不可信，一切僧共往看之　資持卷中二：「『若不』下，明僧審量。」（二八八頁中）簡正卷一○：「不可信者，未得處分，僧應往看，故云一切往也。」（六六三頁上）

〔一七〕長六搩手、廣四搩手已下，不須乞處分　鈔科卷中二：「『善』下，明磔量（二）。初，通示長廣。」（五八頁中）鈔批卷一六：「立謂：此善見文，其量小於四分也。」（六九三頁上）簡正卷一○：「『善見』等者，有二意。初辨量知狹，不用乞法。……彼論：謂長六廣四已下，無主不須乞，處分不犯。彼問何以故，非房量故。既言『已下』不用，明知『已上』須乞。四分廣長，正是如量乞法之位，減則不須，抄引論意，取已不須，非謂如（六六三頁上）量不乞。今約律准論，但使長六廣四已下不須也。與後有主房同之過。此乞法亦犯過量，無不乞處分罪。古記不正不敘。」（六六三頁下）扶桑記：「搩字，俗云：磔謂張磔，可從石，今有從手，從足，俗字耳。」（一九三頁上）【案】「善見云無」下分二：此為初；二、「然佛」下。善見卷一三，七六五頁上。

〔一八〕長佛十二搩手內，廣七搩手　簡正卷一○：「『四分』下，正頭如量。須乞法。」（六六三頁上）資持卷中二：「長廣中，出量有二：前善見是乞法量，後四分即作房量。一磔二尺，計數可會。（『磔』字，當從石，張也。謂母指中，指相去為磔。）若不滿六磔，過乞俱無。（應有妨、難。）若十二磔已內，有乞無過，已外過乞俱有。若已得法，但有過量，如是知之。」（二八八頁中）

〔一九〕然佛搩手，尺量不定，今總會諸部，校勘是非　鈔科卷中二：「『然』下，校勘

尺寸。」（五八頁中）簡正卷一〇：「然者，是也。是佛搩手，諸律論互辨，量大小不等。」（六六三頁上）【案】「然佛」下明尺量。分三：本句及下為初，初標；二、「今以」下；三、「今用五」下。初又分三：一、本句下；二、「僧祇」下，三者，「已上通」下。

〔二〇〕佛搩手長二尺四寸　鈔批卷一六：「心疏云：此僧祇律翻在宋朝，正當元魏之代，所用一尺，當於宋家尺二。聞傳佛教，從北自南，則有魏尺當於佛磔（【案】『磔』疑『搩』。次同。）（謂則將佛磔依於魏尺也。）所以五分二尺則為定者，此律翻在東晉，于時道生、智嚴，並是名士。既明曆緯，又善方言，所以通於東西，定於尺秤，誠有由矣。南尺本是姬周所用，從秦、漢、魏，並無改張，普（【案】『普』疑『晉』。）氏南遷，斯法永定。元魏撥亂，文籍焚除，無所依准，故隋世立，用古尺二，今觀魏一尺，即唐雜令還如此。」（六九三頁上）【案】僧祇卷二〇，三九四頁中。

〔二一〕中人三搩手　簡正卷一〇：「即三尺也。」（六六三頁下）資持卷中二：「善見即三尺。」（二八八頁中）

〔二二〕長　【案】此長即「長寬」之長義。

〔二三〕凡人一肘半　鈔批卷一六：「立云：長尺八九寸。」（六九三頁上）資持卷中二：「多論肘半，二尺七寸也。」（二八八頁中）

〔二四〕佛搩手長二尺　資持卷中二：「五分是今所取。」（二八八頁中）

〔二五〕翻經有南北二國　鈔批卷一六：「立謂：江寧即南朝也，洛陽即北朝，故曰二國也。（六九三頁上）南朝三藏翻譯，多明小尺，即姬周尺也。北朝三藏所翻譯，多明大尺，即魏尺也。今唐之尺，尺有二寸，即是魏尺也。」（六九三頁下）資持卷中二：「南即楊都，北指京洛。又東晉、宋、齊、梁、陳，相繼為南朝，後魏、後周、隋，謂之北朝。」（二八八頁下）

〔二六〕三藏生處不同　簡正卷一〇：「西國生長，來至此方，翻經不委此方之大小，隨翻經處即用也。」（六六三頁下）資持卷中二：「僧祇，東晉佛陀羅與法顯譯。了論，陳真諦譯。善見，南齊僧伽跋陀羅譯。多論，失譯，獲本西蜀。五分，宋佛陀什共竺道生譯。其間生、顯是華人，餘並梵僧，故云生處不同也。」（二八八頁下）

〔二七〕矛盾　鈔批卷一六：「即上律論所明，搩手不定。論中自矛盾，律中亦矛盾。以論望律，復有矛盾也。如善見：佛搩手長，人三搩手；了論則二尺四寸；多論：凡人一肘半。此並論有矛盾也。五分：佛搩手長二尺，僧祇：二尺四寸，

此是律矛盾也。今通計會，用五分二尺為允。然用尺雖諸家不同，約取姬周為定。姬是姓也，周是國號，有兩種故，標姓以簡之。斯時用尺，同今南吳小尺也。姬升者，即今小斗也。三升，當今唐家一升也。姬秤者，今藥秤是也，三兩為唐秤一兩。」（二八八頁下）

〔二八〕**佛在人，倍人，身量同爾**　鈔科卷中二：「『今』下，約義去取。」（五八頁中～下）簡正卷一〇：「佛在人倍人者，謂佛生西土，故曰在人。是之搩手，長於一尺，佛長二尺，故曰倍人手。既倍之身量，同手故同爾。」（六六三頁下）資持卷中二：「標示佛量，文見了論，多論亦同。」（二八八頁下）【案】「今以義約」下分二：本句及下為初；二、「後進未知」下斥濫」，又分三。

〔二九〕**此震旦國法，尺寸隨俗不同**　簡正卷一〇：「資持卷中二：『此』下，定尺寸。初二句，通示不同。疏云：元魏撥亂，文籍焚除，無可依據，故隨世立是也。」（二八八頁下）

〔三〇〕**而用律曆定勘，則以姬周尺、斗為定**　簡正卷一〇：「謂用周時律曆，揩定撿勘，至今所用，則姬周尺斗為定也。姬，姓也。周，國號也。周有兩種，以姓簡之。尺斗為定者，尺是姬尺，即今小尺也。斗是今時小斗也。」（六六四頁上）資持卷中二：「『而』下，明周法可準。律曆，即俗中陰陽數曆，定星辰纏度，分抄（【案】『抄』疑『秒』。）無差故。」（二八八頁下）

〔三一〕**通古共遵**　簡正卷一〇：「從秦、漢、魏，並不改張。昔代（【案】『昔』疑『晉』。）南遷，斯法亦定，故云通古。」（六六四頁上）

〔三二〕**隋煬帝立斗尺秤，準古立樣**　資持卷中二：「『故隋』下，引兩朝以證。煬帝，隋第二主。準古即姬周也。」（二八八頁下）鈔批卷一六：「煬帝博通經史，廣許（原注：『許』疑『評』。）尺秤。制用斗秤尺等，還准姬周古法尺、秤、斗也。望前從周、秦、漢、魏，並用斯尺秤。至元魏撥亂，文籍被焚，無可依准，至隋陽廣始立，還用斯尺。」（六九四頁上）

〔三三〕**任世兩用，不違古典**　簡正卷一〇：「謂住世人兩般用尺，即今時要依小尺，或准大尺，俱通行用。又唐尺只於姬尺上添二寸，故云不違古典。」（六六四頁上）鈔批卷一六：「任，由當也。明今唐家用大小二尺，用為准則，不局大秤也。南吳小尺斗，即世盛行。藥家小秤，至今不改。又復，今國家漏尅等量，其尺度皆存小尺，乃應於律曆，且如今時取針灸之穴，量其分寸。若用大尺，全不相當。」（六九四頁上）資持卷中二：「兩用，謂周、唐並行，至今亦爾。然唐尺但加周尺二寸，故云不違古也。唐令即唐朝律令，魏徵撰，二

十卷。」（二八八頁下）

〔三四〕斗、秤二種，例準增加　簡正卷一〇：「於姬斗上加二斗，成唐斗一斗。於姬周小秤上加二兩，成一大兩。」（六六四頁上）資持卷中二：「周十寸為尺，五斤為秤，三升三合等為斗。尺加二寸，斗秤例增兩倍。」（二八八頁下）

〔三五〕準論以言，此方人長八尺，佛則丈六　鈔批卷一六：「准論以言者，有人云多論也。」（六九四頁上）資持卷中二：「『準』下，示所取。論即多、了二論。『此方』據南洲也。八尺之人可張一尺，佛身既倍，明知二尺。方彰五分所譯無差，故為今取矣。」（二八八頁下）

〔三六〕以此為率　鈔批卷一六：「濟云：率，由『則』也。如輕重儀記。」（六九四頁上）資持卷中二：「率字，戒疏：音『律』，率，猶『算』也。」（二八八頁下）

〔三七〕當律無文，可以用之　簡正卷一〇：「四分促（【案】『促』疑『但』。）云揲手，無釋量數。今五分既云二釋，可以謹依也。」（六六四頁下）

〔三八〕既不達道俗二制，隨語即行，一何混亂　資持卷中二：「『既』下，顯濫。『道』謂諸教異同，『俗』則朝代差互。未能通會故，二俱不達。」（二八八頁下）簡正卷一〇：「寶去（【案】『去』疑『云』。）：道則一揲手，合依五分。二釋，推其所起，極微為先。故俱舍云：極微微（原注：『微』字疑剩。）金水，兔羊毛牛隟塵，蟻虱麥指節，此後增七倍等。（云云。）俗制則姬周釋斗。於此未能曉了，隨言即行，豈非混亂？」（六六四頁下）鈔批卷一六：「俗制則是唐尺，道制則是姬周尺也。所以姬尺曰道制者，謂律中揲手斗量，以依古法故也。」（六九四頁下）【案】「斥濫」文分為三：一、「後進」下；二、「即大國」下；三、「余曾」下。俱舍卷一二，六二頁上。

〔三九〕文軌無二　鈔批卷一六：「立云：文者，文書典籍。軌者，法式軌則也。」（六九四頁下）

〔四〇〕及論用尺，五種不同　資持卷中二：「『及』下，明尺秤多別。五種者，舊云：南吳尺，（短周二寸；）姬周尺，（十寸為定；）唐尺，（加周二寸，尺二為尺；）山東尺，（加唐二寸，尺四為尺；）潞州羅柯尺，（二八八頁下）（加山東二寸，尺六為尺。）」（二八九頁上）鈔批卷一六：「立謂：一、是唐尺當姬周尺二寸也；二、姬周尺今江東盛用也；三、是洛州（原注：『洛』疑『潞』。）尺長唐尺二寸；（如姬周尺四寸已上。）四者，山東羅歌尺，長唐尺四寸，此據大尺為言，若論姬周尺，當尺六寸已上；五、是南吳所用，小姬周尺，（可八寸也。）然戒疏中，但有四種尺，今訪南吳，無有小姬周之尺也。今詳上解，並是夢

傳。現今所行，有三種尺〇（原注：『〇』疑脫字『乎』。），二唐尺、三羅歌尺。鈔中『五』字，應是錯耳，合作『三』也。」（六九四頁下）

〔四一〕官市衡量，無事不平　鈔批卷一六：「案，衡者，平也。謂秤上橫木也。量者，即斗、尺之量也。」（六九四頁下）資持卷中二：「國家不禁，致此多別。至於公用，還準周尺，故云『必以』等。衡謂秤之斤兩，量即尺之分寸。（今朝私用周尺，公用唐尺。）」（二八九頁上）

〔四二〕此則閻浮通用，豈止姬周古法　資持卷中二：「『此』下，推其本始。通閻浮者，顯是輪王之舊法耳。」（二八九頁上）簡正卷一〇：「此之小斗、小釋，一南浮部通用，非促（【案】『促』疑『但』。）只是漢地姬周獨有。下引鉢量成證，故知西國亦用也。」（六六四頁下）鈔批卷一六：「如上言百王不易，即其義也。」（六九四頁下）

〔四三〕乃至鉢量，三斗為上，下者斗半　資持卷中二：「『乃』下，準鉢量。以律斗量，正用姬周，則尺、秤從周。」（二八九頁上）

〔四四〕以文校勘，尺、秤依古，彌彰上言　鈔批卷一六：「立謂：據此鉢量云三斗者，可得依大斗？若依大斗，上品之鉢，則有三斗，則小斗一石已下，豈有此鉢也？明其所用，約姬周小斗。斗既如此，尺、秤准知，須依古昔姬周。（六九四頁下）其義符合，故言彌彰也。」（六九五頁上）資持卷中二：「不足疑慮，故云『以文』等也。疏釋鉢量。文云：姚秦時政用，古未訛故，此翻文頗有通允是也。」（二八九頁上）

〔四五〕藥秤　資持卷中二：「『故』下，明存古。藥秤，即今世中五斤秤也。」（二八九頁上）

〔四六〕六尺為步　資持卷中二：「『六』下，示本立法。」（二八九頁上）簡正卷一〇：「謂約姬周六尺為一步也。」（六六四頁下）鈔批卷一六：「明依小尺是也。」（六九五頁上）

〔四七〕忽絲為先　簡正卷一〇：「筭經云：此度之所起於忽忽者，（六六四頁下）蠶口初出名為『忽絲』，謂忽有、忽無、忽見、不見也。十忽為絲，十絲為毫，十毫為釐，十釐為分，十分為寸，十寸為尺，十尺為丈，十丈為引，十引為疋。如是之數，以忽為先，皆積成姬周尺也。」（六六五頁上）

〔四八〕晉、魏及以關輔諸方律肆　鈔科卷中二：「『余』下，斥世闕略。」（五八頁下）資持卷中二：「晉即河東，魏即相部，關輔即關中三輔，（左馮翊、右扶風、中京兆，共輔長安。）」（二八九頁上）鈔批卷一六：「關輔者，即關內京師也。

關有多別：京師正東華州界有障關，東北蒲州有蒲津關，傍黃河上至龍門有龍門關，更傍河上至綏州有永和關，傍河上至銀州有孟門關，至勝州界有合河關。（已上在京師北。）西北至�州、渭州，中間有龍山關，更北出有硤關，入蘭州界有金城關，傍河東上至會州有會寧關，更河西西上至河州有鳳林關，正西過岐州至龍州有大振關，又有安夷關。西南向益州道至岐州南有散關，至鳳州有甘亭關，至利州界有百牢關。西南向梁州也，州道有駱谷關（帶），南向璧州、開州有子牛關，（此在終南山，子午各中。）正南向余州、房州道有義谷關，東南向商州至藍田縣界有藍田關。輔者，助也。有三輔，如前序廣釋之也。」（六九五頁上）

〔四九〕每必預筵，至論尺、斗廢興，並未霑述，故即刪補，反光九代　鈔批卷一六：「自漢至唐，正有九代，其間諸師不能通明此之尺秤。（六九五頁上）余皆定此分量，望前九代，明白可知也。以其上來所明尺量，律論矛盾，言義相乖，不可以情通，不可以博解。古來執諍，連代不消。今我冠通，非反光何謂也？」（六九五頁下）資持卷中二：「『廢興』即如前用，舍（【案】『舍』疑『合』。）『刪補』字，傳誤。累得古本，並云『補闕』。（古今傳講，既無霑述，豈得有刪？準古為定。）此明從古未論，方今考定，則垂範後昆，光逾前代矣。」（二八九頁上）扶桑記：「書經曰：重裕後見。」（一九四頁上）

〔五〇〕今用五分尺寸　簡正卷一〇：「即一搩尺（原注：『尺』疑『手』。），是二尺。又於五種尺中，是姬周尺。」（六六五頁上）

〔五一〕即以為率，廣二丈四尺，長一丈四尺　資持卷中二：「『廣』『長』字寫互。比對戒本及疏，迴易讀之。」（二八九頁上）簡正卷一〇：「率者，法也。用此為故，廣二丈四尺，長一丈二尺者，正辨縱廣之量也。問：『戒本文云：長佛十二搩手，廣七搩手，即合言長二丈四尺，廣一丈四尺，抄中何故卻云廣二丈四尺，與戒文有違？』答：『有多釋。一、玄曰：四分長是五分廣，五分廣是四分長。（此全不應理也。）次，准南云：西天呼此，立長為廣。（亦半成解。）今依寶云：西國以東為上，伽藍門多分面東，房舍亦爾。豈非東西為長？即十二搩手，二丈四尺。從前步柱至後步柱，南北為廣，即七搩手，一丈四尺。從南棟柱，至此棟柱，即戒文之中長十二廣七。正約西土以說。今鈔文廣二丈四者，據此土以言也。謂神州以南為上，伽藍房舍多分面南，從前步（六六五頁上）柱至後步柱，理合應言長二丈四，廣一丈四，今順西土呼南北為廣，東西為長，不更段（原注：『段』疑『改』。）也。若准此說，但迴尺量，不改廣長，

斯為定義。若將<u>唐</u>尺以計，則長二丈，廣一丈一尺六寸六分八釐弱也。」（六六五頁下）

〔五二〕**皆謂明內為言** <u>簡正</u>卷一〇：「<u>見論</u>第十三云：謂從前後簷下柱，當中墨分內外，已外有三尺。二尺簷下為外，不在限也。」（六六五頁下）<u>鈔批</u>卷一六：「謂其房量從房內量取也。<u>濟</u>云：戶限之內，名為明內。戶限之外，名為明外。謂明暗之明也。」（六九五頁下）

〔五三〕**邊壁高一丈二尺** <u>鈔批</u>卷一六：「此謂高下若斯也。」（六九五頁下）<u>資持</u>卷中二：「下引<u>僧祇</u>，明豎量，使有分齊。必過此外，應非正犯。」（二八九頁上）<u>簡正</u>卷一六：「<u>玄</u>曰：鈔依二尺，為搩手計之。若據<u>僧祇</u>，二丈四尺四寸為搩手，但高一丈，謂所用一尺當二尺也。」（六六五頁下）

〔五四〕**若男若女、在家出家，皆為房主** <u>鈔科</u>卷中二：「『若』下，釋第一。」（五九頁上）<u>資持</u>卷中二：「明主以釋無主。後戒反此可知。」（二八九頁上）

〔五五〕**四分中，虎狼乃至蟻子也** <u>鈔科</u>卷中二：「『難』下，重釋第四。」（五九頁上～中，五八頁中）<u>資持</u>卷中二：「初引<u>四分</u>，即命、梵二難。文略師子諸獸，故云『乃至』。（疏云：虎狼為『命』，蟻子為『梵』。）又云：若有石樹、株杌、荊棘，使人掘出；若有坑、溝、渠、陂、池，當使填滿；若畏水淹漬，當預設防堤；（疏云：樹石水漬，無非在後，為命留難。）若地為人所認，當共斷，當無使他有語；（疏云：田園等處，計是妨緣，今入難位，恐後諍競，起非淨行故。）是謂難處也。（總結諸相，除蟻子及地二種『梵難』，餘並『命難』。）」（二八九頁上）<u>扶桑記</u>：「律無『杌』字。又下文作『若有陷、溝、坑、陂、池處』，恐律文訛脫歟！」（一九四頁上）【案】「難處」下文分為三：初，「難處」下；二、「明了論」下；三、「善見云」下。

〔五六〕**若蟻行覓食，逐令去得作** <u>資持</u>卷中二：「<u>善見</u>但明微物，則餘類可知。逐去得者，因蟻出窟，無所損故。」（二八九頁上）

〔五七〕**如來為慈愍眾生及比丘** <u>資持</u>卷中二：「慈愍之言，通該彼我，彼遭害命，我成殺業故也。」（二八九頁上）

〔五八〕**難處** <u>資持</u>卷中二：「<u>五分</u>難處有十三種，文錄十一。前二（二八八頁上）句及後一句，各是一處，為三。『淫』下，兩字為一相，有八。（唯『隱險』下，加一『處』字，彼作『嶮峰處』。）彼更有『水盪深處』、『道路嶮巇處』二種，故言『等』也。彼律云：無難處有行處者，得與處分，難處如上。」（二八九頁中）【案】<u>五分</u>卷二，一四頁上。

〔五九〕**草車** 鈔批卷一六：「草車者，聊舉今時載草車也。」（二八九頁中）資持卷中二：「言行處者，繞四邊得通車。唯出一相，同今四分，不同善見、十誦。尋之可知。（古記不尋文，乃云『上難處亦參有妨處』，非也。）明妨處中。『難』約害己，『妨』據礙他，故分二位。四分特云草車，以草車最大，故以為量。」（二八九頁中）【案】本節明妨難，初難處、二妨處。

〔六〇〕**王誌護處** 資持卷中二：「善見五種，『尸陀』，此云『寒林』，棄死屍處。誌，記也。」（二八九頁中）簡正卷一〇：「王誌（原注：『誌』一作『諸』。）護處者，玄云：如今國家苑園陵處是也。」（六六五頁下）鈔批卷一六：「尸陀林者，正言『尸多婆那』，此名『寒林』，其林幽邃而寒，因以名也。在王舍城側。死人送其中。今總指棄屍之處，多（原注：『多』疑『名』。）尸陀，取彼名也。」（六九五頁下）【案】善見卷一三，七六五頁上。

〔六一〕**四周不通十二軏梯，間有拳一肘者** 簡正卷一〇：「謂梯有十二桄，桄間相去拳一肘，肘有尺八，通計十二桄，有二丈一尺六寸。若四周不通，此梯橫朱（【案】『朱』疑『木』。），往返草車迴轉，是妨處也。下引十誦『一尋』，意明：若無寬處，許取他部。四分無文，故多論云：妨處者，是舍四邊一尋內有塔地，乃至深汻等，作處分法皆不成。律中互有，尚乃不成，何況俱有？若初處分時無，已後忽有，妨、難而全，前法不失。」（六六五頁下）鈔批卷一六：「有十二桄，一桄間拳一肘，一肘尺九寸，通計十二桄，有二丈二尺八寸地也。明其房處四邊，逼他田園等。中間若容此十二桄梯迴轉，通車馬過，則名無妨也。若南面逼水，不通此車梯，或北邊逼山，東西逼官園墓樹，不容車梯迴轉，皆名妨處。引據善見文，如上明也。若准下十誦，四邊但一尋，即名無妨謂七尺也。量謂部別不同。」（六九五頁下）資持卷中二：「軏即梯檔，拳一肘一尺八寸，上下有十二間，計二丈一尺六寸。（不通橫梯迴轉，故名妨也。）」（二八九頁中）【案】「軏」通「桄」。

〔六二〕**舍四邊一尋地內** 資持卷中二：「十誦『九相』，並據房外尋內為言，故先標之。『有』下，列示。五種他所護地、四種嶮礙處。（準善見、十誦，妨處與四分難處相濫，蓋所集不同耳。）」（二八九頁中）【案】十誦卷三，二〇頁下。

〔六三〕**或樹空、山巖、石陰** 鈔科卷中二：「『明』下，處分。」（五九頁中～下）資持卷中二：「了論三相，無多營造，亦令乞法。餘須可知。樹空，大樹中空可居者。巖即山穴。石陰即山谷，『陰』字去呼。若據善見，長六廣四，始可乞法。樹空頗窄，計不須乞。今詳了論，或不約量，或取外地，通歸樹巖。」（二

八九頁中）簡正卷一〇：「樹空者，戒疏云：謂大樹中空，堪作住處。山岸（【案】『岸』疑『巖』。次同。）、石陰者，謂岸下有窟，亦堪作住處。」（六六六頁上）【案】「明了」下文分為三：初，「明了」下；次，「僧祇」下；三、「薩婆多」下。

〔六四〕**欲於中住，必須隔斷，須將比丘羯磨治地** 簡正卷一〇：「若依此山、岸、窟等處住，其中若寬闊，斷理費功，故須隔作齊限。又須僧羯磨處分，聽許。若過量及不先治地，亦得尼薩耆罪。若不依量，用功多，癈道業故。」（六六六頁上）鈔批卷一六：「立明：若依巖、穴等處，住其中。若寬闊，料理費功，故使隔作齊域，又須僧羯磨處分，聽許。」（六九六頁上）

〔六五〕**故知僧私二地，竝須乞作** 資持卷中二：「『故』下，準過以決。諸律多約僧地，據斯二過，何簡僧私。（此二句，準戒疏，是鈔家語。）」（二八九頁中）簡正卷一六：「破古師也。古云：僧地恐妨僧受用，故須乞云：必私己地，何用乞法？今云：然僧私二地，總須乞也。下引祇文，廣明相狀。鈔有三意：初，無人羯磨，口處分法；二、雖能羯磨，住處稍遠，既有此緣，但得差人往處分；三、『有四種』下，明依法不成。就前二段，如文分別。」（六六六頁上）

〔六六〕**僧祇** 資持卷中二：「僧祇有二法。初至『亦得』，引第一僧法，即比丘來三乞已，僧與處分法。必無能秉，方開三說。（上二，皆是僧作。）」（二八九頁中）

〔六七〕**若處遠** 資持卷中二：「『若處』下，引第二僧差使法。由前僧法，合眾往彼，今為病等七緣，不得同往，故開遣使。彼比丘亦於僧中三乞已，僧作羯磨，差使觀察至彼，審無妨、難者，一比丘云：『僧已示作房處。』三說。（今鈔不引。）」（二八九頁中）

〔六八〕**不得羯磨四人** 資持卷中二：「謂白二差人，不得加四。彼云：『不得眾羯磨眾故極至三人。』」（二八九頁中）鈔批卷一六：「立明：羯磨不得被四人也。一番但齊三人，令往彼處分也。」（六九六頁上）

〔六九〕**往彼指授有四種人** 資持卷中二：「『往彼』下。簡指授成不。四種人，即能指授比丘也。」（二八九頁中）鈔批卷一六：「依撿祇文云：若比丘將諸比丘指授房處，若他界僧，不名指授，一也。若先年豫指授，二也。若僧中一人不作房，乃至二、三人不作，餘並作房者，亦不名指授，三也。若妨、難處是處，不名指授，（四也。）此文意明：不得異界僧來為指授、羯磨處分，又不得越年指授，又不得指授妨、難處等。」（六九六頁上）

〔七〇〕**越年** 資持卷中二:「第一,彼云:先年預指授。(以乞造必在年內,不當先與
指授故。)」(二八九頁下)簡正卷一〇:「謂去季乞法,今季始造,此人難定,
及與懈怠,不應與他指授。」(六六六頁上)鈔批卷一六:「濟云:古人相承謬
解云:年八十已上老僧名為越年也。引(【案】『引』疑『此』。)人既老,不
堪為他指授也。今不同此解。謂去年乞法,今年始造,故不成也。和上云:乞
法經年,方始作也。謂從僧乞處分,經年不造也。首疏云:若沙彌時,乞處分
已,至大比丘竟方作房,此人更不須乞。位雖不同,委僧已足,人復不異,故
不須也。又云:人雖不異,具不具別。僧或安處不同,故須更乞。」(六九六
頁上)

〔七一〕**異界僧** 簡正卷一〇:「謂既是外界僧,不知此界妨、難等事。」(六六六頁
上)鈔批卷一六:「如前祇解。」(六九六頁上)

〔七二〕**作私房者多** 簡正卷一〇:「若僧中一人不作房,乃至二三人不作,餘並作房,
亦不名指授。謂作房既多,惱亂二趣,故不聽也。若妨、難處,是難處住人,
不名指授,謂自住妨、難,自慳於他,不能令他無慳,故不聽也。即此律云:
可信者看。明知如上之人,既非可信之者,並不合處分也。」(六六六頁上)
鈔批卷一六:「立謂:造處不同故,須乞二異界僧者,私房人界內極多,不得
為他處分也。賓云:且如一界有百人,八十人已作私房,餘二十人人(原注:
『人』字疑剩。)更不得作,眾僧不得與羯磨法。」(六九六頁下)資持卷中
二:「彼云:若僧中一人、二三人不作房,不應指授。(不作者少,顯作者多。
恐相覆隱故。)若不作房者多,聽作。」(二八九頁下)

〔七三〕**妨、難二處** 鈔批卷一六:「妨、難二處不合處分造也。」(六九六頁下)資持
卷中二:「彼云:若水中非砂地、非碎石地、非石上、非火燒地。(反明非上水
中,是下四地,方成指授,以非生地故。)據此約『處』,亦由不善知法,妄
行指授,還屬簡人。」(二八九頁下)

〔七四〕**即此律云:使可信者看** 資持卷中二:「『即』下,轉證。律中乞法比丘,若不
可信,眾僧往看。若僧不去,應遣僧中可信者看。」(二八九頁下)

〔七五〕**處分處得作,餘處不得** 資持卷中二:「多論初明房處必須相應。」(二八九頁
下)簡正卷一〇:「問云:『此處分,為(六六六頁上)與人相應,與處相應?』
答:『與處相應。故論云:處分地得作,餘處不得。』『若爾,既與處相應,餘
人就上作房,何以不許?』答:『乞處分時,稱此人名,不稱彼人,別有所屬。
是以餘人,就上作房不得。若房主聽即任,謂就他房上作,非是地故也。』」

（六六六頁下）鈔批卷一六：「首問曰：『此處分法，為與人相應，為與處相應？』答：『界與指授此羯磨法，與處相應，不與人相應。何以故？論云：處分處得作，餘處不得故。』問：『既處分法與處相應，餘人就上不得作房者，結界竟與處相應，餘人亦應不得作一切羯磨？』答：『結界時，無人乞，復不稱人名，法無所局，故此僧結竟，餘僧得作處分羯磨。前人乞授此處，作僧妨。復稱人名，與作羯磨法，別有所屬，餘人不得作。故婆論云：若人就此房上作重房，房主聽得作，無不處分罪，以就他私房上作屋非地故。』」（六九六頁下）

〔七六〕**餘人就此房上作重屋**　資持卷中二：「『餘』下，示有不乞得作之義。重屋即樓閣也。」（二八九頁下）【案】薩婆多卷三，五二一頁上。「重」，音蟲。

〔七七〕**長中減一磔手，廣中長一磔手，互減過，皆僧殘**　鈔科卷中二：「『善』下，過量。」（五九頁中～下）資持卷中二：「善見應有四句，文出二互，二俱易解，不在言故。文中且舉一磔為度，至論過減，不必限此。」（二八九頁下）簡正卷一〇：「抄舉論二句總犯，故曰皆殘。戒疏云：然此互過是兩口房，廣長俱過是一口房，俱一業，結一殘也。玄曰：律有九句不同，今對衣戒，三三分之。初三句者：一、長中過、廣中過，（房殘、衣提；）二、長中過、廣中如，（房殘、衣提；）三、長中過、廣中減，（房殘、衣不犯。）次三句者：一、長中如、廣中過，（房殘、衣提；）二、長中如、廣中如，（房不犯、衣犯提；）三、長中如、廣中減，（房、衣二俱不犯。）後三句者：一、長中減、廣中過，（房殘、衣不犯；）二、長中減、廣中如，（二俱無犯；）三、長中減、廣中減，（二俱不犯。）又來明衣不犯者，律文且據不犯提。若依論文，非無吉羅。知之。」（六六六頁下）鈔批卷一六：「立云：律有九句不同，長衣三三分之。初三句者：一、長中過、廣中，（房殘、衣提；）二、長中過、廣中如，（房殘、衣提；）三、長中過、廣中減，（房殘、衣不犯；）准多論，衣吉。次三句者：一、長中如、廣中過，（房殘、衣提；）二、長中如，廣中如，（房不犯、衣提；）三、長中如、廣中減，（並不犯。）後三句者：一、長中減、廣中過，（房犯、衣不犯；）二、長中減、廣中如，（並不犯；）三、長中減、廣中減，（並不犯。）謂房是過量中制，衣就如量中制，故不同也。」（六九六頁下）

〔七八〕**若房未成而行，客為成者，無罪**　資持卷中二：「『若』下，明多人共成。此有兩別。初明無犯，客為主成，主不至果，故言無罪，準有方便。」（二八九頁下）簡正卷一〇：「謂一人自作，有過量義。今行容（【案】『容』疑『客』。）

為成者，即二人共作，人無一口房分，但有半口房分，以小故不犯。」（六六六頁下）

〔七九〕**以人無一口房分**　資持卷中二：「『以』下，釋無犯意。主客共成，非別屬故。」（二八九頁下）

〔八〇〕**若段段計人分，滿過量亦犯**　簡正卷一〇：「其房既大，雖多人共造，計人多少，人人本分之外，猶有長者，人人犯殘也。」（六六六頁下）資持卷中二：「『若』下，次明有犯。上約一房前後而成，此據大房同時而造。若通擬多人，不別計者，文在開通。」（二八九頁下）

〔八一〕**何不同長衣，必俱過成犯**　簡正卷一〇：「問意曰：長衣俱過方犯，房即互過亦犯，何以不同？若據衣俱如亦犯，今抄具舉俱過以難也。」（六六七頁上）資持卷中二：「房衣過量，犯相不同，故須決釋，以申教意。」（二八九頁下）

〔八二〕**此房為造作故犯，長衣貯畜故犯**　簡正卷一〇：「答意云：房是自造，惱亂處深，故互過亦犯。衣體非自造，但由貪畜，過相稍輕，要須俱過方犯也。『若爾，房既互過亦犯，衣何俱如亦犯？』答：『房是過（平呼）中制，互過即結。衣是滿中制，所以俱如亦犯。」（六六七頁上）

〔八三〕**若教他作，受教者過量，犯**　資持卷中二：「『犯』者，由通能所，兼合重輕，故不別指。」（二八九頁下）簡正卷一〇：「玄云：是律最後四句中，第二教人一句也。其四句非急不錄。問：『何故但言犯，不定罪之名字者何？』相疏云：『為欲一言，通結二罪，故直言犯。是以下句云：若房主得殘，污（原注：『污』一作『巧』。次同。）師得蘭。若定言犯殘，即不攝污（原注：『污』一作『巧』。次同。），師蘭也。若定言犯蘭，又不收房主之殘也。今但云『犯』字，即臨時制宜，蘭殘不定。若房主是作房之正主，自過量，犯殘。並（【案】『並』疑『若』。）房主絣量尺量如法，受教者不依而過量者，即受教者犯蘭也。」（六六七頁上）鈔批卷一六：「立明：此言雙科二人之罪，語中該含，謂『能教』『所教』俱犯。但犯有輕重，未即出罪體。下乃解云：若是房主殘，巧師得蘭，巧師即屬所教也。戒疏云：教他作房，亦同犯罪，為他造非法故。律中但言受教者犯，不出罪名。所以不定者，若作過者，是房主則重，巧師則輕故也。礪云：若教他作受教者犯者，為欲一言，通結二故，直言犯也。若言犯殘，則不攝巧師之蘭，若言犯蘭，則不攝房主之殘，故直總言犯。」（六九七頁上）

〔八四〕**若是房主，得僧殘；巧師，得偷蘭**　資持卷中二：「『若』下，義判。房主即能

教，巧師即所教。文據過量，且云得蘭，不乞妨、難，應具四罪。即注戒云：為他成者，二蘭、二吉是也。」（二八九頁下）簡正卷一〇：「若是共他造房而過量，亦須犯殘，為於己有國（原注：『國』疑『圖』。下同。）亦是主故。若巧師自無房分，但為他造作過量者，但犯蘭，以非是主，即無國己也。所言巧師者，即僧中有人會於巧作，能造房舍，號曰巧師，即有斯犯。若俗人工匠之類，即不在此論量。不同淮南（六六七頁上），云是俗人曾受五八戒者，犯蘭。此即全成愚教也。」（六六七頁下）

〔八五〕妨、難，各突吉羅　鈔科卷中二：「『妨』下，重釋第六。」（五九頁上）資持卷中二：「且據具有為言，注戒云：互相有無，隨其所犯。」（二八九頁下）簡正卷一〇：「若准律文，有三四一十二句，此是最初『具足』一句。餘十一句並是少降也。律曰：若不被僧處分，過量有難有妨，二僧殘、二突吉羅。其第二句，上則准前，但於妨、難中互減（原注：『滅』疑『減』。），有難無妨；第三句，有妨無難。此二並二殘一吉。下三三句，妨、難互滅，及俱如前，唯僧不處分，不過量互減。第二『三句』，『僧不處分不過量』作頭，將妨、難俱互有無，僧（原注：『僧』一作『得』。）三句。第三『三句』，『僧處分過量』依頭，得三句。第四『三句』，『僧處分不過量』作頭，亦爾。今鈔但舉初三句中，一具足句，攝下諸互句並盡。」（六六七頁下）

〔八六〕不犯　資持卷中二：「八相三類，前二種，翻犯明不犯。（注戒更有『如量僧處分如法』、絣地，共上成五）。佛圖等四，非專己故。草庵等二，非過量故。」（二八九頁下）

〔八七〕為僧，多人住屋　鈔批卷一六：「暠云：此為僧多，非別人多也。心疏云：（六九七頁上）多人住者，以擬多人住故，非多人共造也。」（六九七頁下）

有主僧不處分房戒〔一〕第七

制意同前〔二〕。

成犯具六緣：一、有主，二、為己作，三、長佛六搩手、廣四搩手已上房〔三〕，四、不處分，五、不處分想，六、作成，便犯。

此房屬於己身〔四〕。若死，遠去不還，隨意處分〔五〕。若與三寶、親友、白衣，自賣取錢，隨心自在。唯不得賣地，地是僧物〔六〕。僧不許賣，房僧得罪〔七〕。若房主不自處分者，屬四方僧，次第住之〔八〕。律中：妨、難，二吉羅；不乞邊，一僧殘罪〔九〕。

開通中。若處分，作草庵、葉庵、小容身屋〔一〇〕，謂無過量〔一一〕。

以小故，不須乞處分。若作多人住處〔一二〕等，竝得。

【校釋】

〔一〕**有主僧不處分房戒**　簡正卷一〇：「有主為造，專住自由，妨、難二處，不乞處（原注：『處』下疑脫『分』字）。此是所防，戒是能治。（云云。）戒疏問：『既有主為造，何須斫樹？』答：『取下地，擬施基也。』」（六六七頁下）鈔批卷一六：「此戒三重境想，由有主故，無過量罪。問：『前、後皆房，所以分二戒者？』答：『同少多故，不可合也。何者？一、有主無主異，二、有量無量異，三、羯磨法中相番是異。有斯三別故，所以分為二戒也。』」（六九七頁下）資持卷中二：「（佛在俱睒彌國，王為闡陀造房，斫路中神樹，人訶，田（【案】『田』疑『因』。）制。）此由有主，大小從他，故無過量。但恐妨、難，特制自專，故分二戒。」（二八九頁下）【案】本戒鈔科簡稱為「有主房戒」。此與前「無主房戒」，通常簡稱為「二房戒」。四分卷三，五八六頁中開始。

〔二〕**制意同前**　資持卷中二：「此既有主，無擾二趣。（二八九頁下）然據緣起，事異義同。」（二九〇頁上）

〔三〕**長佛六搩手、廣四搩手已上房**　簡正卷一〇：「反顯已下不犯。」（六六七頁下）【案】下引多論證之。

〔四〕**此房屬於己身**　鈔科卷中二：「初，釋第二。」（五九頁下）資持卷中二：「初句示所屬。前房自作，屬己無疑。此既有主，恐謂未有所屬，故特標簡。」（二九〇頁上）簡正卷一〇：「玄云：此並多論文也」（六六七頁下）【案】薩婆多卷三，五二一頁中。

〔五〕**若死，遠去不還，隨意處分**　資持卷中二：「『若』下，明有緣。隨用有二。初明自判。『若死』，謂將死也。」（二九〇頁上）【案】「處分」，薩婆多為「分處」。

〔六〕**唯不得賣地，地是僧物**　資持卷中二：「必是私有，理亦應通。」（二九〇頁上）

〔七〕**僧不許賣，房僧得罪**　簡正卷一〇：「謂房是自己，眾僧報彼不許賣，即眾僧總得吉也。有人云『房僧得罪』謂得賣（六六七頁下）此之罪者，此不成解，兼有破句之失。」（六六八頁上）鈔批卷一六：「既是私房，他欲行遠行，或時已隨彼分處，或賣，或與人，僧若不許其賣，僧即得罪。若行已前不處分，死後方屬僧耳。（下明不犯法。）」（六九七頁下）資持卷中二：「僧不許賣常住常

住物故，房僧得罪，若賣成盜故。（前房賣用，應同此房，受用亦制。但文互現耳。）」（二九〇頁上）【案】「僧不許賣，房僧得罪」，本句言：若有僧欲遠行，將買屬己之私房，而其他僧不准其買者，得罪。這也是簡正釋文中斥「謂得賣此之罪」之義，即不准買者得罪。

〔八〕若房主不自處分者，屬四方僧，次第住之　資持卷中二：「『若房』下，明不自判。」（二九〇頁上）

〔九〕妨、難二吉羅，不乞邊，一僧殘罪　鈔科卷中二：「『律』下，釋第六。」（五九頁下）簡正卷一〇：「正約得罪輕重也。律云：僧不指授：有難、妨，一殘、二吉；有難無妨、無難有妨，皆一吉。僧不處分，無難妨，但一殘。」（六六八頁上）

〔一〇〕若處分，作草庵、葉庵、小容身屋　資持卷中二：「不犯中。初句翻犯。『作』下，三處量減。『若下』不，為己。」（二九〇頁上）

〔一一〕無過量　資持卷中二：「注戒云：與前並同，唯無過量為異，故云等也。注無過量者，此據乞法量為言。」（二九〇頁上）簡正卷一〇：「釋疑故來，前戒制其過量，容身屋小，故不犯。『此戒本來不制量，何用論其大小？』答：『雖無過量，若長六廣四，即須乞法。此明小故，不用乞法，不犯故也。』」（六六八頁上）

〔一二〕若作多人住處　資持卷中二：「『若』下，不為己。」（二九〇頁上）

無根重罪謗他戒〔一〕第八

多論：為護自行，令法久住〔二〕故；二、為止謗毀，令梵行者安樂修道〔三〕故。

問：「謗他是妄語，得幾罪〔四〕？」答：「善見云無別提罪〔五〕，以謗假虛成〔六〕。今以義通：若元意專謗，無妄語墮〔七〕；若兼誑僧，望前人，得僧殘〔八〕；望僧虛解，得墮。如殺父、羅漢，妄語、兩舌，相對互說〔九〕。餘如戒本疏〔一〇〕。」

具八緣：一、是大比丘及尼〔一一〕，除下三眾二〔一二〕，想心謂淨，不妨實不淨〔一三〕，如打破戒犯墮。故文云：若遮無根無餘作，不成遮，治其謗罪〔一四〕。二、謂作大比丘想〔一五〕。三、內有瞋心。四、無三根〔一六〕。五、下至對一比丘說〔一七〕。僧祇：對所謗比丘前罵謗，語語僧殘〔一八〕。六者，重事如誣。七、言辭了了。八、前人知〔一九〕。犯。

善見云：若有謗他，在僧中請判者，僧未應判〔二〇〕。若彼語僧「若

不是者，我便不受〔二一〕，僧應語言〔二二〕：「汝且禮佛」，為其說法，後當為判此事。若遷延至暝〔二三〕者，當語「明朝來」。如是三反。猶剛強者〔二四〕，語云：「此處少律師，不得斷，可往餘寺。」彼餘寺僧知如是者，亦云「此無律師」。如是覓寺不得〔二五〕，來還本寺，心懦折伏，隨僧教行者，方問被謗之僧，依法斷之〔二六〕。

　　律不犯中。

　　見、聞、疑三根，說「實」。「實」有五種〔二七〕：一、真實〔二八〕；二、想實〔二九〕；三、事實，如殺王還道殺王〔三○〕；四、三根不互實〔三一〕；五、四戒不互實〔三二〕。若反此五，謗他犯殘〔三三〕。十誦：四重互說成謗；四分亦同〔三四〕。

【校釋】

〔一〕**無根重罪謗他戒**　資持卷中二：「（佛在羅閱祇，沓婆為知事。慈地次得惡房、惡食，便令妹尼對僧以重謗，故制。）名中，『無根』對下戒，『重罪』揀次篇。」（二九○頁上）簡正卷一○：「戒疏云：內無三實，故曰『無根』，重事加讒，名之為『謗』。」（六六八頁上）鈔批卷一六：「此下六戒，僧尼同犯。先明制意者。夫出家同住，和合為先，迭相衛護，許不相惱。今乃懷瞋，橫搆重事誣人，自壞心行，增長生死，以滅正法。又復，塵坌良善，甄在眾外，惱他一生，廢修正業，欺罔事深，特須聖制。內無三實，名曰『無根』；假說四夷，名為『重』；妄搆加誣，稱之曰『謗』。『無根謗』非是戒，但是戒家所防。戒是能防，謗是所防，能所通舉，故曰也。緣中。沓婆比丘，十誦名陀驃，十四出家，十六證羅漢。分臥具時，不須燈燭，其人左手小指出大光，右手持與僧，指臥具處。五分第二云：即入火光三昧，左手出光，（六九七頁下）右手示臥具處。時有遠方，聞有是德，皆作是念：『我當往彼，問訊世尊，并見陀羅（【案】『羅』疑『驃』。），及現神力。』見論云：入火光三昧者，此是第四禪定。禪定起已，放右手第二指，以為光明，須臾名聞滿閻浮地。諸比丘從遠方欲齊神力，沓婆自隨一比丘為安止住處。其餘比丘，安止住處，悉是化身，如真身無異。多論問曰：『佛法道理，罪當發露，功德覆藏，何故放光，自顯己德？』答：『顯德有二：一為利養名聞故，二為佛法眾生故。若為佛法眾生，隨時自在，無所障礙。』但沓婆手出光者，婆論云，有八因緣，手出火光：一、為止誹謗，顯己無愛、恚、怖、痴。如佛為婆羅門女謗。智論云：㫋遮婆羅門女，繫木盂作腹，謗佛：『共我私通，故有娠（音身）。』佛報言：『我有

十力、四無所畏等，豈有此事耶！』舍利弗，神力為鼠嚙，十力可亦是顯德耶！二、息學問坐禪比丘。見營僧事者，意生輕毀，手出火光，滅相輕毀，勝負心故。三、為折伏山林比丘高慢心故。常謂城傍比丘，恒在亂心，是故沓婆雖在事亂，神力故出光，別僧臥具，伏彼高慢心也。四、為現精進果報，以勵解怠者故。五、為增長施主善根故。六、為現被謗（六九八頁上）心不退故。七、欲現僧有大威德故。分臥具者，神力乃爾，況復諸余大德，寧不高勝！八、為愛惜正業。今不廢缺，常在定心，兼知臥具，僧和得辦。故四分云：其人為僧知事，常入火光三昧，一手放光、一手指授臥具。時有五百客比丘來至，夜沓婆各各一時，遍照五百，一時授臥具。」（六九八頁下）扶桑記釋「慈地」：「注戒及善見等同此。現行本律但云慈地比丘尼，前戒亦爾。」（一九六頁下）【案】薩婆多卷三，五二二頁。四分卷三，五八七頁中。本戒鈔科簡稱為「無根謗戒」。四分卷三，五八七頁上開始。

〔二〕**為護自行，令法久住** 資持卷中二：「初護自行者，淨口業故。」（二九〇頁上）鈔批卷一六：「立謂：謗他自犯僧殘，名壞自行也。行既壞，不能秉法。被時使千歲不墜，闕任持之益。今則反此，故曰令法久住也。」（六九八頁下）

〔三〕**為止謗毀，令梵行者安樂修道** 資持卷中二：「不惱他故。」（二九〇頁上）鈔批卷一六：「今制此戒，則得靜緣修道也。」（六九八頁下）

〔四〕**謗他是妄語，得幾罪** 簡正卷一〇：「問意云：夫言謗者，莫非虛妄，若既不虛，即不名謗。今未委謗他之時，為但有謗罪，為更有妄語之罪？」（六六八頁上）資持卷中二：「以古師互判，故問以決之。」（二九〇頁上）

〔五〕**無別提罪** 簡正卷一〇：「謂但有謗罪，更別無妄語提也。」（六六八頁上）資持卷中二：「初據文答。無別提者，以謗即是妄，無二業故。」（二九〇頁上）【案】善見卷一三，七六六頁下。

〔六〕**謗假虛成** 簡正卷一〇：「智論云：旃遮婆羅門女，繫木盆作腹謗佛：『佛共我通，故使有娠。』佛言：『我有十力四無畏，豈有此事？』舍利弗以神力化為鼠，齒繩斷，盆墜地等，以此明之，故知謗假虛成也。」（六六八頁上）鈔批卷一六：「立謂：謗假虛為體，則不名謗，故謗時藉妄成，無別結妄罪。今鈔主義通云：必有誑僧之心，亦兼妄罪。」（六九八頁下）

〔七〕**元意專謗，無妄語墮** 簡正卷一〇：「謂假虛而成，貴在毀謗，前境別無餘心，但有一罪。」（六六八頁下）資持卷中二：「元意兩期，意是業本，故兼二犯。」（二九〇頁上）

〔八〕**若兼誑僧，望前人，得僧殘**　簡正卷一〇：「若兼僧者，謂標心有此二意，故結二罪。望前謗境上得殘，望誑僧邊結墮。」（六六八頁下）

〔九〕**如殺父、羅漢，妄語、兩舌，相對互說**　資持卷中二：「初例，若約各論，殺父、羅漢，並結一夷，更兼一逆。若父證羅漢，則一夷二逆，望父違恩養，望羅漢損福田故。次例，即多論將口三過互織，辨犯。如小妄中委引。彼云：傳他此語向彼說，以不實故，是妄語；作分離心故，名兩舌。此並一境兩犯，足為前例。」（二九〇頁上）簡正卷一〇：「大德對此引戒疏四句：一、是息養，是福田，謂父出家得果，煞得二逆一夷；二、是恩養，非福田，但煞父非證果者，得一逆一重；三、是福田，非恩養，但煞羅漢不是父，得二罪：一逆一夷；四、非恩養，非福田，即汎爾常人，但得夷罪也。妄語、兩舌者，謂本擬分離意，所以望語得二罪。若但有意誑他，無分（六六八頁下）離心，但有一罪。廣如『小妄語戒』述。今引上二事，通證前文，得殘、提二罪也。」（六六九頁上）鈔批卷一六：「以父修道，證得羅漢。今若殺之，違恩養邊一逆、損世福田邊一逆。案五分十六云：優延王有一夫人，王放出家，得阿那含，生梵天上。飛來空中，勸王出家，即釋王位，付太子已，出家學道。在城左右，止林樹下。太子見父，恒恐還奪。（六九八頁下）時王比丘未曾見佛，欲往禮敬，念已便行；遂忘坐具，須臾還取。子見王還，恐其將（【案】『將』下疑脫字。），勅人速殺，凡是沙門，亦盡殺之。使（【案】『使』即使者、殺手。）受王命。比丘言：『我出家所求，未有所獲，汝小寬我。』使者聽之，即慇思惟，得須陀洹。如是四返，得四沙門果。便語使者：『汝可隨意還語汝王，我不貪位，行忘坐具，所以暫還。汝為殺我，便是殺父，殺阿羅漢，念汝長夜受大苦耳。』言已就死。使還白王知，王聞此語，血從口出，生身入大地獄。時瓶沙王與其隣國，先聞其教，盡殺沙門，恐入己界，勅人守護諸伽藍門。今別（原注：『別』疑『引』。）此義，明謗時，兼有妄罪也。勵（【案】『勵』疑『礪』。次同。）云：善見無別提罪者。難曰：『如我為欲損主，假殺畜生，不應損主得重，害命得提？』答：『謗定假虛。無有謗而非虛者，是故一罪。盜則不定，自有損主，不假殺生，盜布絹是也。自有損主，又假畜生，即如殺他畜生是也。非一向相假，損主害命，二境別故，得二罪。謗則不爾，要假虛成，唯有一罪。』此勵律師意也。亮云：應作兩合四句，相對辨之：一、是損主，非殺畜，盜錢絹是；二、是殺畜，非損主，殺野畜是；三、是損主，是殺畜，盜殺猪羊是；四、俱非，取無主物是。將謗對辨四句者：一、是妄非謗，

違想者是；二、是謗非妄，（理無此句；）三、是謗是妄，即相假者是；四、俱非，清淨比丘也。即闕一句，故與盜非類。」（六九九頁下）

〔一〇〕餘如戒本疏　資持卷中二：「彼問云：『元謗望僧治，何因言了結？』答：『能謗意在治，治擯唯僧力，遂瞋暢思決言了，便成犯。』」（二九〇頁上）

〔一一〕大比丘及尼　簡正卷一〇：「問：『何故謗尼同僧犯殘，打尼但吉？』答：『戒疏云：打據位卑，謗約行修，故結不定也。』」（六六九頁上）

〔一二〕除下三眾二　簡正卷一〇：「疏云：謗惱情微，不癈修行。又，所犯名輕結，謗非重，故但吉也。」（六六九頁上）鈔批卷一六：「謂此『二』字□□（原注：□□疑『要屬』）上句，明其下三眾只是二部攝耳。心疏問：『所以謗下三眾輕者？』解云：『謗惱情微，不廢修行。又，所犯名輕，能謗非重。如打奪，上二則重，下三便輕。』『若爾，何故隨舉中，沙彌與大僧齊者？』答：『莫非違眾是同，所以大小齊結。』『若爾，違眾是一，故同犯隨者。僧尼互隨，亦齊約眾，罪分輕重（尼隨順被舉比丘，得夷；僧隨，但得提、吉。）者？』答：『尼隨有教，可傍故夷，僧則反前故吉。』又問：『何故何故（原注：』何故『二字疑剩。）謗尼同大僧，打尼同小學者？』答：『打據位卑，謗約修行。不同餘律，打謗同罪。』」（六九九頁下）【案】「二」字，如資持等斷為下句首，而成「二、想心謂淨……」。但從本段義看，應該是，第一明大比丘及尼，第二是「作大比丘想」。故今從鈔批。

〔一三〕想心謂淨，不妨實不淨　資持卷中二：「第二緣。準疏，古解有二：初，約體淨，彼據戒本非波羅夷為證。次，師約想淨，即如鈔引。文中初出彼所立。」（二九〇頁上）簡正卷一〇：「想心謂淨者，破古也。古曰謗淨境方犯。今云：夫論眾法，准取見聞，但作淨想，謗之皆犯故。抄云：不妨實不淨。故律云：彼人不清淨，不見彼犯謗，故成殘。戒疏自難曰：『若於不淨境作淨想，謗得殘者，若迷非人作人想，煞應得夷否？』答：『謗就心虛為義，煞就心境俱實，故不結夷。』」（六六九頁上）鈔批卷一六：「立云：所謗之人，雖實不淨，但能謗之人，而作淨想，謗則得殘。不問境之淨穢，但使作淨想，謗則犯也。准戒疏中，諸釋不同。初云：雖是比丘，要須體淨，如戒本中非波羅夷比丘，以無根謗等故也。又如駈他出聚出房，淨者犯故。『若爾，何故律文彼人不清淨，謗者犯殘者？』答云：『此謂犯下四篇耳。』」（六九九頁下）『若爾，何故打犯重墮者？』答：『相惱約位，謗就治爵，故清濁須別。』又一解云：謗不淨者，亦犯。夫論眾法，但取見聞，故違見淨。說他言犯，自惱惱他，故清濁同罪，

不可如緣。如初戒緣，豈有尼也？戒本言非波羅夷比丘等者，據緣起說，亦句就於謗者情想淨者，何由加謗故也？故律云：彼人不清淨，不見彼犯，謗故成殘，如犯重打提之相也。上來解者，相從出之，然不如律遮法中云：若遮無根無餘，作者不成遮，治其謗罪。無餘者是重，作者是曾犯，何得復言？有人問曰：『若使所謗實不淨，能謗作淨解，向他道不淨得殘者，我前境實非人，心中作人想，隨想行殺，應得夷罪。若所殺實非人，我亦所謗實不淨，心中作淨解，亦心中作人解。若使淨想，說不淨，便得殘者，亦應人想殺非人同得夷耶？若言謗他是惡望心故結罪，殺人心極惡，何為非大重？此既是齊，何故不淨，淨想謗殘。非人人想殺有輕重，謗殺二想，境心俱違，有何義理因果不等？』答：謗就心虛為義，殺惟心境俱實故也。」（七〇〇頁上）

〔一四〕**若遮無根無餘作，不成遮，治其謗罪** 資持卷中二：「『故』下，準疏是今師引破。」（二九〇頁上）鈔批卷一六：「立謂：遮是舉義也。無餘是犯重已，眾法絕分名無餘。（七〇〇頁上）明其雖犯無餘之罪，而舉者未委三根，不成舉也。須治其謗罪，此義出遮揵度中。」（七〇〇頁下）簡正卷一〇：「『故文云』等，遮揵度文也。遮是舉義。無根謂無三根，無餘謂是四重，作是曾犯雖實，且無三根，則不成舉。所舉既虛，故治謗也。」（六六九頁上）【案】四分卷四六，九〇八頁中。

〔一五〕**作大比丘想** 資持卷中二：「今師但據自無三根，不論彼境淨穢。（二九〇頁上）循古引示，而非所取，故別立第二。」（二九〇頁中）簡正卷一〇：「大德云：此是今師重列第二緣也。所以重列者，謂前古人立緣不了，故更明之。但作大比丘想，即成謗罪，不論淨與不淨。若作『下三眾』想，即犯吉也。」（六六九頁上）

〔一六〕**無三根** 簡正卷一〇：「一、見根，謂自見、從他見；二、聞，有自聞、從他聞；三、疑，有見後疑、聞後（【案】『後』下疑脫『疑』。）。准律六，『心句』有七章。初，實不清淨，無三根，次三根往謗，有六句者：一、彼人不清淨，無三根，以三根往謗。（無想不忘心。）二、彼心不清淨，無三根，曾生三根想後，望此想心，言我見聞。（有想忘想心。）三、彼人不清淨無三根，曾起疑心，後言我實見聞疑。（有疑不忘心。）四、彼人不清淨無三根，曾起疑心，後言我實見聞疑。（有疑忘疑心。）五、彼人不清淨無三根，亦無三根，亦無疑心，後忘此無疑，便言我實見聞疑。（無疑忘疑心）。第二，無見根，以聞、疑往謗；第三，無聞根，以見、疑二根往謗；第四，無疑根，以見、聞二根往

謗；第五，無見聞根二，但以疑根往謗；第六，無聞疑根，但以見根往謗；第七，無見根，但以聞根往謗。皆有六句。如上來明，此成四十二句。若實清淨無三根，以三根往謗，亦四十二句，翻上明之。」（六六九頁下）【案】四分卷四，五八八頁中。

〔一七〕下至對一比丘說　簡正卷一〇：「此據四分，謗他時須對境，或多人乃至最一人。」（六六九頁下）

〔一八〕對所謗比丘前罵謗，語語僧殘　簡正卷一〇：「引祇文，即彼律約能謗對所謗者，隨語結犯，即須對面謗也。」（六六九頁下）

〔一九〕前人知　資持卷中二：「但取所對，不必所謗。」（二九〇頁中）

〔二〇〕若有謗他，在僧中請判者，僧未應判　鈔科卷中二：「『善』下，釋第五。」（五九頁下）資持卷中二：「論明謗者，強戾僧折伏法。初，教僧詳緩。」（二九〇頁中）

〔二一〕若不是者，我便不受　鈔批卷一六：「案善見云，法師曰：能謗者至僧前，白僧言：『願諸大德為我等』，歡喜奉行，眾僧應為判此事。若言：『眾僧為我判此事莫停。若是者，我當受持；若不是者，我不受。』若作如是語者，眾僧語謗者言『汝且禮佛』等，一如鈔文。」（七〇〇頁下）

〔二二〕僧應語言　資持卷中二：「『僧』下，示折伏法。有三：初，教遷延。」（二九〇頁中）

〔二三〕暝　【案】底本為「瞑」，據大正藏本、敦煌甲本、敦煌丙本、資持釋文及弘一校注改。

〔二四〕猶剛強者　資持卷中二：「『猶』下，次令出界。」（二九〇頁中）

〔二五〕如是覓寺不得　資持卷中二：「『如是覓寺』下，後明為斷。」（二九〇頁中）

〔二六〕方問被謗之僧，依法斷之　鈔批卷一六：「立謂：能舉之人，既先是不可信人不得即信其言，須作如上方便已。若心懦已，方可喚所舉之人，問其實情。若實有犯，須治其罪。若不實者，即須依法治其謗罪也。」（七〇〇頁下）

〔二七〕「實」有五種　資持卷中二：「『實有』下，別簡五實，具五成開，闕一成犯。第二約心，餘皆約境。」（二九〇頁中）

〔二八〕真實　鈔批卷一六：「立云：實犯婬、盜、殺、妄也。」（七〇〇頁下）資持卷中二：「字誤。準疏作『真境實』，謂所對不謬也。」（二九〇頁中）

〔二九〕想實　簡正卷一〇：「謂前人雖實不犯，我心謂彼實犯，不是虛謗，此據正說時有想耳，實於前人作犯罪想。若違此相，便成謗也。」（六七〇頁上）鈔批

卷一六：「謂實於前人作犯云罪想。若違想說，則是心想虛，謬則成謗也。」（七〇〇頁下）資持卷中二：「想心謂不淨也。」（二九〇頁中）

〔三〇〕事實，如殺王還道殺王　簡正卷一〇：「謂見彼煞王人，今亦云煞王人，即事實。若云煞張即成謗。又十誦云：煞父云母，亦殘也。」（六七〇頁上）鈔批卷一六：「立云：如殺一張人，還須道殺張人也。此准十誦十一也。故彼云：若自言殺父，謗言殺母，殘。」（七〇〇頁下）

〔三一〕三根不互實　簡正卷一〇：「『見』『聞』言『見』等，不互名實。若『見』言『聞』等，成互即虛也。」（六七〇頁上）鈔批卷一六：「若『見』云『見』、『聞』云『聞』，名為不互。若『見』稱『聞』、『聞』稱『疑』，並成謗也。礪云：觀視青等，稱之為見，納響冷聲曰聞。論言：眼識隨生見，耳識隨生聞。（七〇〇頁下）見聞之後，猶豫不決，心無定執，號之為疑。」（七〇一頁上）

〔三二〕四戒不互實　鈔批卷一六：「如自言犯盜，即謗言犯婬，則名互也。賓云：此上五實，下四可爾。第一真實者，隨應餘攝，不應別立。」（七〇一頁上）

〔三三〕若反此五，謗他犯殘　資持卷中二：「『若』下，總結。論開須具五實，反犯止在一虛。」（二九〇頁中）

〔三四〕四重互說成謗；四分亦同　資持卷中二：「後引二律，別證第五，縱知實犯，互亦成謗。」（二九〇頁中）【案】十誦卷五二，三八五頁上。

假根謗戒〔一〕第九

此戒，假異事〔二〕上見根，取彼見根，道見此事上犯也。事不相當，名為「假根」，故分二戒〔三〕。

犯緣同上〔四〕。

律中有五種「異分」：一、對異趣〔五〕，二、異罪〔六〕，三、異人〔七〕，四、異時〔八〕，五、假響〔九〕也。言「異分」者，善見云：餘分，以羊當人；取片者，淫事相似。

餘相可知。

【校釋】

〔一〕假根謗戒　資持卷中二：「（慈地因見羊行淫，便言：牴羊如查婆，母羊如慈地尼。向諸比丘：我今親見，非前無根。因此而制也）。」（二九〇頁中）簡正卷一〇：「戒疏云：此戒與前名因（【案】『因』疑『同』。）種別。此戒假異事上有見根相，即此見根，將以加謗，故成假根。」（六七〇頁上）【案】此戒與前「無根謗戒」，通常合稱為「二謗戒」。四分卷四，五八九頁上開始。

〔二〕**異事**　資持卷中二：「『異事』即見羊淫，此事謂比同人犯。疏云：若異事見，向僧道聞，便是無根落在前戒，餘根準此。」（二九〇頁中）

〔三〕**事不相當，名為「假根」，故分二戒**　資持卷中二：「『事不』下，顯名。假謂詐託別事，意表有根。如下五異，俱名假也。」（二九〇頁中）

〔四〕**犯緣同上**　簡正卷一〇：「同無根謗戒，八緣臨時改轉，不更列也。」（六七〇頁上）資持卷中二：「須知第四，假根有別。」（二九〇頁中）鈔批卷一六：「犯緣制意同前，但以假為異。礪問：『二俱是謗，分作二戒者何？』答：『若望無根處，齊橫起不別，理應合制。但前是無根，次是假根，是故須離。』又問：『三根謗人，各別得罪，何以合一義？』『若望得罪，不必相假，亦應立三，但為無根處，齊得罪義等。又復，容有共證一犯，是以合制，緣起如律，至時付在說者。（云云）。』案多論云：陀驃比丘過去迦葉佛時，曾作知食人。時有練若比丘是阿羅漢，儀容端正，在路而行。有一女人，見生染愛，隨觀不捨。時知食人見其如是，謂先與交通，尋作是言：『此比丘必與是女，共作惡法。』以謗賢聖故，墮在地獄。罪畢得出，以本善業，值佛得道，殘業力故，受此誣謗。案雜寶藏云：迦葉佛時，有年少比丘，面目端正，顏貌美妙，乞食未還。有一女人，惑著欲色，看比丘眼不捨離。查婆比丘時為倉監，會見此女，（七〇一頁上）隨逐比丘，即便謗言：『此女必與彼比丘通。』由是因緣，墮三惡道，乃至今日，餘殃不盡，猶被誹謗。又以過去迦葉佛時，出家學道，今得羅漢。」（七〇一頁下）

〔五〕**對異趣**　簡正卷一〇：「人畜兩列也。」（六七〇頁下）鈔批卷一六：「立謂：見羊行婬，便言見人。將畜謗人，人畜兩殊，名為異趣。」（七〇一頁下）

〔六〕**異罪**　簡正卷一〇：「六聚不同也。」（六七〇頁下）鈔批卷一六：「立謂：見犯下聚，以初篇謗也。亦云見犯殺盜，謗言犯婬。」（七〇一頁下）

〔七〕**異人**　簡正卷一〇：「有同名姓等，彼人犯罪（原注：『彼』等四字疑衍。），彼人犯罪以謗此人。」（六七〇頁下）鈔批卷一六：「戒疏云：謂見比丘與所謗者，名姓相同，以彼人犯，用謗此人故也。」（七〇一頁下）資持卷中二：「謂餘人與所謗者名姓相同，以彼所犯，用謗此人。」（二九〇頁中）

〔八〕**異時**　資持卷中二：「即本在俗時，曾作重過，今用加舉。」（二九〇頁中）簡正卷一〇：「在家時犯，便云他出家後犯，或去（原注：『去』疑『云』。）手犯，乃至云今手等。」（六七〇頁下）鈔批卷一六：「立云：見昨日犯，云今日犯，乃至朝見云暮也。戒疏云：約在家、出家時異。在家時犯，非今非也。又

云：謂所謗之人犯罪，非濫。僧即覆撿，罪是異時，亦治其謗。」（七〇一頁下）

〔九〕**假嚮** 簡正卷一〇：「謂於山谷之中，高聲自語叫嚮，謂言『彼亦有人』，如此說等。」（六七〇頁下）鈔批卷一六：「若比丘自語，聞嚮聲，乘嚮來謗，故亦犯也。謂能謗人，於山谷中叫云『某甲比丘犯婬、盜』等，嚮聲隨應，即乘此嚮聲，將此為根，便云『我聞此比丘犯』等，亦成謗也。」（七〇一頁下）資持卷中二：「謂自語聞彼嚮，聲言『作婬、盜』等。上四，義通三根；後一，唯局聞疑。」（二九〇頁中）

破僧違諫戒〔一〕第十

此違諫等戒〔二〕，逮于下篇〔三〕。或事希法隱〔四〕，當世寡用〔五〕，如謗僧、拒僧，欲不障道等。或但有因用，終不辦果〔六〕，局佛在世有，滅後所無〔七〕。即此二破僧違諫〔八〕者。如此眾戒，其相極多〔九〕，終非見用，徒費抄略，竝所未詳出。至如汙家擯謗〔一〇〕，因即設諫；諫事是難，時所同廢。不妨惡行，行寔網生〔一一〕。或辨相事可通行〔一二〕，或開緣乃當時要〔一三〕。故直略其行務，以裨輔神用〔一四〕耳。

就破僧犯緣，理非可犯〔一五〕，必須具列，庶新學者知其教相。具五緣成：一、先明立邪三寶〔一六〕，二、行化於時〔一七〕，三、如法僧設諫〔一八〕，四、固執不捨〔一九〕，五、三羯磨竟〔二〇〕，犯。違諫，僧殘〔二一〕；破僧，罪是偷蘭〔二二〕；違別人諫，波逸提〔二三〕。餘之方法，廣如戒本疏〔二四〕。

律不犯中。

若破惡友、惡知識〔二五〕，及二人、三人欲作非法羯磨〔二六〕，或為僧〔二七〕、塔、和尚、闍梨、知識、親友等作損減、作無住處〔二八〕，若破是人者，不犯〔二九〕。

【校釋】

〔一〕**破僧違諫戒** 資持卷中二：「（佛在羅閱祇，提婆教人害佛，惡名流布，利養斷絕，便別眾食，為佛訶責。因即破僧，舉過設諫，因制。）戒名中。破僧有二：一、立五法化世，破四依八正，名破法輪僧；二、同界各作眾法，名破羯磨僧，僧作白四法諫；三、諫不捨犯殘。餘三戒竝爾。」（二九〇頁中）簡正卷一〇：「邪法改真，分眾異軌，稱為破僧故。固執不捨破故，名違諫。（云云。）俱舍問云：『破僧是虛誑語，何故名破僧？』答：『有兩師解。初云：因受果

名，誑語是因，破僧是果，因誑語故，僧方破也。二云：此云誑語，能破僧故，從用彰名。」（六七〇頁下）鈔批卷一六：「邪法改真，分眾異軌，稱為破僧。固執不捨，名曰違諫。戒是能防之行也。然破僧非殘，但違諫故殘也。僧有二種：若破法輪僧，重蘭；若破羯磨僧，輕蘭。案首疏云：僧通凡聖，（七〇一頁下）實乃無量，今舉要略，就教分二：一、羯磨僧，以無勝德可彰，就應羯磨教法和合，以標其德，故曰也。二、名法輪僧，佛說淨教，契理之說，軌成行者，名之為法。即以此法，能摧結使，轉凡為聖，名之曰輪。若就體說，輪以無漏空觀為體。所以名輪者，就喻得名，如重輪寶，以真實為體，如前空觀無漏等。今言破者，破十輪家法，無別法輪僧可破。此法是成僧之因。若言羯磨，是御僧之法，唯局大僧，一界之內，各別羯磨，不成辨。破此只是破羯磨僧家法，不破羯磨僧。此亦是成僧之因，此皆就事辨破也。僧體者。論云：或指非心為體。今律家辨僧，是假名。攬四以成僧，四外無別體，指四人為體。故律云：僧者四人，若過四人等是也。（云云。）約法就行，辨破法輪僧者，指八正道以之為輪；正語、正業、正命三，是戒數為轂；正見、正思惟二，是慧數為輻；正念、正定二，是定數為輞；正方便，是精進數，是輪轉。合此四，成共一治，能輾生死，故名輪也。頌曰：語業命三戒數轂，正見正思慧數輻，正念正定定數輞，方便精進數輪轉。令（【案】『令』疑『今』。）調達於伽耶山立邪三寶，自稱是佛，替正佛寶；（七〇二頁上）說五邪法，替於八正法寶；立三聞等四，替正僧寶。使三千世界，法輪不轉，禪誦不行，此曰破法輪僧也。」（七〇二頁下）【案】本戒鈔科簡稱為「破僧戒」。四分卷四，五九〇頁中開始，至卷五，五九四頁下。

〔二〕**此違諫等戒**　資持卷中二：「總示中。初科，前列五諫。初二句總舉。此違諫者，即當篇四戒。」（二九〇頁下）簡正卷一〇：「『此』字屬正破僧戒。『等』取助破污家惡性三也。」（六七〇頁下）【案】總示諸諫，文分為二：初，「此違」下，明五戒略意；二、「至如」下，示汙家廣意。

〔三〕**逮于下篇**　簡正卷一〇：「下篇，謂『單提』中：一、不受屏諫，二、利吒違屏諫，三、輕人受訓導戒。」（六七〇頁下）鈔批卷一六：「謂『及』下第三篇『九十』中，阿利吒比丘說欲不障道，亦有別人設諫。」（七〇二頁下）

〔四〕**事希法隱**　簡正卷一〇：「如注中謗僧拒僧等，事希少也。所以然者，且如今時，有惡比丘口去欲不障道，緣無有僧，如律諫勸。既無設諫拒謗之事，何生拒謗？既無結謗之法不顯，故云希隱也。」（六七〇頁下）資持卷中二：「『或』

下，別釋。初明三戒，如注所列，謗僧即污家，拒僧即惡性事。希謂過非常有，法隱即羯磨不行。」（二九〇頁下）

〔五〕當世寡用　簡正卷一〇：「謂末代中比丘，作惡雖多。若於治罰都無，故云寡也。」（六七〇頁下）鈔批卷一六：「明此違諫之事，縱有其過，闕不設諫。此法既希，時所不行，今亦略卻，故云寡用也。」（七〇二頁下）

〔六〕但有因用，終不辨果　簡正卷一〇：「謂此破之事，當今無（六七〇頁下）佛競化，令僧眾不和，乃是其因。既無破僧之事，則闕違諫之殘，故不辨果。」（六七一頁上）鈔批卷一六：「謂此破僧之事，當今無佛，與誰競化？故無畢竟破僧之罪。今若生此心，或僧眾爭競不和，乃是其因。既無成僧之逆，則闕違諫之殘，故曰未辨果也。」（七〇二頁下）資持卷中二：「『或但』下，明二戒有二意。因不辨果者，閻浮一化，唯提婆一人破僧究竟。餘但方便故。」（二九〇頁下）

〔七〕局佛在世有，滅後所無　鈔批卷一六：「將下引雜心頌來此說大好。故下雜心頌云：『未結界前後，牟尼已涅槃，息內（【案】『內』雜心作『肉』。）未生時，及無第一雙，於此六時中，不名破法輪。』」（七〇二頁下）資持卷中二：「以佛滅後，無可競化故。若破羯磨僧，容有至果，復通滅後。然今論犯，須具二破，正取法輪，為所諫耳。」（二九〇頁下）【案】雜心論卷三，八九九頁中。

〔八〕二破僧違諫　鈔批卷一六：「立謂：主、伴為『二』也。如調達是主，破僧違諫也。三聞等四是伴，助破僧違諫也。」（七〇二頁下）簡正卷一〇：「因言今時無破法輪僧，便以五門分別：一、辨破僧體；二、能破戒時處；三、具緣；四、破二僧差別；五、今時無破法輪僧。初中，俱舍云：僧破體是不和合，於和合上，非得為體。若僧未破，眾共和合，許有聖道得入。僧既已破，名不和合，非得為體。『四心』中，『行心』攝三性，『無覆』無記性收。難曰：『既是無記，豈成無間？』答：『論云：如是破僧，因誑語生，誑是無間，故既破僧是無間果，非無間體。因受果名，故說無間名破僧也。又，此破僧無記，非能破者成，唯是所破僧眾所成故。（上八體竟）。』二、能破成時處者。謂能破僧，提婆達多成破僧罪，誑語為性，此必墮無間大地獄中，一劫受苦。餘廣如論述。三、具緣破僧者。頌云：『苾芻見淨行，破異處愚夫，忍異師道時，名破不經宿。』言苾芻者，要大苾芻方能破僧，必非在家及苾芻尼等。見淨行者，淨，謂見人非犯戒愛；行者，謂持戒，非破戒、無威儀。破異處者，要在

異處，非對佛也。以如來言詞威肅，對必不能故。異處即象頭山中，（六七一頁上）調達在彼破僧，即鷲峯北可三四里。愚夫者，兩釋，一云初證法性故，二云得忍。亦不可破。准此，前解據得聖名。愚夫，修說未得西（【案】『西』疑『四』。）忍，名愚夫。頌曰：愚夫含斯二義，忍異師導者，忍之謂信。信師異佛，信異佛說。於此時中名破法輪。提婆達多作如是言：『我是大師，非沙門喬答摩，我所說五法是道，非喬答摩所說八支是道。』愚夫苾芻三聞達多等，諦信提婆多是我大師，五法是出離道，正起此信，即破法輪。（五法，如抄列緣中明。）四、破二僧差別者。頌云：『瞻部州九等，方破法輪僧，唯破羯磨僧，通三州八等。』言瞻部州者，簡餘處所也，唯此有佛故。九等者，九是九人，謂八苾芻，分為二眾所破，四為正義（【案】『義』疑『眾』。），四是邪眾，能破第九，故極少猶須九人，多即無數也。通三州八者，謂破羯（【案】『羯』後疑脫『磨』字。）通在三州，有聖法故，極少八人，多亦無限。謂一界中，僧分二部作羯磨也。第五，明今時無破法輪僧。頌曰：『初後皰雙前，佛滅未結界，於如是六位，無破法輪僧。』言初者，謂佛轉法未久。後者，臨般槃時。此二時中，僧一味故，不可說破。皰雙前者，皰謂瘡皰，於正戒上生邪戒，正見上生邪見，名（六七一頁下）為皰也。皰未起時名『前』，要二皰生，方破五法是邪戒。謗八支聖道，是邪見。雙前者，目連及舍利弗，雙賢弟子也。目連神通第一，舍利弗智慧第一，未有神智弟子前也。（雙前也。）佛滅未結界者，佛滅後無真大師，可敵對故。未結界者，無一界中，僧分二故。」（六七二頁上）【案】俱舍卷一八，九三頁等處。據四分卷四，提婆達多四伴是：三聞達多、騫茶達婆、拘婆離、迦留羅提舍。十誦卷三六，調達四同黨名：俱伽梨、乾陀驃、迦留羅提舍、三聞達多。調達「五法」，見下文。

〔九〕其相極多　資持卷中二：「『相多者，謂一一戒下，成犯緣相。」（二九〇頁下）

〔一〇〕汙家擯謗　鈔批卷一六：「立謂：以略提舉下文也。」（七〇二頁下）簡正卷一〇：「謂因污家僧，遂殯出聚落，既遭駈殯，乃反謗僧。僧因設諫，諫而不受，故結僧殘。今既不行，義同於癈也。」（六七二頁上）

〔一一〕不妨惡行，行寔網生　資持卷中二：「『不』下，正明惡行必廣之意。網生謂如網目，喻其多也。」（二九〇頁下）鈔批卷一六：「立云：網是法也。明其污家惡行，非是殘罪。以違僧諫故，諫是法網，因違諫故，故結殘也。（七〇二頁下）罪從違諫法下而生，諫是法網，故云網生。欲明僧殘罪行，從教網中生也。深云：末代比丘，雖作惡行，時無諫設，諫事雖癈，有惡行者，必違教網。

既羅教網，故致獲罪，罪由網生，故曰也。謂既作惡行，行羅網也。又云：以於俗前行此惡行，壞於俗信，使彼此獲罪。由比丘惡行，以罪網其前人，故言網生。生謂俗人、眾生之類也。」（七〇三頁上）簡正卷一〇：「謂雖癈諫，謗污家惡行。然今時多有不可，略而不論，故云不妨也。」（六七二頁上）

〔一二〕**辨相事可通行**　資持卷中二：「辨相，即下所引四分等文是也。」（二九〇頁下）簡正卷一〇：「或辨相者，顯下戒中污家惡行之犯相也。事通行者，此污家惡行之事通。今時人共行，下戒述之，命其識相行護故。」（六七二頁上）鈔批卷一六：「立謂：且如污家等戒，自種華果，令人種等，此皆辨相也。事可通行者，謂此經華果等，事通惡也。若為佛法等種，此曰善事，是通也。若為俗人種者，則是惡事，曰塞也。今雖辨此污家之相，相有通塞，故曰事可通行等也。深云：此明諸諫事，時雖同癈，所以我今辨其相者，使人識知持犯進否，通須行護，故曰通行，或可依而不犯者，何妨應有此人也？且如破僧事，末代是無，諫事亦無。今辨其相者，恐有人別食別布薩，還是破僧之因。今略辨其相，使通識其相，行護莫犯，故曰通行也。」（七〇三頁上）

〔一三〕**開緣乃當時要**　鈔批卷一六：「立明：如污家戒，既開為佛法，種華菓，使人採華，將供養佛。既是時要，開緣則當也。以開通文中，開將供佛，無罪有福，（七〇三頁上）是時要也。又如下文飲食，與病人及父母等，是其開緣，豈非時要？又如諸違諫得殘，開文云：若能諫之人，罪法違則不犯。又如破惡知識欲作惡行事，破則無罪，不犯破僧，此皆要也。」（七〇三頁下）簡正卷一〇：「律開通文中，開為三寶種華，或為檀越開持書往我，壞妊、獄囚、病人、父母等與食不犯。豈非當今時中要也？」（六七二頁上）

〔一四〕**直略其行務，以裨輔神用**　資持卷中二：「直略者，去餘廣相也。行務，即上通行時要也。裨輔，謂補助也。神即心識。用謂解能。」（二九〇頁下）簡正卷一〇：「謂鴻裨補益，新學之人，神恩行用也。」（六七二頁上）

〔一五〕**理非可犯**　鈔科卷中二：「『就』下，正釋今戒。」（五九頁中）鈔批卷一六：「謂大師晦跡雙林，今復與誰競化？既無此事，故曰非可犯也。今試列者，為令新學識相也。」（七〇三頁下）

〔一六〕**先明立邪三寶**　鈔批卷一六：「知調達稱佛，替正佛寶；說五邪法，替正法寶；三聞達多等四，替正僧寶，故曰也。」（七〇三頁下）簡正卷一〇：「戒疏去（案：去疑云）：諫不虛設，必有所為，是以第一立邪三寶，作破僧事。邪三寶者，調達自稱為佛，替正佛處寶；說五邪法，替四依八正處。五邪法者：

一、盡形乞食；二、盡形著糞掃衣；三、盡形露地坐；四、盡形不食蘇鹽；五、盡形不食魚肉。前三相似法，似佛四依，後二妄語。彼云：蘇鹽味重，魚肉損生，佛寶不斷，假言斷也。三聞達多等四，替身子、目連等僧寶處。」（六七二頁下）

〔一七〕行化於時　簡正卷一〇：「戒疏云：邪三雖立，若不行化，無容設諫。以如來法輪化被三千，說通道俗。是以調達唱『五法』是，說四依非，與佛競化，乃至地神唱告：能令三千大千世界法輪不轉，禪誦不行。天地翻覆，於其中間，無悟道者。」（六七二頁下）

〔一八〕法僧設諫　簡正卷一〇：「戒疏云：化而不諫，不成無罪，故須第三如法設諫。」（六七二頁下）

〔一九〕固執不捨　簡正卷一〇：「雖僧設諫，聞諫順從，亦無其咎，是以須立第四不捨。」（六七二頁下）

〔二〇〕三羯磨竟　簡正卷一〇：「雖執不捨，未竟未犯。要三法竟，方結根本也。」（六七二頁下）鈔批卷一六：「祇第七云：三諫不止，比丘白佛。佛言：『提婆達多過去世時，已曾如是拒諫遭苦。過去有婆羅門，於曠野中造立義井，時日向暮，有群野干，飲池殘水。有野干主，不飲池水，內頭鑵中，飲已戴鑵，高舉撲破，鑵口貫頭，以此為樂。諸野干輩諫言：『莫爾。』野干主言：『我但快心，那知他事。』如是乃至破十四鑵，數諫不止。井主察見，便作木鑵，堅固難破，令入頭易，使出頭難。持著井邊，捉杖伺之。向暮如前，飲訖便撲，不能令破。井主執杖，打殺野干，空中有天，說此偈言：知識慈心語，俍（【案】『俍』僧祇為『很』。）戾不受諫，守頑招此禍，自喪其自命。如是痴野干，（七〇三頁下）遭此木鑵苦。』佛告諸比丘：『野干主者，調達是也。群野干者，今諸比丘是。過去已然，今不受諫，當墮惡道，長夜受苦。』」（七〇四頁上）【案】僧祇卷七，二八二頁中下。

〔二一〕違諫，僧殘　簡正卷一〇：「違僧諫，果罪也。」（六七二頁下）資持卷中二：「注戒云：僧諫時白二，竟捨者三蘭。乃至白竟捨者，一蘭。白未竟，一吉。」（二九〇頁下）

〔二二〕破僧，罪是偷蘭　簡正卷一〇：「蘭者，是破法輪僧果蘭也。所以破僧是果蘭者，謂調達本心規奪佛位，壞僧斷法。今既破得僧徒歸，從所規事畢，思心得暢，是究竟也。」（六七三頁上）資持卷中二：「破僧蘭者，五逆之一。」（二九〇頁下）

〔二三〕違別人諫，波逸提　簡正卷一〇：「違人諫者，戒疏云：若於屏諫，不問僧尼具不具位、道俗多少，通制成諫。僧用自四，屏用餘言，種種方便，得止便罷，鈔言殘、蘭。提者，皆據果論。若兼其因，即有多罪。」（六七三頁上）資持卷中二：「別人提者，拒屏諫故。」（二九〇頁下）

〔二四〕餘之方法，廣如戒本疏　簡正卷一〇：「彼云：納僧屏二諫，有其十門，明因果不同。復有十門，繁而不錄。」（六七三頁上）

〔二五〕若破惡友、惡知識　資持卷中二：「初二，破惡侶者，以慈濟故。」（二九〇頁下）

〔二六〕及二人、三人欲作非法羯磨　鈔批卷一六：「立謂：羯磨須四人秉。今二三人，則名非法，破此無罪。」（七〇四頁下）資持卷中二：「『及』下，破非法。二三人者，此明成僧，不可輒破故。」（二九〇頁下）

〔二七〕或為僧　資持卷中二：「『或』下，皆謂朋黨，相謀害故。」（二九〇頁下）

〔二八〕作損減、作無住處　簡正卷一〇：「駈遣出寺，不與此住也。」（六七三頁上）鈔批卷一六：「謂作擯出羯磨也。明僧為和上、闍梨等作擯出羯磨。若破，則無罪也。」（七〇五頁上）資持卷中二：「損減者，非理侵犯也。無住處者，妄行驅擯也」（二九〇頁下）

〔二九〕若破是人者，不犯　鈔批卷一六：「心正破邪，及非法緣，開不犯也。」（七〇五頁上）

助破僧違諫戒〔一〕第十一

具五緣〔二〕：一、明有人〔三〕作破僧事，二、眾僧如法設諫，三、四伴助破、諫僧〔四〕，四、僧如法設諫，五、作三法竟，便結〔五〕。

【校釋】

〔一〕助破僧違諫戒　鈔批卷一六：「眾僧作法諫調達時，四伴影響，助成破僧，僧尋設諫，拒而不受。故曰也。」【案】本戒鈔科簡稱為「助破僧戒」。四分卷五，五九五頁下開始。

〔二〕具五緣　資持卷中二：「『初二』並屬破主，『下三』正是伴助。」（二九〇頁下）

〔三〕有人　簡正卷一〇：「即提婆達多也。」（六七三頁上）

〔四〕四伴助破諫僧　鈔批卷一六：「立謂：三聞等四伴，助破僧也。諫僧者，謂此四伴，卻諫僧言，不須作法，諫於調達（原注：『達』下疑脫『調達』二字），所作如法、如律、如毗尼也。今僧正諫此四伴，故曰也。」（七〇五頁上）資

持卷中二：「言四伴者，一三聞達，二騫茶達婆，三拘婆離，四迦留羅鞮舍。諫僧者，如戒本云：是比丘語彼比丘言『大德，莫諫此比丘』等。」（二九〇頁下）

〔五〕作三法竟，便結　鈔批卷一六：「謂三羯磨竟時犯殘，中間隨一羯磨竟時，不捨，犯一蘭也。」（七〇五頁上）資持卷中二：「結犯開緣，大同前戒。」（二九〇頁下）

汙家擯謗違僧諫戒〔一〕第十二

具六緣犯：一、作汙家惡行事，二、心無改悔〔二〕，三、作法驅擯，四、非理謗僧〔三〕，五、僧如法設諫，六、三法竟，犯。汙家非戒本緣〔四〕，謗僧〔五〕是也。

四分，四種汙家：一、依家汙家〔六〕——從一家得物與一家，所得之處，聞之不喜〔七〕；所與之處，思當報恩〔八〕。二、依利養汙家——若比丘如法得利，乃至鉢中之餘，或與一居士，不與一居士。彼得者思報其恩，便作是言：「其有與我物者，我當供養，其不與我物，我何為供養？」三、依親友汙家〔九〕——若比丘依王若大臣勢力，或為一居士，不為一居士。所為者思報其恩，便不與餘比丘物。四、依僧伽藍汙家〔一〇〕——若比丘取僧華果枝葉，或與一居士，不與一居士〔一一〕。彼得者生念：「其有與我物者，我當供養，不與我者，我不供養。」行惡行者：自種華果樹〔一二〕，及以溉灌、自摘華、自作鬘，與他；及教人作上事；若村落中〔一三〕，共女人同牀坐起，同一器食，言笑；歌舞〔一四〕、倡伎〔一五〕、俳說〔一六〕、作鳥聲，或嘯，或受雇戲笑。

僧祇云：依聚落，得四事供養，或免諸難，皆名「依義」〔一七〕。若依村落，作非梵行、飲酒、非時食，不名汙家〔一八〕。若俗人先有信心〔一九〕，供養眾僧、造立寺舍，令彼退減，是名汙家。

多論云：若作種種惡業，破他信敬善心，名汙家也；作不清淨穢汙垢濁，又得惡果，名為「惡行」。又：比丘凡有所求〔二〇〕，若以種種信施物，為三寶、自身乃至一切，而與大臣及道俗等，皆名汙家。何以故？凡出家人，無為無欲，清淨自守，以修道為心。若為俗人信使往來，廢亂正業，非出離故。由以信施物與白衣故，即破前人平等好心〔二一〕。於得物者，歡喜愛樂，不得物者，縱使賢善〔二二〕，無愛敬心，失他前人深厚福田。又，倒亂佛法故：凡在家俗人，常於三寶求清淨福，割損肉

血以種善根；今出家人，反持信物贈遺白衣，俗人反於出家人所生希望心。又，若以少物贈遺白衣，因此起七寶塔、造立精舍〔二三〕，乃至四事滿閻浮提一切聖眾，亦不如靜坐、清淨持戒，即是供養真實法身〔二四〕。若有強力，能破塔壞像、於僧有折損者，得以塔物、僧物，隨時消息〔二五〕。

律不犯中。

若與父母、病人、小兒、妊娠婦女、牢獄繫閉，及寺中客作者，不犯。若種華果樹〔二六〕，自取華〔二七〕，乃至教人貫華、持供養佛法僧者，一切無犯。若人欲打，被賊，虎、狼恐怖之處，若擔刺來，於中走避者，不犯。若度河、溝、渠、坑，跳躑者，不犯。若伴在後，迴顧不見而嘯喚，不犯。若為父母〔二八〕，若病人，若閉牢獄，若篤信優婆塞有病、若在獄，看書持往。若為塔、僧、病比丘事，開持書往反，一切不犯。

【校釋】

〔一〕汙家擯謗違僧諫戒　簡正卷一〇：「坌淨信心名為『污家』，舉過顯眾目之為『擯』，無罪橫加稱『謗』。以理喻彼不受，名違僧諫。」（六七三頁上）鈔批卷一六：「事起六群，先在聚落，本希利物。今污家惡行，壞彼時人平等之心，情過是深。須僧治罰，故命眾僧，往彼治擯。彼即生謗云『有愛憎』。由前擯時，六人同犯，二逃走，身不現前，不得擯，相似於『怖』。賓云：彼走向王道聚落時，王勢力，僧今不治，似懼彼王力，故曰『相似怖』也。即僧祇云：三聞達多、摩醯沙達多走至王道聚落也。賓云：謂王常所行處，所行之道，故言王道，如子城內是也。迦留陀夷、闡陀逆路懺悔，（七〇五頁上）改過伏從，無罪可治，相似有『愛』。二人阿濕婆、富那婆跪在見，非走非悔，僧為作擯，相似有『恚』。為是義故，使彼謗僧，云有愛、恚、怖等。若不諫喻，無由自曉，是故須諫，表內無瑕，僧實平等。僧既自理，是非己分，固執不捨，違法諫滿，理與僧殘。釋名者。四種非法，（一、依家，二、依利養，三、依親友，四、依僧伽藍。）穢淨土心，名曰『污家』。舉過顯眾名『擯』。無罪橫加曰『謗』。以理曉喻，拒而不從，名為違諫，故曰也。謗僧是也者：此明污家但吉，由謗僧故違諫犯殘。」（七〇五頁下）【案】本戒鈔科簡稱為「汙家擯謗戒」。「犯」文分二：初「具六」下；二、「四分」下。四分卷五，五九六頁下開始。

〔二〕**心無改悔** 資持卷中二:「善見明有六比丘,同在聚落,聞舍利弗將至,二人遠去,二人懺悔,二人不去,不悔被擯,故謗也。」(二九一頁下)

〔三〕**非理謗僧** 簡正卷一○:「戒疏云:由僧治殯,迹涉愛憎,以有不平,致彼言謗。」(六七三頁下)

〔四〕**汙家非戒本緣** 簡正卷一○:「謂犯污家,但犯吉,非犯。」(六七三頁下)資持卷中二:「『污家』下,簡示兩緣,顯戒正制。」(二九一頁下)

〔五〕**謗僧** 簡正卷一○:「此戒由本因謗僧,僧因諫喻,彼不受諫。三法竟時,犯也。」(六七三頁下)

〔六〕**依家汙家** 資持卷中二:「依者,取附傍之義。所依四別,所污不殊。」(二九一頁上)【案】「四分」下釋第一緣,文分為三:初,「四分」下;二、「僧祇」下;三、「多論」下。

〔七〕**所得之處,聞之不喜** 簡正卷一○:「失他前人深厚福田也。」(六七三頁下)

〔八〕**所與之處,思當報恩** 簡正卷一○:「破其前人平等心也。二緣俱污。」(六七三頁下)

〔九〕**依親友汙家** 資持卷中二:「但令恃勢,意涉私曲,不必與物。」(二九一頁上)

〔一○〕**依僧伽藍汙家** 資持卷中二:「皆名污者,莫非壞彼淨信,令生厚薄故。今時比丘,曾不染道,貪求無足,構召門徒,送惠無時。唯希請命,與少得多,有同市易。能所俱墮,豈望生福,覆滅之甚,莫若於斯!真出家兒,慎莫習此。」(二九一頁上)

〔一一〕**若比丘取僧華果枝葉,或與一居士,不與一居士** 鈔批卷一六:「立云:此但明污家之相。若論盜物,如前初篇第二『盜戒』中已辨也。」(七○五頁下)

〔一二〕**自種華果樹** 資持卷中二:「種花等者,掘壞業。」(二九一頁上)【案】此為「惡行」之一。

〔一三〕**若村落中** 資持卷中二:「『若』下,習近淫欲業。」(二九一頁上)【案】此為「惡行」之二。

〔一四〕**歌舞** 資持卷中二:「『歌』下,掉戲業。三中,一一皆有身作、口作。」(二九一頁上)

〔一五〕**倡伎** 資持卷中二:「即作樂人。」(二九一頁上)

〔一六〕**俳說** 資持卷中二:「謂同俳優浮俗之語。」(二九一頁上)

〔一七〕**依聚落,得四事供養,或免諸難,皆名「依義」** 鈔批卷一六:「案祇律中,

解依止聚落住義耳。文云：『云何依止聚落住？』『若比丘於彼聚落中，得衣服、飲食、床、臥具、湯藥等，是名依止住。若彼不得衣食等四事，但依止聚落，得免諸難，亦名依止。若復不依聚落免難，但依止聚落界住者，亦名依止住。』立云：此是開依聚落之意也。礪疏云：聽依聚落有二意：一、有待之形，假資方立，故須衣以障體，食以充軀、濟身長道，（七○五頁上）為成自利。二、為利益施主，僧田行施，獲反報之福。有斯二義，故開依聚。言或免諸難者，立謂：免山中惡賊、虎、狼、師子等也。」（七○六頁上）【案】僧祇卷七，二八九頁上。

〔一八〕若依村落，作非梵行、飲酒、非時食，不名汙家　資持卷中二：「『若依』下，簡惡行。」（二九一頁上）鈔批卷一六：「此但自身破戒，壞俗信；以俗識知是非法故，不名污家。若壞俗人信敬、平等善心，乃名污家之行等也。」（七○六頁上）

〔一九〕若俗人先有信心　資持卷中二：「『若俗』下，明污家通括前後。釋此二相，大約不出自他兩損。」（二九一頁上）

〔二○〕比丘凡有所求　鈔科卷中二：「初，廢亂正業。」（六○頁下）資持卷中二：「總收多事。不問公私善惡，皆不許之。」（二九一頁上）資持卷中二：「別釋中。五段，前四永制，後一暫開。又，初四損自，二三損他。」（二九一頁上）【案】由「比丘凡有所求非」至「出離故」為別釋五段之一。

〔二一〕由以信施物與白衣故，即破前人平等好心　鈔科卷中二：「『由』下，破平等心。」（六○頁下）【案】由「由以信施物與白衣故」至「失他前人深厚福田」為別釋五段之二。由「又倒亂佛法故」至「俗人反於出家人所生希望心」為別釋五段之三。

〔二二〕縱使賢善　資持卷中二：「據比丘言之。」（二九一頁上）

〔二三〕起七寶塔、造立精舍　鈔科卷中二：「『又』下，營福無益。」（六○頁下）資持卷中二：「起塔等者，有為世善，猶不離過，罪福雙感故。」（二九一頁上）【案】由「又若以少物贈遺白衣」至「即是供養真實法身」為別釋五段之四。

〔二四〕供養真實法身　資持卷中二：「不如靜坐等者，無漏淨業，出離因故。真法身者，即是戒體。」（二九一頁上）

〔二五〕若有強力，能破塔壞像、於僧有折損者，得以塔物、僧物隨時消息　鈔科卷中二：「『若』下，有緣開與。」（六○頁下）資持卷中二：「如盜戒。寄語來學，細覽斯文，且心識非愚耳，目猶具何事？」（二九一頁上）簡正卷一○：「謂

約一向能損減、不能益，即是不信之流，故開與之遣，免難也。」（六七三頁下）扶桑記引祖庭事苑和濟緣：「消，盡也；息，生也。謂可加則加，可減則減。……消息，猶言詳度也。……消息，謂進退。」（一九八頁下）【案】由「若有強力」至「僧物隨時消息」為別釋五段之五。

〔二六〕若種華果樹　資持卷中二：「『若種』下，惡行不犯，得作五事。初非掘壞，自作教人，皆為供養。」（二九一頁中）

〔二七〕自取華　資持卷中二：「自取，義非自摘。」（二九一頁中）扶桑記：「『自取花』三字，本文無之，恐脫乎！」（一九八頁下）

〔二八〕若為父母　資持卷中二：「『若為』下，開作使。（律云：若不看書持往，及為白衣作使，皆突吉羅。前亦闕引。）前列共女坐及歌舞等，此無開者，性惡之漸，蕩逸之端，故可知矣。」（二九一頁中）

惡性拒僧違諫戒〔一〕第十三

具五緣：一、自身不能離惡，將欲作罪；二、諸善比丘如法勸諫；三、不受來諫，自恃陵他〔二〕；四、僧如法設諫；五、三法竟。犯。

此人倚旁略教〔三〕，但自觀身，不須見過，佛令諫之。多論，問：「如經中說〔四〕『但自觀身行，諦視善不善』，今戒文『展轉相教』，豈非相違？」答：佛因時制戒，言乖趣合〔五〕，不相違背。有六種不同〔六〕：一、前人有愛憎，發言諫有損，故云『但自觀身行』；若為慈心有利益〔七〕者，則云『共語相諫』。二、若鈍根無智〔八〕，則言說無益，便止；若聰智利根，發言有益，便諫〔九〕。三、若少聞見，出言無補〔一〇〕，便止；若廣聞博見，有所弘益，便諫。四、若為利養名聞，便息；若利安眾生，闡揚佛法，便諫。五、為現法樂，但欲自攝，便止〔一一〕；若欲以化益，使天下同己，則展轉相諫。六、若為新出家者，愛戀妻子〔一二〕，便言『但自觀身行』；若久染佛法，力能兼人，則令展轉相教等〔一三〕。」

律不犯中。

初諫便捨〔一四〕；若非法、律〔一五〕；若為無智人訶諫時〔一六〕，語彼言：「汝和尚、阿闍梨，所行亦爾〔一七〕，汝可更學問誦經；」若其事實爾〔一八〕；若錯說者〔一九〕。一切不犯。

【校釋】

〔一〕惡性拒僧違諫戒　簡正卷一〇：「嗔恨忿戾，名為『惡性』。眾同和喻，觝突僧命，名為『拒僧違諫』。（此是所防。）」（六七三頁下）鈔批卷一六：「事起闡

陀，即車匿是也。性多反戾，倚傍釋種，輕陵諸比丘。又迷心造罪，不自見過。今僧如法諫喻，理宜伏從，反傍勝人，恃己陵物，情過尤重，所以結殘。次釋名者。佷戾自是，名為『惡性』。眾同和喻，固執不從，名為『拒僧違諫戒』也。」（七〇六頁上）【案】本戒鈔科簡稱為「拒僧諫戒」。此與前「破僧戒」、「助破僧戒」、「汙家擯謗戒」通常合稱為「四諫戒」。四分卷五，五九九頁上開始。

〔二〕**不受來諫，自恃陵他** 簡正卷一〇：「多論云：闡陀不受諸比丘教，語諸比丘言：『汝不應教我，我應教汝。何以故？佛是我家佛故。我與佛入山修道，不見諸長老。一人侍從，佛得道已而轉法輪，是故法亦是家法。』問：『不言我家僧？』答：『本與僧鬥諍故，不言我家僧。』上闡陀者，車匿是也。本是佛家使人也。」（六七四頁上）資持卷中二：「云自恃者，即如闡陀。諸比丘諫時，反云：『我應教諸大德，我聖主得正覺故。』（由本侍佛，控馬逾城入山，成道後乃出家，故常恃此，陵慢於他。）」（二九一頁中）

〔三〕**略教** 資持卷中二：「略教者，即拘留孫偈。」（二九一頁中）簡正卷一〇：「正釋令諫之意，無執略教。」（六七四頁上）【案】「此人」下分二：初，「此人」下；次，「多論」下。

〔四〕**經中說** 資持卷中二：「通會中。問引略偈，難今廣文。論指『經中』，即十誦戒本，與四分詞有少異。」（二九一頁中）簡正卷一〇：「此是多論。自指七佛略教經文，即指十誦惡性拒僧戒文，故兩含也。」（六七四頁上）

〔五〕**佛因時制戒，言乖趣合** 資持卷中二：「云因時者，隨機興制，不可一概故。言乖謂文或有異。趣合謂各有其理。」（二九一頁中）鈔批卷一六：「經令自觀身，律則令諫。二文雖乖，故曰言乖。俱是離惡，擬趣道果，故曰趣合。經即涅槃第十也。故彼經偈云：於他語言，隨順不逆，亦不觀他作以不作。爾時，世尊唯為阿闍世王而說此偈。善男子，亦為護持不毀禁戒，成就威儀，見他過者，而說是偈。（已上經文。）」（七〇六頁下）簡正卷一〇：「謂其根機時宜而制戒，戒略數（原注：『數』疑『教』）云『但自觀身行』，律令『展轉相教』。二文雖別言乖，意則俱令離惡趣，向五分法身，故云趣合也。」（六七四頁上）

〔六〕**有六種不同** 簡正卷一〇：「此之六段，上半雖不受，下半須受。」（六七四頁上）鈔批卷一六：「立謂：皆約所諫之人，觀能諫者，有六事也。」（七〇六頁下）資持卷中二：「第五並是善事，自他二利，分之自別，餘五皆善惡相

對。」（二九一頁中）

〔七〕慈心有利益　資持卷中二：「慈心損益對。」（二九一頁中）

〔八〕鈍根無智　資持卷中二：「約根利鈍對。」（二九一頁中）鈔批卷一六：「濟云：觀能諫之人，既無智慧，則須語言。汝但自觀身行等，不須諫我也。」（七〇六頁下）

〔九〕若聰智利根，發言有益，便諫　鈔批卷一六：「謂能諫之人，既有聰明利智，（七〇六頁下）其所諫者，須用他語也。」（七〇七頁上）

〔一〇〕若少聞見，出言無補　資持卷中二：「聞見廣狹對。無補謂不益於人。」（二九一頁中）簡正卷一〇：「此『補』字，訓益也。」（六七四頁上）鈔批卷一六：「應須語言：『汝既少聞，何須諫我，但自觀身行也！』」（七〇七頁上）

〔一一〕為現法樂，但欲自攝，便止　簡正卷一〇：「通相而言，為得聖道，名現法樂。列相說者，四根本定，名現法樂。能諫之人，為此法樂，但欲自攝，如經文也。」（六七四頁上）鈔批卷一六：「謂能諫之人，常以獨善自居，以法自樂，則不須受其諫，故云便止。又解，現法樂者，慈云：即人貪坐禪、誦經等，隨心所樂者便止。賓云：為現法樂，但自觀身者，通相為言，為得聖道，名現法樂。若別相說，根本靜慮，為現法樂住也。謂入禪定有樂也。如佛初成道，受解脫樂等也。」（七〇七頁上）

〔一二〕若為新出家者，愛戀妻子　鈔批卷一六：「能諫之人，既有此過，不須受語也。」（七〇七頁上）

〔一三〕若久染佛法，力能兼人，則令展轉相教等　資持卷中二：「初心久學對，兼人謂倍人之智。」（二九一頁中）鈔批卷一六：「謂如此人須諫他，方堪受語也。據理有四種人，咸須設諫也。賓云：此四亦無聖教可准，但以古德意立耳。一、年耆宿德者。今時多有老僧，恃老惡性、惡口、罵詈是也。二、久居眾首者。或非年耆，由久居眾首，德望既重，多輕餘人，亦須此諫。三、薄學淺識。謂智過人者，謂學業極淺，將為自足，擬佛齊德，憍慢自居，（七〇七頁上）故須諫也。四、共勝集者。且如今人，還領處高、恃勢陵人，故須設諫，即戒緣中闡陀是也。」（七〇七頁下）

〔一四〕初諫便捨　資持卷中二：「即順諫。」（二九一頁中）

〔一五〕若非法、律　資持卷中二：「諫不如教故。」（二九一頁中）

〔一六〕若為無智人訶諫時　資持卷中二：「不當理故。」（二九一頁中）

〔一七〕汝和尚、阿闍梨，所行亦爾　簡正卷一〇：「此約無智人，呵云：『汝莫坐禪、

誦經，應為僧家鋤示雜作之類。』即可反語彼云：『語和尚等，亦坐禪、誦經，何不語令為僧雜使等？』」（六七四頁上）

〔一八〕其事實爾　資持卷中二：「省己無非故。」（二九一頁中）簡正卷一〇：「大德曰：此中『爾』字，訓『是』也。自己所作之事，實是不違教文。前人謬諫，於我不受無犯，或錯說違諫之語，一切不犯。」（六七四頁下）鈔批卷一六：「礪云：實謂己所行是，無其情過也。」（七〇七頁下）

〔一九〕若錯說者　資持卷中二：「不作意故。」（二九一頁中）

二不定〔一〕中

文疏久列，在戒本解〔二〕。略述大意。

多論制意四種〔三〕：一、為止誹謗〔四〕故，二、為除鬪諍〔五〕故，三、為增尚佛法故，四、為斷障道惡業次第〔六〕故。

初不定〔七〕中

四緣犯之：一、是屏處，二、是女人，三、無第三人，四、隨所作〔八〕，犯。

四分：「女人」者，人女、有智、命未終〔九〕也。「獨」者，一比丘一女人〔一〇〕。「在屏處」者，有二種：一者「見屏〔一一〕」，若塵、霧，若黑闇中，不相見也；二者「聞屏」，乃至常語〔一二〕不聞聲處。「覆處〔一三〕」者，上有蓋也。「障處」者，若樹、牆壁、籬，若衣及餘障〔一四〕也。「可作淫處〔一五〕」者，得容行淫處。

僧祇云：若母女、姊妹、親里、非親里，若老、若少，在家、出家，是女人也〔一六〕。設有餘人〔一七〕，若眠，若狂，嬰兒等，悉名為「獨」。善見云〔一八〕：見、聞屏者，謂無眼者、聾者、睡者及多女人〔一九〕是也。如上諸緣，竝是犯位。廣如前篇〔二〇〕。

後不定戒，略同前者。唯「露處」為異〔二一〕。

【校釋】

〔一〕二不定　資持卷中二：「屏、露不同為『二』。不審實犯為『不定』。上總戒分，下攝威儀，故當第三。」（二九一頁中）簡正卷一〇：「今以三門分別：初，來意；二、釋名出體；三、僧尼有無。初，來意者。所以置二篇下、三篇上者，若就通論，五篇治行，有防非之功，悉名為戒，故云文最初犯戒。又，云與諸比丘結戒等，若據身口進止，各有法式，名曰威儀，故文云最初犯，又云非威儀等。若就別判，前二所防過麤，能治稱戒，下三犯細，能治滅威儀。今以犯

相難知，生疑似。若犯初篇，理宜永棄；二篇次死，須用僧治。若壞威儀，坋僧是濫，故須撿。問：『須清行業開？』答：『差互事須治罸。若置在初，犯法未顯，依何等法以辨疑似？若向後列，殊乖勢分，於二篇下、三篇上，有此二不定來。』二、釋名辨體者。先釋名。古立屏三、露二為不定體，今云不然。三二罪體，名種各別，如何束之以（六七四頁下）為一戒？今師云：房室私禮，俗所常行，比丘無侶，獨一女人同處齷語，於三罪中，令他疑惟，犯相難明，故使生疑，責其情過，吉羅為體。三、僧尼有無者。所以尼無二不定者，今師云：由比丘與女生譏處坐，大主不信，或時駈出，為患處深，故制僧有尼□（原注：□疑『無』。）。尼雖與男子獨坐生譏，且夫無屬婦之義，過微不結也。」（六七五頁上）鈔批卷一六：「立謂：對此引大疏，略為三門解釋：一、來意所由；二、釋名出體；三、僧尼有無。初，釋來意者。聖禁從緣，曲尋萬緒，因人興犯，制伏塵沙，必欲隨境，攝修難備。若不迭相鑒察，容無自勵之心，故列於此。二、釋名出體者。昔云：屏、露兩殊，名之為二；是中四法，各無楷準，故曰不定。言四法者，礪云：一、犯不定，謂或犯夷，或犯殘，或犯提，或兼犯三，或復犯二，多少差殘（原注：『殘』疑『別』。）故也。二、舉不定，謂犯既不定，可信稱事而舉，故亦不定也。三、自不定，舉既多少，自言列罪，寧容一准，或可言自言不犯也。四、治罪不定，若自言夷，滅擯治之；若自言殘，別住治之等也。今言不定者，本無三四之名，浪立治舉，但於二中，未定實犯。律云：是中無定法，故云不定也。言出體者。亦有多釋，今並略之。有師云，屏錄三罪，露收二罪，為不定體。宣云不然，三二罪體，名種各別，（七〇七頁下）束之以為一戒。解云：房室私禮，俗所常行，而比丘無侶，獨一女人（原注：插入『女人』二字。）同處、齷語，於三罪中，令他疑惟，犯相難名，故云不定。所以須禁者，出家遊栖，或入聚落，因事交染，汙辱彼此，所損非輕，故宜須制，所以取三罪疑事。此之疑心，由來未制，教約生疑，以為戒體。若取三罪，諸篇已結，何假此中方言『最初』？故毗跋律云：『如何此戒作不定說？』答云：『此未來中事，有實犯故。』四分云：坐既非處，生不信心，故知疑定。第三，僧尼有無者。亦有多釋。或云：制尼不得舉僧，故有俗女替尼舉之，僧得舉尼，故無可知；或云：尼制有伴，故無此戒。難云：『尼何故有屏坐等戒？』宣解云：『尼所以無者，但比丘與女生譏處坐，夫主不信，或時駈出，為患處深，故制僧有。尼雖與男獨坐生譏，夫無屬婦之義，過微不結。』問：『何故言可信俗女所舉者？』答：『通七眾，但女情

偽，非實者多，故以可信，乃堪為證。』言可信者，案僧祇云：住信優婆夷者，信有十六法：一、歸佛；二、歸法；三、歸僧；四、於佛不壞淨；五、於法不壞淨；六、於僧不壞淨；七、僧未得利，能令得；八、已得利，能令增長；九、僧未有名稱，（七○八頁上）能令名聞遠著；十、僧有惡名，能令速滅；十一、不隨欲；十二、不隨瞋；十三、不隨怖；十四、不隨癡；十五、離欲；十六、成就聖戒也。若能成就此十六法，名『可信優婆夷』，即『毗舍佉母』是也。十六信頌曰：三歸三寶不壞淨，未利已利善惡名，不隨欲瞋怖與痴，并離欲向及聖戒。言『不壞淨』者，即不壞信是也。新經論中，名四證淨：由證得淨，故為證淨；或證即是淨，故名證淨。舊名不壞信者，信不可壞，名不壞信。大乘宗中，以信為體，佛法僧戒為境。薩婆多宗：無漏信戒，二法為體。俱舍亦以信戒二法為體，四皆唯無漏也。十誦名『鹿子母』也，鹿子是其壻名。其夫鹿子敬重其婦，猶如其母，故曰『鹿子母』，即『毗舍佉母』是也。」（七○八頁下）【案】二不定，即：一屏處不定，二露處不定。四分卷五，六○○頁中開始。

〔二〕文疏久列，在戒本解　資持卷中二：「『文』下，二句指廣。文疏通指古疏，故云久列。疏釋廣律比丘戒本，辨此二戒，廣列義門，故云在戒本也。」（二九一頁中）

〔三〕多論制意四種　資持卷中二：「初二，為他意見戒緣。」（二九一頁中）簡正卷一○：「玄對此問云：『諸戒多先列緣，後方制意，此何故先制意，後列緣耶？』大德云：『此是製記家意慎也。前諸戒皆是先制意、後列緣，未曾有具緣後制意也。』今應問云：『前後諸戒，皆先列戒名，後方制意，今此何故未標初不定戒名，便申制意？』答：『若向初戒，下明制意，但今於通標中，明雙收二戒皆盡。所以與諸戒有異，亦收一戒，是制作稍異意也。』」（六七五頁上）

〔四〕止誹謗　鈔批卷一六：「立謂：與女坐時，招外譏謗等也。」（七○八頁下）

〔五〕除鬪諍　鈔批卷一六：「謂夫主若見，容有駈遣比丘，是諍競本也。」（七○八頁下）

〔六〕斷障道惡業次第　資持卷中二：「即為己淫重由成，故云惡業次第也」（二九一頁下）鈔批卷一六：「謂此戒能為罪家初門。婬之由漸，故曰次第也。婬是生死根本，障出世法，故曰障道也。」（七○八頁下）

〔七〕初不定　資持卷中二：「一、屏處不定。（佛在舍衛，迦留陀夷與優婆夷共屏覆坐，說非法語。毘舍佉母見，白佛。因制。）」（二九一頁下）

〔八〕**隨所作** 鈔批卷一六:「立謂:隨作五篇之罪,則隨結也。」(七〇八頁下)資持卷中二:「若論所犯,各自如篇。此中但制,令俗生疑,正篇犯吉。疏云:緣通七聚,犯唯在吉,斯明證也。」(二九一頁下)

〔九〕**人女、有智、命未終** 資持卷中二:「本宗文有三。初,簡境:人女簡非畜,有智簡幼小狂睡,未終簡死壞。」(二九一頁下)【案】釋文分二:初,「四分」下;次,「僧祇」下。

〔一〇〕**獨者,一比丘、一女人** 資持卷中二:「『獨』下,二、明所造事。望人有二,男女各一,故名為獨。」(二九一頁下)

〔一一〕**見屏** 資持卷中二:「初,明二屏。但取他人,兩不見聞,不必房室。」(二九一頁下)

〔一二〕**常語** 資持卷中二:「聲不大小也。」(二九一頁下)

〔一三〕**覆處** 資持卷中二:「文不指物,隨有皆成。」(二九一頁下)

〔一四〕**若衣及餘障** 資持卷中二:「事局故云『及餘』,無不收也。」(二九一頁下)

〔一五〕**可作淫處** 資持卷中二:「具上三故。」(二九一頁下)

〔一六〕**僧祇** 資持卷中二:「前列諸境,以遮疑濫。」(二九一頁下)【案】僧祇卷七,二九〇頁下。

〔一七〕**設有餘人** 資持卷中二:「『設』下,明第三人。皆無辨識,縱多非證。」(二九一頁下)

〔一八〕**善見云** 鈔科卷中二:「『善』下,釋第一。」(六〇頁下)鈔批卷一六:「立謂:雖有多女,猶是屏也。要有男子,方免屏過。上言無第三人者,還是約男子也。案見論解二不定,或云屏者,若至檀越家,屏處坐,波逸提;若出已更還坐,一一提;若眾多女人共坐,眾多波逸提罪。」(七〇九頁上)資持卷中二:「善見文釋初緣,義兼第三。以盲聾等非明證故。」(二九一頁下)

〔一九〕**多女人** 資持卷中二:「同類喜聞,容相隱覆。雖復聞見,猶非證人。」(二九一頁下)

〔二〇〕**如上諸緣,竝是犯位,廣如前篇** 鈔批卷一六:「自意云:指前篇聚中,明二不定『罪體』是也,今此但明『罪相』耳。」(七〇九頁上)

〔二一〕**唯「露處」為異** 鈔科卷中二:「『後』下,露處不定。」(六〇頁下)資持卷中二:「犯緣亦四,唯改『第一』為露處,餘三並同。今更辨異:一、所在異,即戒兩分;二、所作異,謂可淫不可淫;三、所說異,前唯說淫,後通麤語;四、所疑異,前三後二,並如戒本。」(二九一頁下)

三十捨墮

懺法如後〔一〕，直明種相〔二〕。

【校釋】

〔一〕三十捨墮懺法如後　資持卷中二：「三十捨墮，名兼罪懺。律本隨戒，並列悔
法。故獨此篇，指懺如後，即懺篇也」（二九一頁下）鈔批卷一六：「雖『三
十』『九十』，前後又別，然罪性均等。二悔處（原注：『處』疑『義』。）齊，
故有百二十戒，合為一篇。問：『所以分為先後者？』解云：『良以因茲財利，
取納乖方，生罪壞道。欲洗心悔，必須上境，方能絕滅相續貪心。心事既捨，
障業須遣，故明捨罪，作法是難。』所以先列三十，然九十墮者？單悔別人，
但斷相續，即成洗過。作法既易，故次後列，先難後易，義有由也。言尼薩者
者，『尼薩耆』，梵音，此方名『捨』。捨有三種，謂捨財、捨心、捨罪也。波逸
提者，此方為『墮』，故曰三十捨墮，此即帶數釋也。崇破云，古舊諸師，多依
論釋捨有三義。今解：論無三義正文。據理但捨財，（七〇九頁上）故名之為
捨。若以捨罪、捨心名為捨者，是則單提，亦應名捨。今詳多論第四卷云：衣
已捨，罪已悔，畜心未斷。若更得衣，是後衣，於前衣邊，得捨墮。又云：衣
已捨，畜心斷，罪未悔，正使多日得衣，衣捨作吉羅懺。既準多論，心若未
斷，染後衣犯，又罪未悔，亦染後衣。不同單提，心罪未捨，無相染義，故知
崇破不應道理。就三十中，略以二門分別：一、遮性不同；二、僧尼差別。初，
遮性者，迴僧物一戒，是性戒，餘二十九是遮也。二、僧尼差別，就三十中，
有十八戒，僧尼同犯，故律中單列。戒本有十二戒，三種不同，故尼別也。初，
有二戒，有無不同，如『過前用雨衣』『蘭若六夜』，此二戒僧有尼無。所以無
者，浴衣常用，尼為佛開。既無時限，非制所及。尼是女弱，蘭若不行，故無
離犯。二、有一戒，犯同緣異，『長鉢』僧尼同墮，故名犯同；僧限十日，尼
制一夜，故曰緣異。問：『所以然者？』答：『僧是多利，故開十日，擬於續
散。又，僧不制伴，故開十日，覓人說淨。尼則反前故也。』『若爾，尼畜長
衣，有伴可說，不應同僧十日？』答：『鉢不同衣，未成非鉢，無長可犯。若
鉢已成，即須對說，衣營未成，（七〇九頁下）皆有長過。一日縫，不得成
辦，故開十日。』『若爾，長衣未成，有伴對說，與鉢相似，何為不得？』『又，
解衣開十日，據但三衣者為言，以十日內開成，不須淨故；若說淨者，亦制一
日。』『若爾，何以同開？』答：『一開已後，同至十日，如病開粥，不病亦
同。』三、有九戒，輕重不同，謂：五敷具、取尼衣、浣故、擔、擗，尼吉、

僧提。皆就希數故爾。」(七一〇頁上)【案】四分卷六，六〇一頁下開始。

〔二〕直明相種　簡正卷一一：「依今直明也。既不依古出懺法，但明具緣成犯、闕緣不犯之相也。『種』謂種類，即『三十』因財而生，並是貪之種類故。言『尼薩耆』者，西梵之語也，東土譯之為『捨』。如多論云，有三種捨：一、捨財，二、捨相續心，三、捨罪，波逸提。如前篇番『墮』，故云三十捨墮。若論『九十』，二拔(【案】『二拔』疑『按』。)理亦合名『捨』。然不因財，單悔本墮，故名『捨』也。二、辨先後者。據其罪體義者，合同篇聚，良由財事取納乖方，損生壞道。欲洗心悔，必須上境，方乃絕滅。相續貪心之事既捨，障業須遣，故次明罪。作法是難，故須前列。九十捨懺在別，但斷後犯，便成洗悔，作法是易，(六七七頁上)故次明之。欲使學者先識於難，後及於易。若約遮性而分，唯迴僧物，一戒是性。餘二十九，俱是遮收也。依戒釋中，三十不同，即三十段。」(六七七頁下)

初，長衣過限戒〔一〕

多論三意：一、因開畜長，貪於俗利，壞道功德財〔二〕；二、比丘積貯，與俗無別，失信敬心〔三〕；三、違佛四依〔四〕，非節儉行故。

具六緣犯：

一、是已長衣，謂三衣之外財〔五〕也。

四分云：長衣者，長如來八指，廣四指是也。多論云：佛指面廣二寸。準前姬周尺〔六〕，長一尺六寸、廣八寸也。若長廣互過減，皆不結犯，要二俱過〔七〕。多論云：餘不應量者，過限，捨，作吉羅懺〔八〕。故須俱說。

十誦，七種衣不作淨施〔九〕：三衣、坐具、雨衣、覆瘡衣，第七及「百一供身具」。

多論：三衣雖不受，日過無犯，但有缺衣、壞威儀二罪〔一〇〕。若本說淨，今作三衣，即失本淨〔一一〕，以三衣無長可防〔一二〕故。又，捨此衣，更受餘衣，前衣說淨，不者犯長〔一三〕。又，比丘有緣得㲲，指作三衣〔一四〕，則不犯長。若一衣，三肘五肘外有長，說淨〔一五〕。問：「月望衣不割、簪、縫〔一六〕，過日犯者？」答：「彼中先有故者，堪受持故，須作衣相，方免長過〔一七〕。上論文指先無三衣〔一八〕者耳。」

已上諸文，故須第一是已長衣〔一九〕。鼻奈耶云：以一日所成〔二〇〕故。

二、雖知是長〔二一〕，若「忘」等緣，則無有罪〔二二〕，故二明屬已定〔二三〕；三、應量之財；縣毛之類，禮非衣攝，不合〔二四〕。四、不說淨；五、無因緣，謂迦提一月、五月等；六、過十日。便犯。

多論：得應量、不應量衣，即說淨者，益善〔二五〕；若不說，至十日無咎〔二六〕。若不作淨，不受持，至十一日「地了」時〔二七〕，應量者捨，作提懺。不應量者，同前〔二八〕。善見：若一處縛束，一罪〔二九〕；若不縛束，計衣段段〔三〇〕，明相出，隨處得罪〔三一〕。

問：「能染應量，所染云何〔三二〕？」答〔三三〕：「通應、不應〔三四〕。如足食竟，正不正俱犯足〔三五〕。」「若能染是不應量財，而染應量不〔三六〕？」答〔三七〕：「大小雖殊，捨懺義一〔三八〕。律結大提，論結小吉，故皆一染〔三九〕。」

僧祇云：若二人共物未分，若施僧物分未入手，病人囑授物未與〔四〇〕，若聞受戒弟子、知識送衣未入手，若貿衣決價未入手，若織衣未入手，雖過十日皆不犯捨。若施僧衣未分者，雖久不犯。若已分，多人共分，中有善毘尼人為眾人作淨，無犯〔四一〕；不作，過十日，犯捨。此是共活人，前句不共活〔四二〕也。律中，邊方開五事〔四三〕，長衣入手，十日方犯〔四四〕。準此，餘方未必手捉始犯〔四五〕。伽論云〔四六〕：十日衣云何為犯？謂入手，若膝上、肩上，作想「是我物」，從是數過十日。明了論〔四七〕：有物眼所至得，非身至得〔四八〕，入算數者，如人施衣、穌等〔四九〕，但作屬己意，過日犯；有身至得，非眼至得〔五〇〕；有眼、身至得，非籌數者〔五一〕，若人不許自受，擬〔五二〕施三寶；有非二至得，亦入籌數〔五三〕。

四分中〔五四〕：若初日得衣，二日不得〔五五〕；乃至十一日，通皆不犯〔五六〕。如是等類，具有八門，通不相染〔五七〕。餘無法緣，是犯〔五八〕。二者，中間淨施〔五九〕。三、遣與人〔六〇〕。四者，失衣〔六一〕。五者，故壞。謂風、火、水、濕，隨緣灼爛〔六二〕。六、作非衣。謂非服用，帽襪之屬。七、親厚意〔六三〕。以非己物故。八、若忘去〔六四〕。以心迷故；或忘財體，若忘加法。竝開十日。律又云：若捨墮衣不捨，更貿餘衣，一尼薩耆，一突吉羅〔六五〕。昔以財去，畜心染犯〔六六〕。論中不爾〔六七〕。多云：若先應量捨墮物，即作應量、不應量衣〔六八〕。此衣盡捨，作提懺。若先不應量捨墮物，作前二衣，竝捨，作吉羅懺。二、若先應量捨墮物，更貿得衣財，

即作二衣〔六九〕。此衣不懺，懺先提罪〔七〇〕。準此，後衣無染〔七一〕。若不應量，貿得二衣，不捨，已入淨故，懺先突吉羅〔七二〕。上律：結一尼薩耆者，謂前衣墮罪〔七三〕；一吉羅者，謂不懺輒貿，違佛語故〔七四〕。律云：尼薩耆衣不捨，不應與人，乃至作三衣等〔七五〕。

不犯者。

十日內〔七六〕，若轉淨施，若遣與人〔七七〕。

若賊奪等想〔七八〕者，此物實在，謂賊持去等，雖經多日，無心故畜，無犯。十誦：更得十日開之。若作失想，亦同上解〔七九〕。

律云：奪衣、失衣、燒衣、漂衣〔八〇〕者。謂衣財實失，後還得者，更得十日說淨，更受持之〔八一〕。取著〔八二〕者，謂前奪、失三衣。然有犯長之衣，以三衣體無，即正衣所攝。斷相續心，直懺先罪。伽論云：「頗有過十日衣，即一夜離宿〔八三〕耶？」答：「謂取過十日衣作三衣受，出界外明相出者是也。故知得作〔八四〕。」「何故前云犯捨，不得作三衣〔八五〕？」答：「此據有本三衣〔八六〕。今此且充衣色，罪仍須懺〔八七〕。」如善見「遭賊得著五大色衣〔八八〕」，及以僧祇中「借俗衣受持〔八九〕」等。

律云：若他與作被，不犯〔九〇〕。以是重物，不應輕財，不合說淨〔九一〕故。而未見正文開也。十誦：施僧被褥，僧及一人亦得受〔九二〕。

律云：付衣者遠行〔九三〕，謂隔礙不得說也。或水陸道斷等〔九四〕，不淨施、不與人，皆不犯。

【校釋】

〔一〕長衣過限戒　資持卷中二：「（佛在舍衛，六群畜多長衣，彼常經營，莊嚴衣服，積而藏舉。因制。）」（二九一頁下）簡正卷一一：「戒疏云：限分之餘名長，越於分齊名為過限。」（六七七頁下）鈔批卷一六：「貯畜盈分，名之為長；越於期數，故言過限。又解：三衣之外曰長，違期不說名為過限。此是所防，戒是能防，能所通舉故曰也。」（七一〇頁上）【案】本戒鈔科簡稱為「長衣戒」。四分卷六，六〇一頁下開始。

〔二〕因開畜長，貪於俗利，壞道功德財　簡正卷一一：「謂無貪等三，能生萬善功德，此之功德，能資養法身慧命喻之財。今貪俗利，即萬善無由得生，豈非壞也！」（六七七頁下）資持卷中二：「功德財者，財喻戒法，能齊貧苦。若貪世利，必喪道財，欲富道財，須遠世利。」（二九一頁下）【案】辨相分二：初犯，二不犯。犯文，初，「一是」下釋第一緣，次，「二雖」下，釋餘五緣。

〔三〕**比丘積貯，與俗無別，失信敬心**　資持卷中二：「即長業。」（二九一頁下）

〔四〕**違佛四依**　鈔批卷一六：「四依之行，泥洹近因。初受戒時，已為說竟，皆言奉持。今則多畜長衣，故不說淨，故云違也。」（七一〇頁上）

〔五〕**是已長衣，謂三衣之外財**　資持卷中二：「第一緣中。初科，上句定所屬，『謂』下示名體。三衣外者，若受百一，則百一外為長。」（二九二頁上）簡正卷一一：「問：『何以此戒，只總標緣，不更別列，與諸戒為果？』大德云：『諸戒是隨難解釋。此中，初一離明，後五合辨，亦是製作家變通自在，更無別理。』一、是已（【案】『已』原作『巳』。）長衣者，鈔下自釋云『謂三衣之外財也』。三衣非長衣之物，故簡異之。有作『己』（【案】『己』原作『巳』。次同。）字，謂是自己長衣即犯者，錯呼也。」（六七七頁下）

〔六〕**準前姬周尺**　簡正卷一一：「鈔約周尺以論。此今唐尺，長一尺三寸四分弱，廣六寸六分強也。」（六七七頁下）

〔七〕**若長廣互過減，皆不結犯，要二俱過**　資持卷中二：「『若』下，次辨犯相。初明應量。」（二九二頁上）簡正卷一一：「要二俱過者，謂律文有九句，四句犯，五句不犯。言九句者，三三而作也。先將『過為』顯成三句，次將『如為』顯成三（六七七頁下）句，後將『減為』顯成三句。且初三句者：一、長中過，廣中過，犯；二、長中過，廣中如，犯；三、長中過，廣中減，不犯。次三句者：一、長中如，廣中過，犯；二、長中如，廣中如，犯；三、長中如，廣中減，不犯。後三句者：一、長中減，廣中過，不犯；二、長中減，廣中如，不犯；三、長中減，廣中減，不犯。已上九句，今古不同。古人見律九句，四句犯，五句不犯，便妄執云：要須『俱如』及『俱過』始犯，若『互過』即不犯。今師云：不然。律云不犯者，且約不犯提，非無吉。准此上來九句，四句提，五句犯吉。下引多論，談上五句。律文不犯處，雖無提二，准論有吉。下遂結云：故須俱說。古記云：『律制俱如二犯，何故鈔文要俱過？若爾，俱如無成不犯，若不犯者，豈非違律文耶？』大德云：『不然，但舉俱過自攝。俱如鈔。慮繁故不能重言，非不委也。』」（六七八頁上）【案】「若長廣」下，辨犯相，分二：初，明應量，二「多論」下，明不應量。本處薩婆多引文，見卷四，五二六頁～五二七頁。

〔八〕**餘不應量者，過限，捨，作吉羅懺**　資持卷中二：「引多論明不應量。昔人據律不應非犯，今據聖論，罪分提、吉，犯懺不殊。」（二九二頁上）

〔九〕**七種衣不作淨施**　資持卷中二：「此據正加受者為言，必在受外，通須淨施。」

（二九二頁上）【案】十誦卷五七，四二四頁上。

〔一〇〕三衣雖不受，日過無犯，但有缺衣，壞威儀二罪　資持卷中二：「三中。又三。初不受無犯者，無別長故，缺壞二罪，逐日隨結。」（二九二頁上）鈔批卷一六：「礪問云：『不受衣罪輕，（七一〇頁上）離衣便罪重者，亦可破夏罪重，不安居罪輕？』答：『安居有時限，受衣無分齊，故使不安，罪重；不受衣，但吉。破安不廢修道故，破夏罪輕。離則闕資守護，故罪重。」（七一〇頁下）

〔一一〕若本說淨，今作三衣，即失本淨　資持卷中二：「『若』下，用長為受。上明加受失淨。」（二九二頁上）

〔一二〕以三衣無長可防　資持卷中二：「無長防者，以淨本防長，今非長故。下明捨受重說，恐謂已淨，後不須故。」（二九二頁上）簡正卷一一：「謂有三衣，望餘衣即有淨法防長。今無三衣，即當體更無依長可防，淨法即失故。若捨，即須說淨，以體體（原注：『體』字疑剩。）長故。」（六七八頁上）鈔批卷一六：「謂三衣是限分之所有，更無犯長之罪可犯也。謂說淨法本擬防其過，我今將作三衣，三衣既過日，無長罪，則淨法失也。勝云：緣有三衣，望三有餘，即有淨法防長。今無三衣，即當衣體更無餘長可防，淨法即失，故言無長可防。」（七一〇頁下）

〔一三〕又捨此衣，更受餘衣，前衣說淨，不者犯長　資持卷中二：「『又』下，指擬非長即入三衣數故。問：『後用加持不？』答：『指但免長，不即加持，故知衣成，別自加受。』」（二九二頁上）

〔一四〕比丘有緣得㲲，指作三衣　簡正卷一一：「此謂有失奪等緣，有人得端㲲，未能製造得衣受持，恐過日犯長。且指三衣，即免長過。搜玄：約令色如法（六七八頁下）之㲲。今云不然。但明端㲲，即依何論，染了未染等？」（六七八頁下）鈔批卷一六：「立謂：此舉『月望戒』中，但三衣人故也。」（七一〇頁下）

〔一五〕若一衣，三肘五肘外有長，說淨　簡正卷一一：「大德云：餘有長者，截下說淨。玄云：連指衣體外說淨。二解並正。」（六七八頁下）鈔批卷一六：「立明：三衣中，兩衣先具，唯闕一衣。今得衣財，計一衣所用之外，即便說明者，約闕一衣也。」（七一〇頁下）資持卷中二：「約肘量者，則明量外非法服限，文舉一衣，餘二類準，㲲，本音『薛』，字當作『襪』，音『氈』，即布帛也。」（二九二頁上）

〔一六〕**月望衣不割、簪、縫** 鈔批卷一六：「引此月望衣難意者，難前言『剺指為衣則免長過，何以月望衣中，不割簪縫，日過成犯長』也。簪，（『祖含』反。）通俗文云：綴衣曰簪。簪是細竹也。」（七一〇頁下）資持卷中二：「問中以月望衣從十一日至二十九隨足即成。已出十日，不容更開。但線絣裁割，即免長過。（便加受故。）此則與上指作用違，故須會通。」（二九二頁上）

〔一七〕**彼中先有故者，堪受持故，須作衣相，方免長過** 資持卷中二：「答中約先有無，以分兩別。初，明月望，彼因但三衣比丘伽梨故，爛十日不辦，遂開一月，故知先有明矣。」（二九二頁上）

〔一八〕**上論文指先無三衣** 資持卷中二：「『上』下，決上指作，不開本有。」（二九二頁上）

〔一九〕**已上諸文，故須第一是己長衣** 資持卷中二：「須是己者，簡示他物，非所犯故。」（二九二頁上）簡正卷一〇：「此顯正科，恐違戒疏。今先依此消文，後別申解判。以上諸文等者，寶云：此是明白八（原注：『八』一作『以』。）分，明知是己長之衣，過日不說即犯。」（六七八頁下）鈔批卷一六：「簡他衣也。以三寶別人物，雖在己邊，日過無犯。」（七一〇頁下）

〔二〇〕**以一日所成** 資持卷中二：「彼約日數，以分四衣。大衣為五日衣，七條為四日衣，五條為二日衣，長衣為一日衣。彼恐營衣癈業故，約日限之，則明非他物矣。」（二九二頁上）簡正卷一一：「是初緣也。彼文云：長衣一日成五條，二日成七條，四日成大衣，五日成長衣，易故一日成也。」（六七八頁下）鈔批卷一六：「立云：二解。初言是第十一日。若但是十日則未犯長，此不當也。後一日者，謂由初一日受得衣，故使我犯也。（七一〇頁下）若不由初一日受得衣者，至九日來有何可犯？故知由初一日得衣故犯也。勝云：長易故一日成，五條二日成，七條四日成，大衣五日成。以長衣易作故，一日所成也。濟同斯述，云此是論文。」（七一一頁上）

〔二一〕**雖知是長** 鈔科卷中二：「『二』下，總列餘五緣。」（六〇頁中～六一頁中）簡正卷一一：「謂雖知是已（【案】『已』原作『巳』。）長之衣，三衣體外財帛。」（六七八頁下）【案】「二、雖知是長」下，分二：初列緣；次『多論』下。次又分三：初「多論」下；次「僧祇」下；三、「四分」下。

〔二二〕**若「忘」等緣，則無有罪** 資持卷中二：「言『忘』等者，即下八門。不犯，皆非定也。」（二九二頁上）簡正卷一一：「寶云：此約迷忘說也。以心迷故，雖違限不說，是不可學不制罪故。上且依科釋鈔竟。大德云：恐違戒疏故。彼

云雖知是長，若有迷忘，或未知屬己，示無長罪，所以須知屬己定。彼無『二』字，鈔文加也。若准此理，從二雖知是長，此是第二科顯，今不合勒。問：『第一料（【案】『料』疑『科』。）內，說縱使約迷不犯，下恐自有迷忘一門別開不犯，（六七八頁下）何得於此預明？（未為雅當。）』大德又云：『今可作結上生下意，從以上請文，直至一日所成故。』此且結成上文第一緣竟。從二雖知是長，若『忘』等緣，則無有罪故。」（六七九頁上）鈔批卷一六：「立云：此言證不作屬己意也。『忘』有兩義，約懃惰者而言：懃者開，惰者不開。」（七一一頁上）

〔二三〕故二明屬己定　資持卷中二：「雖是己長，『忘』等緣差，容不定屬故。」（二九二頁上）簡正卷一一：「二明屬己定，齊此已來是生下，恐第二緣也。若依此釋，可改科文：從『別釋』下，分二：初，離釋第一；二、『雖』下，合辨後五。可不順鈔，免違疏文。」（六七九頁上）

〔二四〕綿毛之類，禮非衣攝，不合　資持卷中二：「此約不成衣相者為言。」（二九二頁上）簡正卷一一：「戒疏云：今通書長體，但是布帛毛綿。量可限約者，則為衣相，自餘未成，尺寸不定。如毛束綿成長，本非衣故，何得應量，故不合說也。」（六七九頁上）鈔批卷一六：「立謂：如貫手子小綿也。若大不成衣相者，如梯綿等須說，毛亦復爾。若直是毛，故不須說；若已成氈，即須說也。以西國人通著氈衣故也。心疏云：毛綿量限可約者，則為衣相，自餘未成，尺寸不定。如毛束綿屯，本非衣故，何得應而有說也？」（七一一頁上）

〔二五〕得應量、不應量衣，即說淨者，益善　簡正卷一一：「應量，謂尺六八寸；不應量，尺六八寸已下也。即說淨益善者，纔得衣入手來，便說寂善，不如事須十日滿故。」（七一一頁上）【案】「多論」下，釋第三。

〔二六〕若不說，至十日無咎　簡正卷一一：「未違限也。」（六七九頁上）

〔二七〕若不作淨，不受持，至十一日「地了」時　資持卷中二：「言『地了』者，即明相現，方維可辨故。」（二九二頁上）簡正卷一一：「文云：得齊十日，若過結犯。搜玄云：『何故至十一日地了時方犯？』彼釋云：『十日明出是齊十日。若言過者，亦一約明相為過。今十一日，從旦至夜，明未出前，未是過位，故不犯也。猶如同室宿者，不得過二夜至三夜者，恐約第三夜明相為過也。』大德云：『若准此釋，既云從十一日（六七九頁上）清且（【案】『且』疑『旦』。）至明相未出前未犯，即十二日朝方是犯位。此令不達教意，致此妄潭。』又引『同宿戒』來例之不等。今但第十日，從旦至明，未現時未犯，纔至明現，『地

了』分明，是十一日限即犯，何得致迷？」（六七九頁下）鈔批卷一六：「至十一日地了者，立謂：明相也。案見論云：西國音『阿留那』，此曰『明相』。多論云：明相有三種色，若日照閻浮提樹身，東方色黑；若照樹葉，則青；若過樹，照閻浮提界則白。三色並是明家之相，白色為正。」（七一一頁上）

〔二八〕不應量者，同前　鈔批卷一六：「謂同前多論，犯吉也。」（七一一頁上）資持卷中二：「上云過限，作吉羅懺。」（二九二頁上）

〔二九〕若一處縛束，一罪　鈔科卷中二：「『善』下，明開合。」（六〇頁下）資持卷中二：「縛束者，不問財體同異多少，同為一物。」（二九二頁上）簡正卷一一：「如眾多衣，一處收束，但得一罪。若散在諸處，隨物處一一別犯。」（六七九頁下）【案】善見卷一四，七七二頁上。

〔三〇〕若不縛束，計衣段段　資持卷中二：「縱在一處，亦隨別犯。說淨離合，事亦同之。」（二九二頁上）

〔三一〕明相出，隨處得罪　簡正卷一一：「律：花開鳥鳴時也。今師云：或冬月無花，或處無鳥鳴等，難以為准。若據多論，云明有相，一日照閻浮樹身，則黑色；若照葉，則青；若照空，則白。三色並（原注：『並』疑『是』。）並明家之相。上言『地了』，即地色了了分明。三相之中，是白相也。今定持犯取為的。」（六七九頁下）

〔三二〕能染應量，所染云何　鈔科卷中二：「『問』下，明相染（二）。初，明應量染。」（六一頁下）資持卷中二：「初日得者，為『能染』，後九日得，皆名『所染』。恐謂財體大小不同，不相染故。或可昔計不應量非犯，故問決之。」（二九二頁中）簡正卷一一：「能染應量，所染云何？此問恐無。謂能染是應量，長衣至十一日犯提，恐無。所染中或一應量，或不應量。若應量犯捨不疑，設有尺六八寸已下之者，為復犯提。為復但犯吉。（准此偏問，所染中不應量衣。）」（六七九頁下）鈔批卷一六：「立云，此問意：能染既是應量，被染之物是不應量，為犯以不？」（七一一頁上）

〔三三〕答　鈔批卷一六：「答意云：盡染謂能染，是不應量，所染是應量也。准五分，針三縱一，皆須說淨，不作得吉也。謂衣鉢雖有大小，罪有輕重，然莫非是犯。今言大提小吉者，此相非故得名。提無大小，對吉稱大。吉既無小大，對提曰小。」（七一一頁下）

〔三四〕應、不應　簡正卷一一：「謂所染中，通應量衣及不應衣，二俱犯提也。問：『所染若是應量，犯提任許，或不應量，本合犯吉，何言犯提？』答：『謂隨

能染判，故恐犯捨也。」（六七九頁下）

〔三五〕如足食竟，正不正俱犯足　資持卷中二：「以『足食戒』前足約五正，後犯通二食，可例所染。（舊云：俱作墮懺非也。衣雖相染，罪隨大小，不可濫故。）」（二九二頁中）

〔三六〕若能染是不應量財，而染應量不　鈔科卷中二：「『若』下，不應量染。」（六一頁下）簡正卷一一：「此卻問能染是不應量染，所染中應量染不？」（六八○頁上）鈔批卷一六：「問畜不應量物，論犯律不犯，今如何通。」（七一一頁下）

〔三七〕答　鈔批卷一六：「答攝護從急，可如多論。斷罪從寬，即同律制。」（七一一頁下）

〔三八〕大小雖殊，捨懺義一　資持卷中二：「上明懺同，下示染同，大即應量，小即不應量。」（二九二頁上）簡正卷一一：「應量為大，不應量為小，皆須捨懺，故云義一。」（六八○頁上）

〔三九〕律結大提，論結小吉，故皆一染　資持卷中二：「律提論吉，如前所引。」（二九二頁上）簡正卷一一：「律結大，應量得提，論結小，不應量得吉，故皆一染。」（六八○頁上）

〔四○〕若二人共物未分，若施僧物分未入手，病人囑授物未與　資持卷中二：「初，通明六緣，皆未入手，故不犯。『若施』下，二、別示僧物，又二，初明未分。問：『與前何別？』答：『前云分未入手，則顯分已未入。此言僧物未分，則是一向未分。』」（二九二頁上）【案】「僧祇」下，釋第四緣，文引律論四種。僧祇文分為二：初、「若二」下；次，「若施僧衣」下。次又分二：初言未分、未入手；次明已分、共分。

〔四一〕若已分，多人共分，中有善毘尼人為眾人作淨，無犯　資持卷中二：「『若』下，次明已分、共分，一人作淨，通及餘人。」（二九二頁中）簡正卷一一：「善毘尼人為眾。作淨不犯者，此約多人共物，一人且與代說，餘人免犯。外難曰：『前句若二人共物不分，過日不說，尚乃不犯，今此多人共物，何要一人代說耶？』可引注文答云：『引（【案】『引』疑『此』。）是共活人等。』祇律自難云：『共畜衣財，多人共犯，一人代說，諸人不犯；亦可多人共犯罪，一人代懺，多人罪滅否？』答：『作假屬他，一人代之，眾免長過。懺除己罪，一人設懺，餘人不滅。』」（六八○頁上）

〔四二〕此是共活人，前句不共活　鈔批卷一六：「立謂，指上祇文：二人共物未分，

若施僧衣未分者，雖久不犯欠（【案】『欠』疑『文』。）也。」（七一一頁下）

資持卷中二：「注中，前明二人共分為犯，此言不作過日犯捨，故須和會。共活屬已已定。不共反之，故不相違。」（二九二頁上）【案】僧祇卷八，二九三頁。

〔四三〕**律中，邊方開五事**　資持卷中二：「五事者，『二衣』中具列。」（二九二頁上）簡正卷一一：「法寶云長衣開解有三節。大德云有四節：初，阿那律一日作衣不成，因開一日不犯。二、夏竟，持糞掃衣比丘，佛開受五利，有衣開五月不說淨，無衣開一月。三、因迦旃延弟子億耳，在阿梨提國（六八〇頁上）郡度（原注：『郡度』疑為『欲受』。）大戒，邊方少僧，三季方守得十人受於大戒。後往禮覲如來，迦旃延令億耳持五事。白佛，開聽：一、邊方小僧請開五人持律者，受大戒；二、沙多，開重着艸履；三、寒開皮為臥具；四、塵多數數洗浴；五、少僧游行，長衣入手，十日方說。如來依此曲開，雖邊方開十日，若中國此時不開。第四節，因阿難有衣欲奉迦葉，迦葉白佛。問：『彼幾時遂？』答：『十日應還。』佛因開十日，此之一開，通一切處。」（六八〇頁下）鈔批卷一六：「案四分，阿槃提國大迦旃延弟子名億耳，住在阿槃提國。在拘留歡喜山曲中，欲受大戒，三年乃得見佛，白和上言：『我欲見如來。』和上令持五事，往白世尊。既到掘山，禮佛已。勑阿難為客比丘敷床。當夜與佛同宿，與佛言說法要，佛極稱贊，并陳和上五事。佛明旦集僧，開斯五事，謂：阿槃提國并餘邊方，東方白木條國已外等，俱開五事。四分：億耳三年求師僧乃得，五分六年，僧祇七年，毋論十二年也。賓云：此億耳者，是商人也，非是守籠那。其守籠那，亦名億耳。（七一一頁下）但是名同，兩人各別處所，守籠那自於佛所，出家得道。旃延弟子億耳，邊方出家受戒後方見佛。言五事者：一、邊方僧少，開五人持律受戒；二、多砂，開重草履；三、邊方多寒，開皮臥具；四、邊方多塵土，開數洗浴；五、邊方僧少，長衣入手，數滿十日說淨。有人云：其四事獨開邊方。其長衣入手開十日，此一先開中國，後開邊方，非獨開邊方也。思之。賓云：此戒緣起阿難得衣擬奉迦葉，不知云何乃問。佛言：『迦葉何時當還？』答：『卻後十日當還。』因開阿難長衣十日內不犯。』『然今復言億耳請開五事，長衣入手，七日說淨，何以二文緣據不同？』解云：『億耳在前，請開五事，唯被邊方，然中國猶未開十日也。後因阿難之緣，方開中國，從此已後，中、邊俱開十日。』問：『阿難得衣，擬奉迦葉，迦葉既不在，無畜衣之心，何犯長？』解云：『但是阿難施

心未決，故恐犯長。佛開十日，令其佛籌量本悲，恐迦葉犯長，由迦葉未知得衣，何長、犯長也？所以知非開迦葉者，故疏云：何以開十日者，為籌量施入等，故知是開阿難也。」（七一二頁上）【案】四分卷六，六〇二頁，卷三九，八四五頁中。

〔四四〕長衣入手，十日方犯　資持卷中二：「長衣入手，五中之一。邊僧既少，卒無對說，但未手提，容得待人。」（二九二頁中）【案】「五中」即「五事」之中。

〔四五〕準此，餘方未必手捉始犯　資持卷中二：「『準此』下，義決。餘方者，通指有僧之處。且如此土，雖在邊隅，僧多須閉，必無僧處，可準上開。」（二九二頁中）簡正卷一一：「謂將邊方開。又，望中國為餘方也。未必手提始犯者，鈔謂邊方僧少，長衣要開手提，數滿十日方犯。准此，中國僧多，不但要手提，或膝上、或肩上、眼前及非眼前、身上，但作己有想，日滿即犯。」（六八〇頁下）鈔批卷一六：「立謂：將邊方開文（七一二頁上）以望中國，指中國謂餘方也。謂中國不必手捉，竟數滿十日，但作屬己意，數滿十日即犯；邊方開故，必須入手，數滿十日方犯。中國不假入手，但作己有想，過十日即犯，故下引了論四句，正成此義。有人云：後因請佛，開其邊方，衣入手數滿十日也。若未請前，衣雖未入手，但數十日即犯。（此是定義。）案五分云：億耳比丘白佛，開五事，前四可知。五者，若此處比丘宰（【案】『宰』疑『長』。）衣與餘處比丘，比丘雖先早知衣未，今不犯長衣罪。（今據此文，具知中國不假入手方犯。）」（七一二頁下）

〔四六〕伽論云　簡正卷一一：「下引伽、了論等者，證上餘方，未必手提也。伽論有四種得衣相。」（六八〇頁下）鈔批卷一六：「立云：此明邊方也。此文對上言來，上則中國不必手捉，此則邊方入手方犯。要須手捉至肩上、膝上，數至十日方犯。若但屬己，未夫（【案】『夫』疑剩。）至身邊，不犯也。」（七一二頁下）資持卷中二：「伽論四種，三是身受，想即心繫，不待身觸。」（二九二頁中）

〔四七〕明了論　資持卷中二：「了論約眼與身，歷為四句。」（二九二頁中）鈔批卷一六：「了論四句，如人施，置地而去，比丘雖以手，畢竟未捉也。」（七一二頁下）

〔四八〕有物眼所至得，非身至得　鈔批卷一六：「如人施，置地而去，比丘雖以手，畢竟未捉也。」（七一二頁下）【案】了論約「眼」與「身」，歷為四句。此及下為明了第一句。

〔四九〕**入算數者，如人施衣、穌等**　資持卷中二：「言入算數者，從此為初，計十日故。」（二九二頁中）鈔批卷一六：「入籌數至衣穌等者，立謂：從得衣日數之，為初日也。籌至十日，須說淨也。亦可籌計，為我物也。言衣、穌者，景云：准了論，穌（【案】『穌』疑『穌』。）遙加法，過七日即犯長也。」（七一二頁下）

〔五〇〕**有身至得，非眼至得**　資持卷中二：「不出其相，如雲霧闇中受物是也。」（二九二頁上）簡正卷一一：「戒疏云：如暗中施者，彼人口云：『某甲施比丘。』暗故不見，以身觸着彼物，作屬己意，不說淨，入籌數滿犯。」（六八〇頁下）鈔批卷一六：「立云：暗中送物，比丘捉竟，內於匱中，此計日滿須說。」（七一二頁下）扶桑記：「非眼至得：此下彼有物眼身至得入算數之句。」（二〇一頁上）【案】此為明了第二句。

〔五一〕**有眼、身至得，非籌數者**　資持卷中二：「雙亦入算可知。反明非算，特顯異相。」（二九二頁中）簡正卷一一：「眼見觸，觸三至得。非籌數者，雖受其衣，不屬比丘非籌數限。何也？謂前入雖與，不許比丘自受與（原注：『與』一作『面』。）用，置比丘邊，擬施三寶。」（六八一頁上）鈔批卷一六：「立謂：人來施三寶物，令比丘受。賓：不作屬己意，物雖在比丘處，不得計日論犯之（原注：『之』疑『也』。）。」（七一三頁上）【案】此為明了第三句。

〔五二〕**擬**　【案】底本為「礙」，據大正藏本、簡正釋文及義改。

〔五三〕**有非二得，亦入籌數**　資持卷中二：「雙非如物，在他處遣報，令受及伽論作想之類，皆得入算。」（二九二頁中）簡正卷一一：「戒疏云：如暗中施，眼不見，身不觸，但作己有想，隨得物日，即入籌數。」（六八一頁上）鈔批卷一六：「立謂：如暗中送物，報云弟子施師一段物，在其床中。比丘既不見，又不手捉，計日過十日亦犯。」（七一三頁上）【案】此為明了第四句。

〔五四〕**四分中**　鈔科卷中二：「『四』下，釋第二。」（六一頁中～下）簡正卷一一：「此約得不得門明不犯。但取不得衣日無可相染，名不犯也。」（六八一頁上）【案】釋第二緣，文分為二：初，「四分」下；次，「律又云」下。

〔五五〕**若初日得衣，二日不得**　簡正卷一一：「此約得不得門明不犯，但取不得衣日，無可相染，名不犯也。四分，初日得衣，二日不得，乃至十一日，通皆不犯之者。此文兩解。初衣（原注：『衣』疑『依』。）搜玄云：一日得衣者，舉第二章第一日也。二日不得者，舉第二章第二日也。謂第二章第二日，是最初不得衣日，乃至舉後第十章十一日，故云『乃至十一日通皆不犯』。若第一章，始

從一日得、二日得，乃至十日得。此章既總犯，故置之不論也。鈔越此章，便取第二章作。（已上證文。）次，依古來解，唯取第十章作也。一日得衣者，舉第十章第一日也，此日得衣為染，至十一日出，決定是犯。二日不得者，舉第十章第二日也。」（六八一頁上）鈔批卷一六：「立云：犯捨二日已後，既不得衣，可染也。准戒注云：不犯有八，一若不得衣，故知初門是引不得衣也。律中有八門，初得不得。自有十章，轉降作句，得四十六句，乃至超間、倒拘等。」（七一三頁上）資持卷中二：「初，委示第一門。律中，句法頗繁，須者自檢。彼有十段，初段，十日俱得，今鈔不出。第二段，但一日不得，自有九句。鈔云二日不得者，此舉初句。文云：初日得、二日不得，三日乃至十日得。九日中所得，盡尼薩耆。（中間略卻七句，在『乃至』中收。如云一日得、二日得、三日不得，如是逐句降一日。）」（二九二頁中）【案】此為『八門』之第一，後七門列序於後。

〔五六〕乃至十一日，通皆不犯　簡正卷一一：「據理合言三日不得，四日、五日、六、七、八、九、十並不得。鈔意存略，故着『乃至』之詞。十一日者，謂前（六八一頁上）末第二日已去，中旬九日並得衣，至十一日明相出時，所染中是不犯，故云通皆不犯。通者，總也。九日無衣，總不犯故，非謂能染不犯。若能染不犯者，使（【案】『使』疑『便』。）違律文也。又云：一日得衣尼薩。已上斐申兩釋。若諸講士，皆依初解破第二釋，不合唯約第十章作之，則收上諸章不盡也。今法寶卻扶第二解。雖乍觀似局，然究理還通，既於第十章九日所染無衣，總皆不犯。便及（原注：『及』疑『反』。）顯第一章十日總得衣一日為能染。下九日為所染，並是犯也。文反顯中間八章，有犯不犯，舉後儷前，斯為盡理。今鈔正約此第十章作也。若依搜玄，卻成收義不盡，既越第一章從第二章作未成。思之。此中更有轉降倒釣超間作句，非急不敘。」（六八一頁下）資持卷中二：「此舉第九句。（合作『十日』，字誤。世多錯解，由不檢文。）文云：一日、二日、三日乃至九日得，十日不得。九日中，所得衣盡尼薩耆者，（律中下去八日得，二日不得；乃至最後一日得，九日不得，共八段。鈔並略之。但明第二位首後二句，餘可知矣。）但使不得衣日則無相染，故云通皆不犯。如下結前標後，故總云八門。」（二九二頁下）

〔五七〕如是等類，具有八門，通不相染　簡正卷一一：「如是得不得十章等類也。具有八門，通不相染者。第二日不得衣，則無可染。第二日有說淨法，故不相染。餘六門或與人或忘等緣，亦不相染。」（六八一頁下）扶桑記：「八門不

染：每門有十段。初門約不得明不染，初段唯一句，十日皆得故。第二段有九句，九日得，一日不得；次第轉將除，故有九句。第三門八句，八日得，二日不得故。第四段七句，七日得，三日不得故。第五段六句，六日得，四日不得故。第六段五句，五日得，五日不得故。乃至第十段唯一句，一日得，九日不得故。」（二〇一頁下）

〔五八〕**餘無法緣，是犯** 鈔批卷一六：「謂無下淨施失壞之緣，則犯也。」（七一三頁上）資持卷中二：「謂非八門開也。」（二九二頁下）簡正卷一一：「謂上得衣無不得緣，是犯。又，初日得衣不淨施，是無淨施之法緣，下六門無與人等緣，故皆犯也。」（六八一頁下）

〔五九〕**中間淨施** 鈔批卷一六：「立云：初日得衣未說淨，二日得衣乃至十日得衣，盡持說淨，說至十一日來，但初日衣犯捨。若中間淨施者，皆不被染也。」（七一三頁上）資持卷中二：「下列餘七門。（作句並同前，具出如別。）」（二九二頁下）簡正卷一一：「即第二門乃至第八門也。初日得衣不淨施，二（六八一頁下）日得衣淨施，恐有十章。」（六八二頁上）

〔六〇〕**遣與人** 鈔批卷一六：「宣謂：初日未說淨，二日乃至十日得衣，將與他人，至十一日來，但初日衣犯捨，中間與人者，無犯。」（七一三頁上）簡正卷一一：「初日得衣不遣與人，准上而作，亦有十章，乃至第八忘去亦爾，不具列也，臨文略然。」（六八二頁上）

〔六一〕**失衣** 資持卷中二：「即奪失。」（二九二頁下）鈔批卷一六：「立謂：初日得衣未作淨，二日已後得衣者既失，十一日來，但初日得者，犯捨。中間失者，無犯。」（七一三頁上）

〔六二〕**風、火、水、濕，隨緣灼爛** 資持卷中二：「謂燒漂，故注顯之。灼，即燒也。」（二九二頁下）【案】「火」，底本為「水」，據大正藏本改、貞享本、敦煌甲本改。「濕」，底本作「溼」，据大正藏本改。

〔六三〕**親厚意** 鈔批卷一六：「謂初日得衣，是自受。第二日已後得者，為親厚受。至十一日來，但初日得者犯。中間為他受者，非犯。」（七一三頁上）

〔六四〕**若忘去** 鈔批卷一六：「謂初日得衣不說淨。第二日已後得衣竟，即忘卻。至十一日來，初日衣犯，其忘者盡無犯。」（七一三頁下）

〔六五〕**若捨墮衣不捨，更貿餘衣，一尼薩耆，一突吉羅** 鈔科卷中二：「『律』下，貿易不染。」（六一頁下）資持卷中二：「初文，以律言通，容彼異解，故須決正。」（二九二頁下）簡正卷一一：「此是當部長衣文也。」（六八二頁上）【案】

「律又」下分三：初，「律又」下；二、「昔以」下；三、「上律」下。

〔六六〕昔以財去，畜心染犯　鈔科卷中二：「『昔』下，憑論斥古。」（六一頁下）資
持卷中二：「初二句出古解，彼謂貿得新衣，為前衣染犯故尼薩耆。不合箸用
故，突吉羅。」（二九二頁下）簡正卷一一：「古人將犯長衣，貪得新衣衣體，
誰（原注：『誰』疑『雖』。）去畜心，不斷染着，後衣入手，即犯捨墮。吉者，
是着用吉也。」（六八二頁上）鈔批卷一六：「立云：『昔人』即勵律師（【案】
『勵』疑『礪』。）也。云犯長衣財，於五眾邊，貿得餘衣，畜心不斷，故染
犯捨。以後新衣，須更捨懺，由先畜心，能染後衣也。言吉者，礪云：著、用，
吉也。又云：輒貿故吉。今宣解不然，但懺先提，此後衣體是淨，不須捨也。
律云：犯提者，謂先衣提也。昔者，不應輒貿也。宣云：先衣上得提，昔於後
衣上得提也。」（七一三頁下）

〔六七〕論中不爾　簡正卷一一：「今師標破云，謂多論中不如是也。」（六八二頁上）
鈔批卷一六：「此鈔主通論云：破前古師義也。『論』是多論，故引之破於昔義
也。」（七一三頁下）資持卷中二：「『論』下，引斥，文有二段。」（二九二頁
下）【案】「論中不爾」下，分三。引多論文分二：一者，「多論云」下；二者，
「若不應」下；三者，「此衣不」下。

〔六八〕若先應量捨墮物，即作應量不應量衣　資持卷中二：「初，明捨懺後，雖更改
皆從本犯，應及不應，二種相別。（上是因引，下文正用。）」（二九二頁下）
【案】多論卷四，五二七頁中。

〔六九〕若先應量捨墮物，更貿得衣財，即作二衣　鈔批卷一六：「立謂：此上雖引二
句，但是相從，故須明之，今文正須明之。今文正須此義，以定今文也。作二
衣者，即應量、不應量二衣也。」（七一三頁下）資持卷中二：「二衣，即應
量、不應量。下同。『二若』下，正明貿易。文明後衣不懺不捨，頗見昔非。
已入淨者，新衣無染，應淨法故。」（二九二頁下）

〔七〇〕此衣不懺，懺先提罪　資持卷中二：「初，明一提。」（二九二頁下）

〔七一〕準此，後衣無染　簡正卷一一：「既云此衣不懺懺（原注：『懺』字疑剩。）先
提罪，當知畜心不染後衣也。」（六八二頁上）資持卷中二：「準上，論云懺先
罪故。」（二九二頁下）

〔七二〕若不應量貿得二衣，不捨，已入淨故，懺先突吉羅　資持卷中二：「次，判一
吉，下引律證。」（二九二頁下）簡正卷一一：「此謂資（原注：『資』疑『貿』。）
得二衣，既不被染，何須用捨，故云不捨。既無有過，體是清淨，故云已入

（【案】『人』疑『入』。）淨也。」（六八二頁上）

〔七三〕上律結一尼薩耆者，謂前衣墮罪　鈔科卷中二：「『上』下，準義釋通。」（六一頁下）簡正卷一一：「此文有二：初，申正義；二、引律證成吉羅。謂前衣雖去，罪由未懺，故有墮罪。犯捨衣不應不捨而貨（【案】『貨』疑『貿』。），違佛語故得吉。不同古人云『着用，吉』也。」（六八二頁上）

〔七四〕謂不懺輒貿，違佛語故　資持卷中二：「結吉明矣。」（二九二頁下）

〔七五〕尼薩耆衣不捨，不應與人，乃至作三衣等　鈔批卷一六：「羯磨疏云：不得與人者，既犯過，義須捨淨。媿於罪失，直爾乞人，制本淨心，豈在財物？故不淨財施，後受穢果，必欲與人。如律，捨造也，不得作三衣法服，（七一三頁下）不容非染，故不許也。」（七一四頁上）

〔七六〕十日內　鈔科卷中二：「初，遣施。」（六一頁上）簡正卷一一：「正是開位，故無犯。」（六八二頁上）資持卷中二：「即前八門，二三兩位下，明奪、失、燒、漂，同前四、五，餘略不出。」（二九二頁下）

〔七七〕若轉淨施、若遣與人　簡正卷一一：「作法故不犯。若送與人者，非己物故。」（六八二頁上）

〔七八〕若賊奪等想　簡正卷一一：「戒疏云：財在想去，無故不犯。如十誦後見本財，更開十日，以義曰新得故。」（六八二頁上）資持卷中二：「言『奪』『等』者，律列四想，此但明奪。餘三，下指同本律，但開不犯，不明更開，故引十誦決之。」（二九二頁下）

〔七九〕若作失想，亦同上解　鈔批卷一六：「立謂：同上無心，故畜不犯，更開十日也。深云：先說淨物，標心施他，尋悔不與，即盜罪故。律中，施已還取是也，更須說淨；不者，又墮，以是盜得，理同新來故也。取著賓（原注：『賓』疑『者』。），對（原注：『對』疑『奪』）、失、燒、漂。若先自有犯長之衣，取著不犯，故曰也。」（七一四頁上）

〔八〇〕奪衣、失衣、燒衣、漂衣　鈔科卷中二：「『律』下，緣差。」（六一頁上）資持卷中二：「四緣開者，前據虛想，此約實失，故注以簡之。問：『若實奪失，何容後得耶？』答：『奪失水漂，皆可再獲，燒有餘殘，義亦無爽。』」（二九二頁下）【案】「律云」下分三：初，「律云」下；次，「伽論」下；三、「何故」下。

〔八一〕更得十日說淨，更受持之　簡正卷一一：「謂上引律離衣文，有四緣，失受無罪。今此（六八二頁上）不然，若遇四緣，後卻得時，如日新得，十日說淨。若三衣并得，更受持之，非謂長衣受持也。」（六八二頁下）資持卷中二：「因

點受持，由奪等緣，失本受法，後得重加，義在離衣，緣同因示。」（二九二頁下）

〔八二〕**取著**　簡正卷一一：「戒疏云：由前受持三衣，遇緣奪失。既無三衣，有長衣在，即將受持，故云取着衣，即無過直懺前所犯之罪也。下引伽論意，證知犯長衣得作三衣衣（原注：『衣』字疑剩。），不犯也。」（六八二頁下）資持卷中二：「謂有犯捨三衣，由失正衣即無長過，可取著用，故列不犯，注釋頗詳。」（二九二頁下）

〔八三〕**頗有過十日衣，即一夜離宿**　鈔批卷一六：「立謂：此明一衣之上，同日得兩罪也，即犯長衣、犯離宿也。賓云：計理捨時，但捨離宿，一衣之上無二過故，先時犯長，直爾懺提。今引此文來意，證知犯長衣得作三衣也。此論無三衣者，故開作也。若有衣，即不得用故。律中：尼薩耆衣不得與人，不得作三衣等。礪云：若比丘先闕三衣，有犯長，即將此長，充三衣，持不須捨之。若販博衣，不得充三衣持，以無長可防故也。」（七一四頁上）資持卷中二：「過十日衣即犯長者，（二九二頁下）意以有犯，必無離宿，故設此問。」（二九三頁上）

〔八四〕**故知得作**　資持卷中二：「可證加受得成。」（二九三頁上）

〔八五〕**何故前云犯捨不得作三衣**　資持卷中二：「『何『下，三、釋妨。指前云者，即貿易中，彼言不得，故須通會。」（二九三頁上）簡正卷一一：「正欲通疑難也。謂前引律文，尼薩耆衣不應與人，乃至作三衣，今此何故得作三衣衣無犯捨耶？」（六八二頁下）

〔八六〕**此據有本三衣**　簡正卷一一：「謂如此之言，據有本衣，故云此據也。」（六八二頁下）

〔八七〕**今此且充衣色，罪仍須懺**　資持卷中二：「『今』下，正顯今意。色，猶數也。下引二文，色體不如，並許加受，足為今例。問：『為開暫時，為得求作？』答：『文似暫開，不妨永用。今以義判，或有可別求。卒營未及，暫用彌善。或守己少欲，趣足被形，義通久永。』」（二九三頁上）鈔批卷一六：「立明：此即正明今文意也。下引見論遭賊等，著五大上色，以類此文，理令得也。」（七一四頁上）

〔八八〕**遭賊得著五大色衣**　資持卷中二：「善見：五大通收正間。」（二九三頁上）簡正卷一一：「謂約不如法色法，依佛制不着，今為失衣，故開暫着。人見比丘着此衣時，即知遭賊。」（六八二頁下）【案】善見卷一四，七七五頁上。

〔八九〕**借俗衣受持** 資持卷中二：「僧祇俗衣，彼因借被，作淨安紐故。」（二九三頁
上）簡正卷一一：「衣恐約暫着被借，安仭受之，以相同三衣故也。」（六八二
頁下）【案】釋文中，「被」即「披」。下幾處同。

〔九〇〕**若他與作被，不犯** 鈔科卷中二：「『律』下，重物。」（六一頁上）簡正卷一
一：「戒疏云：以財是重物，不合加淨，雖過日限，不入長也。」（六八二頁下）
鈔批卷一六：「賓云，但相傳解云：釋疑故來。（七一四頁上）若他與小物，可
言不犯，他為作被，應當是犯，釋云不亦犯。亮云：舊人解云，被是重物，不
須淨施，故非犯也。今言不爾，但約他與我作被，故非犯也。律文之中，上更
有語，鈔不具引。律云：若取著、他與著、他與作被也。取著，如前解竟。若
他與著者，他犯長衣。將與我著，故不犯也。亦是釋疑故來，此顯不同他人犯
長之藥。若與我者，不許服也。以藥味是通，一人犯長，他不合服，衣是別屬，
故他犯長。我著無罪，解如賓釋。立謂：約已成被，故不須說。若是被段衣財，
即須說之，以是輕物故也。」（七一四頁下）

〔九一〕**以是重物，不應輕財，不合說淨** 資持卷中二：「重物者，以用重故。準知，
入淨方有長過。被褥說淨，諸律無文，故云未見等。」（二九三頁上）簡正卷
一一：「搜玄云：若他與作被，此物被相未成，猶是疋段，即合說淨；為作重
故被，故不須說。今云未見，正開比丘得畜被。謂西國冬到，將三衣而蓋身。
下引十，談（【案】『談』疑『證』。次同。）上僧及一人亦得受。更有一釋云：
被相未成，猶是疋段，亦須（六八二頁下）說淨。下引十律，談僧及一人得受，
不言畜。已上具申三解，任情思擇。」（六八三頁上）

〔九二〕**施僧被褥，僧及一人亦得受** 資持卷中二：「引十誦，僧別得受，但得受用，
不明說淨。」（二九三頁上）【案】十誦卷三九，二八四頁上。

〔九三〕**付衣者遠行** 鈔科卷中二：「『律』下，阻礙。」（六一頁上）資持卷中二：「付
衣者，律作受付囑衣者，即所囑藏舉人也。」（二九三頁上）簡正卷一一：「謂
此比丘受得已，將付前人收舉。其受付者，藏在櫃中，遠行不在，過其十日不
犯，猶是隔礙非情過故。北（原注：『北』疑『水』。）陸道斷，亦爾。」（六
八三頁上）鈔批卷一六：「言付衣者，謂所付之人也。疏問曰：『何以不開直令
畜長，而與結戒，說此方便？』答：『佛法以少欲為本，結戒不令畜長，為眾
生根性不同，故後聽設此方便故耳。』」（七一四頁下）

〔九四〕**或水陸道斷等** 資持卷中二：「此並人衣隔絕，不及故開。例餘緣阻，通入不
犯，故云『等』也」（二九三頁上）

離三衣宿戒〔一〕第二

具六緣成犯：一、是三衣，二、加受持，三、衣人異礙〔二〕，四、不捨會〔三〕，五、無因緣〔四〕，六、明相出，便犯。

三衣、五衣，得波逸提〔五〕；餘衣，突吉羅，非謂畜長之衣，此乃百一供身服者〔六〕，佛令受持，違受故結吉。長衣淨施，有別人可依，知有何過〔七〕？不同昔解〔八〕。又，三衣是制，通上、中、下，違故得重〔九〕；百一衣助身，開於中品，違受故輕〔一〇〕；長則下類，別施他人，自即非貯，故全無犯〔一一〕。餘如戒本疏〔一二〕。

二、受衣方法，及以作衣等法〔一三〕，竝如下卷「衣法」中。

三、衣人異礙〔一四〕。

四分、他部，相成有四，即染、隔、情、界也。上之三礙，通界竝有〔一五〕。若論界礙，彼此不通〔一六〕。故文云：失衣者，僧伽藍裏有若干界〔一七〕。謂上三礙在伽藍院內，故衣則有多界。不失衣者，僧伽藍裏有一界〔一八〕。謂無上三礙〔一九〕也。

初明染礙者。

律云：比丘脫衣，在俗人處形露，佛令除村〔二〇〕。村有五義〔二一〕：謂誹謗、生疑、為護梵行等。即此女人與比丘同處，性相乖忤，多致譏跡〔二二〕。佛不許同宿、同坐、同行、同住〔二三〕，竝生染故。若取衣持，恐壞梵行，必與同處，衣須隨身。

二者隔礙。

律云：若水陸道斷、澀難等，離衣開無有過〔二四〕。僧祇：寺門外不捉戶鑰〔二五〕，無十二桄梯〔二六〕，是名離衣。

三者，情礙〔二七〕。

律云：若奪想、失想，若賊、惡獸、命、梵等緣。僧祇：兄弟分齊之處〔二八〕。多論〔二九〕：王來界內〔三〇〕，大小行處〔三一〕，近王左右，竝非衣界，及以作幻、作樂人等入界，亦如王法〔三二〕。以情隔故，妨於來往，故名失衣。

四者，界礙〔三三〕。

界有兩種：自然、作法。上之三礙，入此二界，通界失衣，竝非衣界〔三四〕。

若無三礙，二界各別，通得護衣〔三五〕。五分云：若作法衣界及自然

衣界，比丘於中，不得自在往反，是名別界〔三六〕。反上同界〔三七〕。若論作法，下卷明之〔三八〕。

今明自然，有十五界〔三九〕。

四分有十一種：

一、僧伽藍界〔四○〕，二者村界〔四一〕。

各有四種，謂周帀垣牆、柵籬、籬牆不周，四周有屋〔四二〕也。此等諸相不周，伽藍相壞，樹、車等界叢生，故云「若干界」〔四三〕。此止是別界，不名僧、村二所。今言〔四四〕「若干界」者，有上三礙互生，來往譏難，故失衣也〔四五〕。僧祇、五分中：同界者，僧羯磨作不失衣界，於中得自在往反。異界者，不得自在往反是也。乃至舍屋、尼寺、聚落、重屋、車乘、場、露地、道行界亦爾〔四六〕。

三樹界者。

與人等，足蔭覆加趺坐〔四七〕，如此樹相已上，乃有衣界可護〔四八〕也。此但明其小相。十誦：不相接樹〔四九〕，取日正中時陰影覆處〔五○〕——若雨墮時，水不及處，置衣在此樹，身在餘處，若不取衣等，皆犯。若相接樹〔五一〕，乃至一拘盧舍〔五二〕者，隨所著衣無犯。善見：日正中時，影覆處，同上〔五三〕；若樹枝偏長，衣在陰頭，人在樹根，亦不失衣〔五四〕。林界者，衣在林中，十四肘中不失衣〔五五〕。此林有人來往，無衣界，應隨身，不隨者失〔五六〕。上十誦「林界一拘盧」者，謂是大林無難〔五七〕。此言「十四肘」者〔五八〕，謂四樹相連，勢非廣及〔五九〕，故衣界狹小也。僧祇：蒲萄蔓架，一切瓜瓠等架，各四相取二十五肘，名衣界〔六○〕。明了論解：若衣在樓、樹下，身在上者，失衣〔六一〕；若衣在上，身在樓、樹下，不失，以上得落下〔六二〕故。

四場界〔六三〕者。律云於中治五穀處也。謂村外空靜處〔六四〕。

五車界，六船界，竝俱在陸地〔六五〕。

律云：若車、船迴轉處。此但明住車〔六六〕。十誦：行車者，前車向中車杖所及處〔六七〕，中車向前、後車杖所及處，後車向中車杖所及處。若不及者，是名異界。僧祇：載船水中，有多住處，若自在往反，不會無犯〔六八〕。反上即犯。

七舍界。

四分無相〔六九〕，此謂村外別舍〔七○〕。若據「村、聚」相，後當廣

說〔七一〕。僧祇：若樓閣梯隥道外二十五肘〔七二〕，名衣界。若著衣在閣上，下宿，有梯通，無犯。準四分「庫倉界」，據明內為言〔七三〕，兩無，任得〔七四〕。

對上「舍界」，因解聚落〔七五〕。

四分云「村界」〔七六〕。善見：無市云「村」，有市名「聚落」〔七七〕。薩婆多論，四句相對〔七八〕：一、是聚非家界〔七九〕——如二聚落各有一家；二、是家非聚〔八〇〕——如一大聚落，更無異聚，而有多家；三、亦具二界——聚落有二，各多家是〔八一〕；四、俱非者——蘭若界也。聚落者，十誦、多論：人民共住，名聚落界〔八二〕。言別界〔八三〕者，雞飛不及〔八四〕，棄糞掃外，箭射及外，名為異界。言同界〔八五〕者，四邊聚落，各有一家〔八六〕。若有車、梯，迴轉相及〔八七〕，得登出入，身在梯根下臥，置衣在四聚落，不失衣。以梯梁相接，無隔礙故。聚落止有一家〔八八〕，衣在家內，車梯上下臥，不失衣〔八九〕。以無別家可對〔九〇〕，故也。若自然界內〔九一〕，箭射及處，至明相出，不失衣。若衣在外，身在家中，亦爾〔九二〕。若眾多家，衣在家內，身在梯、車下，失衣〔九三〕，以家界各別故。家有一界、別界〔九四〕。別界者，父母、兄弟、兒子，若異食、異業，雖同一處，事各不同，是名族界。若同食業，名一家界。族亦有一界、別界〔九五〕。各有住處，是名一界〔九六〕。別界者，若作食處、取水處、便利處是。若在二處，皆失衣〔九七〕。僧祇〔九八〕：四聚相接〔九九〕，衣枕頭臥，頭及手腳各在一界，衣在頭底，明相出，衣離頭，犯捨〔一〇〇〕；若手腳至衣所，不犯。十誦、多論云：若安衣二界中，在二界上臥，不失衣。各有身分故。

十誦：舍界〔一〇一〕者，若外道舍，門屋〔一〇二〕、食堂、中庭、廁處，衣在一外道舍，身在餘舍者，失衣；若同見、同論〔一〇三〕，不犯。若諸戲笑人，遊行營處，如前取水處等〔一〇四〕，失衣。若同屬一主，不犯〔一〇五〕。此謂情礙〔一〇六〕。

多論：重舍屬一主，人、衣互上下重，不失〔一〇七〕。若是異主，衣人上、下，中間不通，故失。

上竝四分無文，理須通允〔一〇八〕。

八堂界者。律云：多敞露〔一〇九〕。

九庫界〔一一〇〕者。積藏諸車乘、販賣物。

十倉界者。儲積穀米處。

十一阿蘭若界〔一一一〕。

律云：蘭若者，無界，謂迥在空野，無別諸界，假以樹量大小〔一一二〕。八樹中間〔一一三〕。一樹間七弓，弓長四肘〔一一四〕。通計五十八步四尺八寸。兼其勢分〔一一五〕，七十有餘〔一一六〕。

次明不足者。

取外部成用〔一一七〕。

十二道行界者。

十誦：比丘與師持衣道中行，前後四十九尋內，不失〔一一八〕。多論：縱廣亦得四十九尋，不失〔一一九〕。僧祇：道中臥〔一二〇〕，持三衣枕頭，明相出，衣離者，犯。準應身在樹界、蘭若〔一二一〕也。

善見〔一二二〕：若使沙彌、俗人，持衣前入界，比丘後入，不知，謂言界外：明相出，謂失，不失衣。依止亦爾。律云「失想」，界外為言〔一二三〕。若弟子夏未滿〔一二四〕，為師持衣，值人說法，貪聞法故，明相出，不犯離師。和尚得離衣罪。明了論〔一二五〕：小便等所偪事，由他加行難，所作憐愍〔一二六〕。此義「轉車界」中廣說〔一二七〕。解云：大小便、病、怖畏難偪，夜出界，未得還而曉，亦不失衣。又，二人共宿〔一二八〕，三衣同置一處，一人急事須夜行，不持自衣，誤持住人衣去：至曉，行人失衣，由行人誤取故失；不由住人，故不失衣。行人意晟，故言「加行」。由此住人是難，許此難〔一二九〕不失衣。

十三洲界〔一三〇〕者。

善見云：十四肘內，不失衣〔一三一〕。若有人來往，衣不隨身者，失〔一三二〕。

十四水界〔一三三〕。

善見云〔一三四〕：蘭若處坐禪，天欲曉，患睡，脫衣置岸，入池洗浴，明相出，犯捨。毘尼母云：著衣岸上，入一腳水中者，不犯失衣。僧祇：水中、道行界者，二十五肘〔一三五〕。若船上者，入水即捨〔一三六〕。

十五井界。

僧祇：道行，露地井闌旁宿，置衣在二十五肘內〔一三七〕，身在外者，失衣。衣在井中，應繩連，垂手繩井中，得會衣〔一三八〕。與井上界別也。以此，例餘坑、窖、窖等〔一三九〕。

此十五種自然界，大小如上〔一四〇〕。若準四分，加於勢分〔一四一〕。文云：僧伽藍界者，在伽藍邊，中人若用甎石擲所及處，是名界；乃至庫藏界〔一四二〕，亦如是。

諸部竝無勢分〔一四三〕。善見中無〔一四四〕也。彼有「擲石」之文，別為餘事〔一四五〕。彼文云：中人擲石者，不健不羸人，盡力擲至落處，不取轉處。諸師評之，一十三步，即以此量十五自然通著〔一四六〕。唯不通法界〔一四七〕，必須入界，方乃會衣。僧祇云〔一四八〕：比丘有緣，至他處留宿〔一四九〕。彼有比丘及尼，衣有長者〔一五〇〕，應借受持。無者，俗人有被〔一五一〕，應借取，作淨〔一五二〕、安紐，然後受持。又，無衣者，後夜當疾還寺〔一五三〕。莫逾城出〔一五四〕。到寺，門未開者，至門屋下。以門屋梁連界內〔一五五〕故。彼律無勢分，以此為自然界，不同四分〔一五六〕，應知也。若無〔一五七〕者，內手著門孔中、水瀆中，先以物攪，勿令觸毒蟲。又，無此孔，應逾牆入，勿令人疑〔一五八〕。若不得入，當捨衣〔一五九〕。寧無衣，犯小罪，以輕易重故。若準此言，必界內有上三礙，不得外護，必失持衣〔一六〇〕。故文云：若在餘處宿，明相未出。若至擲石所及處，謂界內無三礙。若手捉衣，謂界內有染情礙。若捨衣，謂界內隔礙等，及界外事〔一六一〕。若不作如上三事〔一六二〕，明相出，隨所離衣，犯捨。

上十五自然衣界，各別不通〔一六三〕，故有別名。律云：此伽藍界，非彼伽藍。乃至樹、車、庫、藏，一一亦爾。

而僧、村二界，攝相義強〔一六四〕，雖有樹、舍，沒名不顯〔一六五〕。諸界相望，不論強弱〔一六六〕。故樹下有車，別有車界，車外有樹，亦有樹界，無別勢分〔一六七〕。若僧、村二界勢分有樹等界，便於樹界、僧界中分勢分〔一六八〕。如此，例餘準知〔一六九〕。若堂、庫有車船〔一七〇〕，即從堂、庫之界。律云：庫者，積藏諸乘也。由彼堂、庫，四面收攝，本障是強。不同樹、車、場等，無外可攝〔一七一〕故。如淨地不周〔一七二〕，通皆置食，不犯。類餘諸界相，未足攝他。若互錯涉，各別有界〔一七三〕，如戒本疏中〔一七四〕。

第五，無因緣〔一七五〕

有緣汎列七種〔一七六〕：一、別人作法。或對首，或心念〔一七七〕。非謂作法開離，以輕易重〔一七八〕。二、對僧作法離。有二〔一七九〕：初，有緣乞得。四分：老病比丘〔一八〇〕，三十已去，名為老〔一八一〕。三衣重者，羯磨離

衣。法如疏說〔一八二〕。二者，共作迦絺那衣〔一八三〕。三者，對處作法，離即不失衣界〔一八四〕。四、蘭若恐怖離〔一八五〕。五、王路隔塞、命、梵等離〔一八六〕。六、迦提賞勞離〔一八七〕。七、如五分：僧塔諸緣，及他要事〔一八八〕，聽六夜離，無罪〔一八九〕；若事訖不反，吉羅〔一九〇〕。

就七中，更分：前三得法離〔一九一〕，後三無法離〔一九二〕，蘭若通有無〔一九三〕。六夜送入村，無法離；恐失遙捨，是有法離。得罪分別〔一九四〕。第二、第四、第五、六、七，一向無罪，以有緣故〔一九五〕。五中隔塞，或望斷故失衣，不失如後〔一九六〕。就第三攝衣界中，無三礙故，開通往反；若有三礙，不免失衣。第二，對僧作法，有緣、時在〔一九七〕，不失；限滿便失，得罪〔一九八〕。餘一一準思〔一九九〕，知而會通。

律不犯中。

奪、失、燒、漂、壞〔二〇〇〕五想者，衣實見在，妄起想心，經宿失受，無罪。決心謂失，即是捨心。無情過故，不犯捨也。善見「不失」者，師主疑心，恐在界外〔二〇一〕。此謂失體〔二〇二〕，不同論云「衣不失受」〔二〇三〕也。若水陸道斷，若賊、惡獸、命、梵等難，若不捨衣，不犯。此是情、隔兩礙，失受，無罪〔二〇四〕。

若先慢不攝，後雖經緣，失衣，犯捨〔二〇五〕。若諸難忽生，往會不得，恒懷領受，必不失法〔二〇六〕；由難忽生，非情過故，離亦無罪。如受欲事，界內有難，持出界外，還來不失〔二〇七〕。此亦同之。前言失受，事隔不知〔二〇八〕，而經明相，失受，無罪。

若女人來往染礙，進退比二礙可知〔二〇九〕。又有不立染礙〔二一〇〕，止是情攝者，此不通諸部〔二一一〕。

問：「忘不持衣外行，至夜方覺，取會無緣，失不？」答：「彼人恒自將隨身，忽忘，事同長衣開之〔二一二〕。」

上且解如是，不盡極多。廣如戒本含注疏及刪補羯磨疏中明之〔二一三〕。

【校釋】

〔一〕離三衣宿戒　簡正卷一一：「人衣異處，名之為『離』。違其分限，約明相故名『宿』。」（六八三頁上）鈔批卷一六：「夫三衣者，蓋是三世諸佛應法之服，資身長道為要，理須隨身。如鳥二翼，許是無暫離，常願奉持。今置衣在此，身居異處，寒暑卒起，忽須難得，又闕守護，（七一四頁下）容成（原注：『成』疑『有』。）失奪，事惱不輕，是故聖制。人衣異處曰『離』。寶敘西塔每云：

人衣異礙者，好以其染，礙非異處，故逕夜名宿。久則事慢，促則致惱，限期
一日，過則便犯，故曰也。」（七一五頁上）資持卷中二：「（佛在舍衛，六群
持衣寄親，厚（【案】『厚』疑『？？』）往人間遊行。故制。）名中：『三衣』
簡餘衣，『宿』者結犯限分。」（二九三頁上）【案】本戒鈔科簡稱為「離衣戒」。
四分卷六，六〇三頁上開始。

〔二〕衣人異礙　資持卷中二：「通收四礙，如後具釋。」（二九三頁上）簡正卷一
一：「『衣人異礙者，所以不言異界者？』答：『以界中有礙，雖是周界，不免
失衣，故不言界。又，礙寬，攝得界也。』」（六八三頁上）鈔批卷一六：「濟
云：所以不言異界而言異礙者，以界中有礙，雖復同界，則不免失衣，故不言
界也。礙名是寬，以攝界故，故下文有界礙是也。」（七一五頁上）

〔三〕不捨會　資持卷中二：「有緣不及，律開遙捨，或復奔會，二皆無犯，非此則
為犯緣。」（二九三頁上）鈔批卷一六：「既不得會，又不遙捨也。」（七一五
頁上）

〔四〕無因緣　資持卷中二：「列七緣，通入開位。」（二九三頁上）鈔批卷一六：「謂
衣重得法，及迦提月等是也。」（七一五頁上）

〔五〕三衣、五衣，得波逸提　資持卷中二：「釋第一中。初文，先示罪相。五衣者，
附明尼制。祇支覆肩，皆入制故。」（二九三頁上）簡正卷一一：「問：『何不
無尼薩耆？』答：『約衣邊即有捨。今據人邊結罪，故不言也。』」（六八三頁
上）鈔批卷一六：「五衣，謂尼所持五衣也。祇支覆肩，同三衣，不得離宿也。」
（七一五頁上）【案】本節以下，分四，分別釋一、二、三、五緣。初又分二：
一，「三衣」下；二，「又三」下。

〔六〕非謂畜長之衣，此乃百一供身服者　簡正卷一一：「餘衣突吉羅者，外也。」
（六八三頁上）資持卷中二：「『非』下，釋上餘衣。」（二九三頁上）簡正卷
一一：「三衣之外，即是長衣。恐不令離，離即結吉。遂行例云：『一百是佛
聽，離宿故犯吉。長衣佛亦聽，如何不犯吉？』鈔云非謂畜長之衣等者，今師
云：『上言餘衣者，正是百一供身之服。雖則開聽，佛令受持，今違故吉。長
衣雖同，是開淨施，別入（原注：『入』疑人）。）不開自畜。又不受持，離
有何罪，不同昔人所解。』」（六八三頁上）

〔七〕長衣淨施，有別人可依，知有何過　資持卷中二：「『長』下，點古。波（【案】
『波』疑『彼』。）謂餘衣，言通長物，離亦吉故。」（二九三頁上）

〔八〕不同昔解　鈔批卷一六：「立謂：古人云離長衣犯吉，便引例云：百一是佛

聽，離宿犯吉；長衣佛亦聽。如何非古？今解不然，百一加法受持，離故結吉。長衣本受持，但淨施別人，有所依故，離則無罪。」（七一五頁上）

〔九〕三衣是制，通上、中、下，違故得重　鈔科卷中二：「『又』下，約根顯異。」（六一頁上）資持卷中二：「約根中。前二並受罪。重輕者，制聽別故。後二皆聽罪。」（二九三頁上）簡正卷一一：「謂佛親制作事通三品人，今違正制，故得重罪，百一是開，非制，但違受持故輕。」（六八三頁下）鈔批卷一六：「佛制三品人俱衣也。以是佛制故，離則得提。百一是開，離但犯吉。礪問：『三衣六物，同是資身，所以離三衣失受，而犯提罪。餘衣等輕者何？』答：『三衣止制，受通三品。今若離者，違制罪重而失法。餘衣物等，開於中下，為資道不足。今若離者，對開有異，唯得吉羅，而不失受。』『若爾，鉢亦正制，離何以輕，不失受法？』答：『衣是資用寬，許無暫離，故違得提。失受持鉢，但一用，用有時限，有須故輕，而不失受法。』」（六八三頁下）

〔一〇〕百一衣助身，開於中品，違受故輕　鈔批卷一六：「立云：此是三品。准心疏：物有六品，至如上士面王，報力殊異，胎衣隨長，（謂生時，白氈隨身而出。）未假資待（原注：『待』一作『持』），及將入法，誓不服餘。大聖知機，任聽但一，便能自靜，緣濟修道。（後出家時，聖命善來，此氈變為法衣。）二者，報力次強，堪耐寒苦，隨緣施造，不以為難，制畜三衣，並須持奉。（即但三衣人也。）三者，雖制畜三，首足猶露，力薄心羸，寒苦所逼，神情亂涉，無心存道。如來量機，開畜百一，記識受持。第四人者，形報微弱，心用非利，待時待處，須暖須好。若得供給，便能進業，制同上士，翻為退道，故開畜長，隨施聽受，令彼獲福，此得資道。第五人者，報力最弱，要假重物，方能濟苦，寧身進業，可有階漸，故開被蓐、車轝重物，依教而畜，以事重故，不合說淨。第六人者，須得眾寶，莊嚴（原注：插入『莊嚴』二字）房宇，方得安心。分別功德論：天須菩提開（原注：『開』疑『聞』。）說麤衣，不肯入道，索諸寶舍。佛令借王一切供具，比丘受用，一宿得道。佛言：當知悟道在心，（七一五頁下）不拘形服，自今已去，須者開之。上雖通開，不為養報，如來出世，為除我本。如持世佛藏，若不為除我倒故，在我法中，不得用一杯之水，一納之衣。為解脫煩惱故者，如涅槃云：雖復十萬，不以為多。行者自量，據位何在。又如母論云：若無戒行，而受衣食，不向地獄者，衣則離身，食便破腹。斯言甚矣，何得自欺！立云：如大集云：破戒比丘，不得受信施如亭歷子。又如佛藏經云：如折一髮為百千分，破戒比丘，尚不能消一分之施，況復

四事供養也。（云云）。景問曰：『迦提之月，既得離衣，亦得離鉢不？』答：『不得。衣有三故，離一餘有二，可得披著，鉢唯有一，故不得離。』」（七一六頁上）

〔一一〕長則下類，別施他人，自即非貯，故全無犯　簡正卷一一：「下品之人，佛開方便，別施他人，自無貯畜之心，故全無罪。」（六八三頁下）資持卷中二：「有無者，法分受淨，物屬自他故。」（二九三頁上）

〔一二〕餘如戒本疏　簡正卷一一：「彼問云：『三衣百一內是受持，何以三衣離宿失受得提，百一離宿不失受但吉？』答：『三衣正制，受通三品。今若離宿，違制罪重，而失受法，百一之衣開於中、下，有違但吉，而不失受。』『若爾，鉢亦是制離宿，何故但吉，不失受法？』答：『衣資用寬，許無暫離，故得提失受。鉢但一用，復有時限，故輕不失受法。』」（六八三頁下）資持卷中二：「下指戒疏，見『離衣戒』。」（二九三頁上）

〔一三〕受衣方法，及以作衣等法　資持卷中二：「本明受持，而指作衣法者，以作如法，方成受故。」（二九三頁上）

〔一四〕衣人異礙　鈔批卷一六：「就此戒中，別緣有六，今約第三緣。人衣異礙中，廣明四礙，及十五自然界，一一解釋。」（七一六頁上）【案】「衣人異礙」，分染礙、隔礙、情礙和界礙。

〔一五〕上之三礙，通界竝有　資持卷中二：「『上』下，示通塞。初，正示。作法自然，一一界中皆具三礙，故云通界並有。」（二九三頁上）簡正卷一一：「謂染隔情三，不論作法及自然。若有此三，皆是失限，故云通。」（六八三頁下）鈔批卷一六：「立明：染礙、情礙、隔礙（原注：插入『隔礙』二字。），此三不開作法界，及十五自然界。若隨有此三，即失衣也。」（七一六頁上）

〔一六〕若論界礙，彼此不通　簡正卷一一：「謂自然作法，彼此成礙，故不通也。就自然中，有十五種，謂僧伽藍界等，各各不相通。若作法中，戒場、小界等，彼此亦別。」（六八三頁下）鈔批卷一六：「立云：此界非彼界，此藍非彼藍，此樹非彼樹，各自別攝，故云彼此不通。此皆是料簡上來四種礙也。」（七一六頁上）

〔一七〕失衣者，僧伽藍裏有若干界　資持卷中二：「『故』下，引證通義。古謂伽藍（二九三頁上）相壞，樹車叢生，故言若干，今意不爾，故注以示之。」（二九三頁中）簡正卷一一：「具如藍相周迊。若無俗來，但出家人遍藍無別界，是名一界。若女等入藍，即多界起，故云若干界也。」（六八三頁下）

〔一八〕**僧伽藍裏有一界**　鈔批卷一六：「立謂：既無三礙，（七一六頁上）但是藍之一界也。」（七一六頁下）

〔一九〕**無上三礙**　簡正卷一一：「五分云：一界者，而於其中得自在往反，謂無三礙故也。」（六八三頁下）

〔二〇〕**比丘脫衣在俗人處，形露，佛令除村**　資持卷中二：「染礙為二，先引制緣。令除村者，即作法。攝衣羯磨所牒，五義出多論。文略一、三。一、聚落散亂不定，衣界是定；三、為除鬥諍。」（二九三頁中）簡正卷一一：「謂律疏中，比丘留衣在村，往取衣時帶解，比丘形露，乃至慚恥，因此白佛。佛言：自今已去，不得置衣在村。若欲結衣界，即須除村。（已上律文）。大德云：村無體，但約男女往來不定，故不許此處着及。後若村去，即許仍舊。」（六八四頁上）【案】此為「染礙為二」之一。

〔二一〕**村有五義**　鈔批卷一六：「一、為除誹謗；二、除鬥諍；三、生嫌疑；四、護梵行；五、聚落是不定，衣界是定。欲明村中有此五過，不得置衣，欲結時除村。言聚落不定者，謂村或時來、或時去也。村中即有男女，於比丘上知前四種之過也。」（七一六頁下）

〔二二〕**即此女人與比丘同處，性相乖忤，多致譏跡**　資持卷中二：「『即』下，次釋制意。女情淫蕩，僧本貞潔，故云乖忤。忤，猶違也。縱不為非，亦生疑謗，故云譏跡。」（二九三頁中）鈔批卷一六：「謂與女人性相翻也。女以染欲為性，當相調哢，令為惡業。比丘常有護戒淨善之心，故曰乖忤。忤者，逆也。是以論中云：女者出家之怨也。古師云：要男女共處名村，不得置衣，若單有女人，但名染礙一門攝，所以多論男女同居名為村也。」（七一六頁下）【案】即下為「染、礙為二」之二。

〔二三〕**同宿、同坐、同行、同住**　簡正卷一一：「並如『九十』中明之。」（六八四頁上）資持卷中二：「『佛』下，總舉諸戒，類顯今制。宿、行各一，坐收屏露，及二不定。『同住』即是除村。」（二九三頁中）【案】「宿」，底本、大正藏本為「室」，據資持釋文及弘一校注改。

〔二四〕**若水陸道斷、澀難等離衣，開無有過**　簡正卷一一：「寶云：謂有八難來塞澀，非情過故，開其不犯捨墮。但失口法，後見衣取，更相受加也。」（六八四頁上）鈔批卷一六：「深云：後見衣時，須更加法。」（七一六頁下）資持卷中二：「引律緣，雖無離罪，不妨失受，故得成礙。『澀』字寫錯，律作『嶮』，難。」（二九三頁中）

〔二五〕寺門外不捉戶鑰　資持卷中二：「引僧祇。彼無勢分，捉鑰有梯，並可入故，反此成礙。」（二九三頁中）簡正卷一一：「門閑，無戶鈎得入。與衣隔絕，即失衣也。若提戶鈎，往會非隔，故不失。」（六八四頁上）鈔批卷一六：「立云：僧祇無勢分故，須捉門屋梁頭也。以與界內連故，故開不失衣也。言戶鑰者，謂既不進房，但戶鑰鈎在手中，即不失衣。（七一六頁下）以開閑自在，欲會即會也。」（七一七頁上）【案】僧祇卷八，二九七頁中。

〔二六〕無十二杭梯　簡正卷一一：「彼云：比丘安衣閣上，比丘下宿，有梯蹬道上下者不失，以僧祇無勢分故。」（六八四頁上）鈔批卷一六：「立明：門戶既閉，更不得進。若有此梯，得登來往，上下會衣，故開不失也。」（七一七頁上）

〔二七〕情礙　資持卷中二：「三文並約心想成礙。」（二九三頁中）簡正卷一一：「謂情意有阻，故名為礙。當部律中，皆約己情礙，彼恐奪衣、惡獸、損命等。」（六八四頁上）

〔二八〕兄弟分齊之處　鈔批卷一六：「案祇云：兄弟分齊處，此名家界。若兄弟二人共一家，於家中別作分齊，兄不聽弟入，弟不聽兄入。若比丘在兄分齊內，衣在弟分齊內，失衣。若語比丘言：『俗人自相違，於法不礙，任意止者。』爾時，隨意置衣，不失。立云：此兄弟雖同宅住，以衣食事業各別故，身在兄家，衣置弟舍則失也。」（七一七頁上）資持卷中二：「僧祇，如後『族界』。」（二九三頁中）【案】僧祇卷八，二九七頁。

〔二九〕多論　簡正卷一一：「彼約王幻等，即據也，情礙彼故。論云：王來入界，施帳幕住，近王左右，作飲食處，大小行處，盡非衣界。」（六八四頁下）

〔三〇〕王來界內　鈔批卷一六：「以王出時，持更唱還，軍兵森然，以妨來往，即曰情礙。王若與夫人相隨，又或染礙。」（七一七頁上）

〔三一〕大小行處　資持卷中二：「論作行來處，即是行路。（或云『便利處』。）」（二九三頁中）

〔三二〕近王左右，竝非衣界，及以作幻、作樂人等入界，亦如王法　資持卷中二：「王臣恃勢，幻術惑眾，樂音蕩情。凡此等人，皆可畏避，故即成礙。」（二九三頁中）簡正卷一一：「樂人入寺，近彼左右得置衣，如王不別，故云『亦如王法』。問：『樂幻等人，不妨比丘往來會衣，何名情礙？』答：『不妨來往，為其樂幻等人，多令比丘蕩逸情懷，亦得名為情礙。』」（六八四頁下）鈔批卷一六：「立問：『王妨比丘來往是情礙，樂幻等人不妨來往，豈名情礙？』解云：『樂幻之人，雖不妨來往，為其多相調拼，容壞梵行，故是情

礙。』濟云：幻謂幻惑，眩亂人心，如玄奘法師入於西國，彼大齊（【案】『齊』疑『齋』。）日作樂。奘古樓上上（【案】次『上』疑剩。）尋於經文。時戒賢論師相喚看樂。奘曰：『去家百萬餘里尋求聖教，情非樂。』戒賢勸觀風化，看亦善矣。即相隨者（原注：『者』疑『看』），乃見幻者，化作一城，名曰尋香城。以西方幻人，傍村尋他飲食之香，而往乞求，（七一七頁上）以作幻相設，故曰『尋香』。其城中有一小兒，將置杵頭，復著一杵柱下，如是相接有無量杵，令此小兒上天去。又約勅云：『慎莫偷其帝釋華果，彼必殺汝。』須臾之間，小兒漸高入青雲中，漸不見之。少時，即見一腳下，又見手下，又見頭下，其行生。主乃言：『此小兒盜天華果，被殺如此。』遂即收取頭、手、足，決（原注：『決』疑『呪』。）云：即變成於小兒，走去如初。又，近見西方幻人，至京中賣驢。其買者，乘驢還舍，明日見是一束草，尋即趁驢主，行至西涼州東界，見本主即撮來。其人即言：『我有田取收刈，將粟還汝。』即待他刈粟打治，量粟准錢，雇車載歸，行到中道，看之盡是砂土也。」（七一七頁下）

〔三三〕界礙　簡正卷一一：「謂衣在自然，身在作法，衣身異處，名為界礙。此但約自然，舍樹多種，身衣二處，並名界礙。」（六八四頁下）

〔三四〕上之三礙，入此二界，通界失衣，竝非衣界　資持卷中二：「『上』下，明異礙。初，明界通三礙。」（二九三頁中）簡正卷一一：「謂上三礙，入作法界，通引法界內失衣，若自然界通自然隨界失衣也。」（六八四頁下）鈔批卷一六：「立謂：作法、自然二界內，若有情、染、隔三，則不得依界護衣，必須隨於身也。」（七一七頁下）

〔三五〕若無三礙，二界各別，通得護衣　鈔科卷中二：「『若』下，別釋自然。」（六二頁上）資持卷中二：「『若』下，正顯界礙。文明各界通護，則顯互望不通。」（二九三頁中）簡正卷一一：「謂無三礙入二界內，二界各自通界護衣。此言通者，約當界說，非謂令（【案】『令』疑『今』。）論。」（六八四頁下）鈔批卷一六：「謂作法、自然二界之內，無上三礙，各各自得護衣也。」（七一七頁下）【案】初，「若無三礙」下；二、「四分云村界」下；三、「此十五種自然界」下；四、「上十五自然衣界」下。

〔三六〕若作法衣界，及自然衣界，比丘於中，不得自在往反，是名別界　資持卷中二：「『五』下，引證。不自在者，謂有三礙。」（二九三頁中）簡正卷一一：「引五分證是名別界，非同衣界，同上之三礙。『入此二界，通失衣者，此乃

是染隔情來礙於界，何故卻名界礙？」答：『有此三事，來礙於界，令界不得自在護衣，則（六八四頁下）眾多界起，故名界礙。若無上三礙，入界通一界護，不名界礙也。」（六八五頁上）【案】五分卷四，二四頁中。

〔三七〕反上同界　資持卷中二：「反上者，謂得自在。」（二九三頁中）

〔三八〕若論作法，下卷明之　簡正卷一一：「法謂作結攝衣界，指下二衣篇說云。」（六八五頁上）資持卷中二：「初文作法語通，此謂結攝衣界。若單攝僧，止屬自然、伽藍界耳。」（二九三頁中）

〔三九〕今明自然，有十五界　鈔批卷一六：「偈言：藍聚場車船，村舍堂庫倉，蘭若井水道，并及於洲界。此十五種，前之十一出四分律；下有四種，餘部明也。四分中，將此十種『自然』（七一七頁下）為一百句，謂：此藍非彼藍，此藍非彼樹，此藍非彼場，此藍非彼車。如是等，得十句。須將樹為頭，亦得十句。如是平（原注：『平』疑『互』。）將為頭，各得十句，合成一百。『其律文既有十一个界，那只約十界作百句者？』答：『蘭若一界，律中離在後明，故不入數也。（云云。）所以須作百句者，阿圻（原注：『阿圻』二字未詳。）故須作也。人情意謂，此彼俱藍。人在彼、衣在此，應不失衣。恐有此執，故須言此藍非彼藍等。餘句例然。」（七一八頁上）資持卷中二：「體別相同，故合明之。」（二九三頁中）【案】本節資持科文為二：一者，「今明自然」下；二者，「此等諸」下。

〔四〇〕僧伽藍界　簡正卷一一：「梵語『僧伽藍摩』。」（六八五頁上）【案】此引四分本宗明十一種，後文「次明不足者」下明他部四種，即十二道行界、十三洲界、十四水界、十五并界。

〔四一〕村界　簡正卷一一：「村，聚界也。」（六八五頁上）

〔四二〕周市垣牆、柵籬、籬牆不周，四周有屋　鈔批卷一六：「立謂：藍、村二界，各垣墻、柵籬，四物為相。故十誦名句（原注：『句』疑『曰』。）『可分別聚落』，即此村界是也。謂四相若周，名可分別也。無覆曰垣，有覆曰墻；又云：高者曰墻，低者曰垣。木作曰柵，竹作曰籬。籬墻不周四周有屋者，立謂：但有其屋，而無籬等圍遶，名不周也。有人云：四周有屋者，謂若無垣墻等四相，但四周有屋，亦成僧、村二界之相也，故言四周有屋。（此解順文大好）。」（七一八頁上）

〔四三〕此等諸相不周，伽藍相壞，樹、車等界叢生，故云「若干界」　鈔科卷中二：「『此』下，顯同別。」（六一頁下）資持卷中二：「引古中，先出彼意。『此』

下奪破。既云相壞，則非藍村。」（二九三頁中）簡正卷一一：「謂律文云不失
衣者，僧伽藍裏有一界。失衣者，僧伽藍裏有若干界。古師妄釋云：此等諸相
不周，謂四面無牆及離柵等，即藍相壞也。樹車等界蘙生等者，藍相既壞，其
中有樹便名樹界，或有車等亦名車界，故云『若干』也。此是別界。」（六八
五頁上）鈔批卷一六：「立云：此是故師義也。言僧伽藍裏有若干界者，此是
律文。古師解云：謂四相不周，名藍相壞，中有樹車等界則起，明若干界也。
今宣意不然，謂：四相若不周，本未名藍，（七一八頁上）何得言藍壞？其中
樹、車等，但是別界，豈名藍裏有若干界？律言『若干界』者，上『三礙』耳。
若藍界中，有此礙，比丘不得自在往返，故名藍裏有若干界也。案首疏云：文
言僧伽藍有一界者，謂籬牆周遍，是名一界。若不周遍，彼此房樹，勢不相
及，故令明之。」（七一八頁下）【案】「此等諸相不周」下分二，本句為初；
「今言若干界者」下為次。

〔四四〕**此止是別界，不名僧、村二所**　鈔批卷一六：「從此已下，是鈔主正破古師義
也。僧、村界四相，不名僧、村之界，其中樹車等自立，故曰止是別界也。古
師解，僧村中有若干界者，是樹、車等也。今鈔解若干者，是『三礙』也。然
雖破古師義，古師義亦有道理。」（七一八頁下）簡正卷一一：「今師破也。意
道：若伽藍相周，樹車諸界，則改名不顯。必藍相壞，則無伽藍界相。其間有
車界等，但號樹車等界，各自衣別識名何處？更云僧伽藍裏有若干。若周則失
別，不周則失總。二不得俱，故知非也。」（六八五頁上）資持卷中二：「樹車
自立，故云別界。疏云：若缺非藍事，同空野是也。」（二九三頁中）

〔四五〕**今言若干界**　鈔科卷中二：「『今』下，示今正解。」（六一頁下）簡正卷一一：
「『今言』等者，鈔主自擇也。謂約藍中有此三礙，比丘不得自在往返，故云
藍裏有若干界也。」（六八五頁上）【案】此為「此等諸相不周」下二之二。

〔四六〕**乃至舍屋、尼寺、聚落、重屋、車乘、場、露地、道行界亦爾**　資持卷中二：
「『乃』下，指例。舍屋、總倉庫等。尼寺即伽藍。餘相可見。（二九三頁中）
三礙同別，並同藍村，故言亦爾。」（二九三頁下）簡正卷一一：「示准上藍，
有三礙則失衣，無則不失，亦如是也。」（六八五頁下）鈔批卷一六：「立明：
右尼寺等中，還依院相護衣。若衣若有三礙，不得往返，則失也。言屋舍者，
眼目之異名，北人呼屋為舍，南吳喚舍作屋。准祇文，此屋舍界，壁四面外，
各得二十五肘，是衣界體。若准四分，則有勢分。」（七一八頁下）

〔四七〕**與人等，足蔭覆加趺坐**　資持卷中二：「與人等者，示高量也。蔭趺跌者，即

廣量也,此相極小。」(二九三頁下)簡正卷一一:「與人等者,起不礙須也。足蔭覆等者,足得蔭晚覆身也。此但明小相者,齊此陀舉最小之相。若滅此,即不可。」(六八五頁下)鈔批卷一六:「立明:樹如人高,起不得礙頭即得。約此護衣,此舉極小者為言。謂身在下坐,各枝葉所得蔭內得容身者,即得護衣。且約獨樹,但得依樹。(七一八頁下)若有異樹,相接不斷,中間不見天日者,即得通護一俱盧舍也。」(七一九頁上)扶桑記:「加趺坐,婆沙曰:『是相圓滿,安坐義也。』以兩足趺加,致兩胜如龍盤結。」(二〇二頁下)【案】「等」即「相等」。

〔四八〕**如此樹相已上,乃有衣界可護** 資持卷中二:「已下,非用,故注示之。」(二九三頁下)【案】「已上」即樹高於人,「已下」反之,故不可用之。

〔四九〕**不相接樹** 簡正卷一一:「四面枝葉不連也。」(六八五頁下)

〔五〇〕**取日正中時陰影覆處** 簡正卷一一:「辨護衣戒體也,文相可知。有人解曰:樹若當道,若依此樹護衣,衣須掛向枝上,不得在下地上,謂樹界劣、道界強,拾故失也。此全未見理,妄曆茲言。但依文中,十誦所解,樹影覆處,護衣即得。」(六八五頁下)

〔五一〕**若相接樹** 簡正卷一一:「玄云:不相接樹是樹界。」(六八五頁下)

〔五二〕**一拘盧舍** 簡正卷一一:「一俱盧舍,正辨界體也。」(六八五頁下)資持卷中二:「拘盧舍即二里。」(二九三頁下)

〔五三〕**日正中時,影覆處,同上** 資持卷中二:「樹取影覆,隨時大小。」(二九三頁下)

〔五四〕**若樹枝偏長,衣在陰頭,人在樹根,亦不失衣** 簡正卷一一:「『偏長』等者,只是一樹,於中或有一枝稍長,此枝雖長,諸枝一丈、二丈,由是此樹界也。」(六八五頁下)鈔批卷一六:「立謂:或一丈、十丈,皆得護衣。」(七一九頁上)

〔五五〕**衣在林中,十四肘中不失衣** 資持卷中二:「林無限齊,故約肘量。十四肘,計二丈五尺二寸,得四步餘尺二。」(二九三頁下)鈔批卷一六:「此約極小之林,有四樹相接也。」(七一九頁上)

〔五六〕**此林有人來往,無衣界,應隨身,不隨者失** 簡正卷一一:「有女人等,即非衣界。」(六八五頁下)鈔批卷一六:「立謂:有男女樂幻別人等,在林中則有情、染礙起,不得約林而護,故曰無衣界。」(七一九頁上)資持卷中二:「謂有礙也。」(二九三頁下)

〔五七〕**大林無難**　<u>資持</u>卷中二：「『上』下，會通，律、論林相不同。難即是礙。」（二九三頁下）<u>簡正</u>卷一一：「上是大林，又復無難，拘盧舍也。」（六八五頁下）<u>鈔批</u>卷一六：「<u>立</u>謂：無三礙起，故曰無難。大林者，齊一拘盧舍，小林齊十四肘，此限定也。若林減十四肘者，但得隨體大小，不得依十四肘為量。為林體大於十四肘，復狹拘盧者，則不得依體大小便，但依十四肘也。若林體大於一拘盧者，不得依林體，但齊一拘為限。」（七一九頁上）

〔五八〕**者**　【案】底本為「是」，據<u>大正藏</u>本、<u>貞享</u>本、<u>敦煌甲</u>本、<u>敦煌乙</u>本及<u>弘一</u>校注改。

〔五九〕**勢非廣及**　<u>簡正</u>卷一一：「曰樹之勢所覆不廣，約無難說。」（六八五頁下）<u>鈔批</u>卷一六：「<u>深</u>云：此四分文，且舉小林之量，計有十四肘也。非謂林界唯只得若干肘也。必若無難，依前<u>十誦</u>，一拘盧舍為體。今此舉四樹，就極小言之。若減四樹，止得名樹，不得稱於林也。」（七一九頁上）

〔六〇〕**蒲萄蔓架，一切瓜瓠等架，各四相取二十五肘，名衣界**　<u>簡正</u>卷一一：「謂於架中央四面，各取二十五肘為自然衣界體，謂此蒲桃等架，猶若小林勢非廣及故，於內約肘數也。」（六八五頁下）<u>鈔批</u>卷一六：「<u>立</u>謂：蒲桃是蔓草生也。<u>祇</u>中，言各架外，四面取二十五肘，為自然衣界體。（七一九頁上）非謂令架量齊（原注：插入『齊』字。）也。若<u>四分</u>，但各外得十三步勢分，下樓閣等；亦得齊柱外，取二十五肘為衣界體。案<u>祇</u>云：樓閣梯道外，各得二十五肘，為衣界。樹界各去樹葉外，得二十五肘名衣界。若比丘置衣樹下，過二十五肘外乃失，一切蔓架外，各二十五肘為衣界。若著衣在蔓上，身在下宿，或衣在蔓下，身在（原注：插入『在』字）上宿，皆失。若繩連著，身方不失。」（七一九頁下）<u>資持</u>卷中二：「蔓即藤蘿。二十五肘，計四丈五尺，得七步半。四面取之，則相去十五步。此據極廣，以量約之。狹則隨架大小。」（二九三頁下）【案】<u>僧祇</u>卷八，二九七頁上。

〔六一〕**若衣在樓、樹下，身在上者，失衣**　<u>簡正</u>卷一一：「<u>了疏</u>云：<u>波闍延多樓</u>，此云『<u>勝德</u>』，是<u>帝釋</u>樓，高一千由旬，<u>剡浮</u>樹，高一百由旬。此之樓、樹，取雨滴所及處是界所以。衣在上、身在下，界內宿不失衣。所以爾者：一者，以上落下故；二、不為人偷故。若身在上，反前二義，故不可也。」（六八六頁上）<u>鈔批</u>卷一六：「謂衣在樓、樹下，身在上，何故失？由衣在下，忽有情染等礙，故失也。若身在下，衣在上，則不失。此言未了，下更決通。謂今言如是者，皆約先未有難故也。必若先有難，人衣手（原注：『手』疑『互』。）在

上下者，俱失。立云：由身在上、衣在下，恐有三礙，冥然失也。」（七一九頁下）

〔六二〕若衣在上，身在樓樹下，不失，以上得落下　鈔批卷一六：「立明：衣得落下，身得上取，以自在故，故不失也。其樓、樹大小者，如帝釋樓一由旬得也；樹大如閻浮樹，高百由旬亦得也。」（七一九頁下）資持卷中二：「引了論，正取樹相，樓是相因。上落下者，言有此義，不必須落。」（二九三頁下）

〔六三〕場界　鈔批卷一六：「立謂：依祇，場外得二十五肘。四分有勢分也。」（七一九頁下）資持卷中二：「場界隨處，故不明量。」（二九三頁下）【案】四分卷六，六〇三頁下。

〔六四〕村外空靜處　簡正卷一一：「謂若在村內，即沒名不彰。若論護衣，即隨場大小是也。」（六八六頁上）

〔六五〕竝俱在陸地　簡正卷一一：「此約住車也。」（六八六頁上）資持卷中二：「車無入水，何須簡陸？據義，合云俱在地住，言相方顯。」（二九三頁下）

〔六六〕若車船迴轉處，此但明住車　資持卷中二：「初，明住量。迴轉，取周圓內地。」（二九三頁下）簡正卷一一：「正辨護衣界也。謂衣在車船中，身在（【案】『在』後疑脫『車船』二字。）。但住迴轉，內外不失。」（六八六頁上）鈔批卷一六：「此明俱在陸地。又復住者，故約迴轉處也。衣在車船中，身在船車，迴轉限內不失。（七一九頁下）向若船在水中，出船即失，由水界別故。案祇律云：陸地，船及住車，比丘置衣船上，離船過二十五肘失衣，內則不失。」（七二〇頁上）

〔六七〕前車向中車杖所及處　資持卷中二：「『十』下，明行量。」（二九三頁下）資持卷中二：「初，明行車。約多車相接為言。杖所及者，杖即駕車人所持。」（二九三頁下）鈔批卷一六：「此人乘車牛，盡不騎牛背，但車上坐，以杖打牛。今約此杖，有眾多車，前後共行。或身在前車、衣在後車，但車車相望，牛杖相及，名為一界，不限多少。縱人衣互隔千車，但中間無難，皆名衣界。」（七二〇頁上）【案】十誦卷五，三三頁上。

〔六八〕載船水中，有多住處，若自在往反，不會無犯　資持卷中二：「『僧祇』下，明行船。多住處者，即一船中前後各據也。」（二九三頁下）簡正卷一一：「准祇第八云：比丘與外道同船，別有住處，外道住處堅牢，持衣寄彼宿不？有外道，聽。自在往返者，不會不犯，謂情不礙。今上江船，有多房尸置衣犯，不准（六八六頁上）此量也。」（六八六頁上）鈔批卷一六：「如大驛馬，及餘船

舫等上，有多男女，同上比丘得自在往返，衣則不失。若有情、染等礙，則失。僧祇第八云：若比丘浣衣，於船上曬，風皷盡向外者，犯。若半在船內，半在船外者，尼薩耆。不截故盡捨，是名船界。」（七二〇頁上）【案】僧祇卷八，二九七頁中。

〔六九〕舍界　鈔批卷一六：「立謂：是獨屋，無別院相，其院相外開勢分也。」（七二〇頁上）【案】「舍界」文分二：初，「四分」下正明舍界；二、「對一舍界」下。

〔七〇〕此謂村外別舍　資持卷中二：「即今田野間草舍之類。」（二九三頁下）簡正卷一一：「今師約文以明此舍，今在村外。若在內者，即村強舍弱，沒名何顯，故云村外。既辨村外曰舍，因此辨村，與聚同異。」（六八六頁下）

〔七一〕若據「村、聚」相，後當廣說　鈔批卷一六：「近指下文，三行許之。善見『無市云村』及多論四句是也。」（七二〇頁上）

〔七二〕若樓閣梯隥道外二十五肘　資持卷中二：「『僧』下，明量。先準僧祇，樓閣取梯橙外。」（二九三頁下）鈔批卷一六：「立謂：樓閣四面，四壁外面各得二十五肘竟。今齊梯車根下，更得二十五肘，謂隨梯車所安之方，得二十五肘。餘無梯車面不得。今言道外者，（七二〇頁上）齊梯車下已外，名為道外也，梯車只是踏道也。齊梯車根，四面得二十五肘也。此梯從閣外安也。（重就立決之爾。）景云：唯梯橙外一邊，不通三面也。」（七二〇頁下）簡正卷一一：「彼云：重舍即樓閣也。」（六八六頁下）【案】僧祇卷八，二九六頁中。

〔七三〕據明內為言　資持卷中二：「次約本宗。倉庫據四周內。」（二九三頁下）鈔批卷一六：「謂齊柱內也。對上，祇文云：壁外更得二十五肘，是衣界體。四分唯許壁（原注：『壁』疑『計』。）內。二文不相同，對出也。言明內為言者，戶限之內，名為明內。戶限之外，即曰明外也。」（七二〇頁下）簡正卷一一：「庫倉界即據明內為衣戒體。（明內則壁內也。）」（六八六頁下）

〔七四〕兩無，任得　資持卷中二：「二律不出舍界正量，故云『兩無』。今準用別界，隨人取舍，故云任得。（有云：無四障依僧祇，有則取四分。）」（二九三頁下）簡正卷一一：「謂四分舍界，但有其名無他。僧祇二十五肘護衣之相，又無倉庫界明內之言。闕此二量，故曰兩無。今於二中，住取一種，為此舍界護衣之體，故云任得。更有非解不錄。」（六八六頁下）鈔批卷一六：「立謂：僧祇無四分庫倉之勢分。四分無僧祇樓閣外之二十五肘。今欲道行俱得，故曰任得。景云：兩無任得者，僧祇有樓閣、無庫倉，四分有庫倉、無樓閣。僧祇欲取四分庫倉亦得，四分欲取僧祇樓閣亦得，故曰也。自意云：四分雖明內為言，然

有勢分，僧祇外得二十五肘，今欲依四分勢分，不取祇二十五肘，此是一無亦得。若欲取僧祇二十五肘，無四分家勢分，復是一無亦得，故曰『兩無任得』。謂一邊無勢分，一邊無二十五肘，故曰『兩無任得』。」（七二〇頁下）

〔七五〕對上「舍界」，因解聚落　簡正卷一一：「前文云『村聚相後廣說』，正指此文也。謂上明舍界，四分但有其名不辨舍之所在。今師以義判云：村外別舍，與朱（【案】『朱』疑『未』。）知村聚之相同異，云何因此便明聚落差別也？」（六八六頁下）鈔批卷一六：「立謂：四分直明舍界，不云聚落。然復聚落與家，若為因景（原注：『因景』疑『同異』。），故准多論四句分別。」（七二〇頁下）資持卷中二：「若據村聚，合在初明。但舍在聚外，故須對顯。復由舍聚二界相濫，寄此辨之，故云對上因解也。」（二九三頁下）

〔七六〕四分云「村界」　資持卷中二：「聚落中。初文，四分村聚，名相不別。」（二九三頁下）簡正卷一一：「律中但有村名（六八六頁下），不辨如何得名為村，何者不名村等。下引外部辨相也。」（六八七頁上）【案】「四分」下分三：「四分」下，明聚落；二、「十誦舍界」下，明別舍；三、「多論重」下，重舍。初又分二：初，「四分云」下，通簡名體；二、「聚落者」下，別明分齊。

〔七七〕無市云「村」，有市名「聚落」　簡正卷一一：「見論解也。彼云：四相院落周備謂之『村』，人民共居復呼為『聚』。落者，還約雕落得名，即知村與聚，外相無別。所言市者，說文曰：雜性共聚交易之處。既知聚已，於其聚中，更有其家兩異。」（六八七頁上）資持卷中二：「善見約市，且分名異，至論護衣，相亦無異。」（二九三頁下）

〔七八〕薩婆多論，四句相對　簡正卷一一：「次引多論，相對得名。若不相對，沒名不顯。」（六八七頁上）資持卷中二：「多論四句聚止，一家則依聚界，多家即從家界。須此簡異，方無相濫。」（二九三頁下）

〔七九〕是聚非家界　鈔批卷一六：「立云：有兩聚落，其聚院閣（【案】『閣』疑『圓』。），狀如兩京坊也。（七二〇頁下）二個聚中，各有一家，今則依聚得護衣也，不須依家。沒卻家名，但得依聚，故曰『是聚非家』也。晨云：二聚各有一家，但名聚落，不名家界。所以然者，若各有兩家，相對名聚。既無別家相對，故不名聚也。有人云：言聚者，約院相周圓；若言家者，約張王之別也。」（七二一頁上）

〔八〇〕是家非聚　簡正卷一一：「謂有崔、虞、李、鄭等，多家相形，與得家名，以無異聚相對，故不名聚。」（六八七頁上）鈔批卷一六：「立謂：唯有一聚，無

別聚相形，但名家也。夫以聚者，要有二聚相形待，故得聚名也。今此則依家護衣，由聚既大，中有兩張、王等家，恐有情染礙等。今依家護衣，不得依聚，沒卻聚名，故曰『是家非聚』也。」（七二一頁上）

〔八一〕**聚落有二，各多家是**　鈔批卷一六：「立謂：有兩聚落，相對之中，各有多家，但得依家護衣也。」（七二一頁上）簡正卷一一：「以有兩聚相對，與得聚名。兩聚之中，各有多家，多家相形，復得稱。」（六八七頁上）

〔八二〕**人民共住，名聚落界**　資持卷中二：「定名中，『共住』即聚義，『落』猶居也。今此通釋，不取見論，約市兩分。聚界中，分二。」（二九四頁上）簡正卷一一：「通與言之，但約人民共住，得聚落名。反顯前善見論，文約有市無以論，全成狹局。若約家者，唯局一姓，父子孫姓，同董（【案】『董』疑『聚』。）共居。如前明也。」（六八七頁上）【案】「聚落」下分二：初，「聚落」下；二、「僧祇四聚」下。資持解中，聚界分二，即「別界」和「同界」。十誦卷五，三二頁中。

〔八三〕**別界**　鈔科卷中二：「多論顯相（三）：初，聚界；二、家界；三、族界。」（六二頁下）簡正卷一一：「謂前雅（【案】『雅』疑『雖』。）名明家聚兩別，然護衣之相未知，須知同別二途，次當辨也。」（六八七頁下）

〔八四〕**雞飛不及**　資持卷中二：「別界，文列三相，隨一為準。論約中人射箭，不近不遠，此謂聚外分齊，內是一界，外為別界。」（二九四頁上）簡正卷一一：「謂顯此界正體也。盡外別有界，皆名別界。雞是家舍屬人，飛不及處，即屬別人之界也。若護衣者，人衣不得互離，此雞飛之外，即失衣也。」（六八七頁下）鈔批卷一六：「立謂：以是勢分外，故名別界也。案多論第四云：聚落有一界，亦有別界。相接聚落，是名一界，不相接聚落，是名別界。言不相接聚落者，雞飛所及處，箭射所及處，慙愧人大小行處，分別男女處。若聚落只有一家，比丘身在家內，衣在箭射所及處，或衣在家中，身在箭射所及處，皆不失。若聚落有多家，衣在家中，身在箭射所及處等，別失衣，（七二一頁上）以家界別故。」（七二一頁下）

〔八五〕**同界**　資持卷中二：「同界中又二：初至『亦爾』，即『是聚非家』；次，『若眾』下，即『是家非聚』。」（二九四頁上）

〔八六〕**四邊聚落，各有一家**　資持卷中二：「初中，前約多聚連接。」（二九四頁上）簡正卷一一：「此約四聚相延，雞飛及內，是同界也。彼論更有二邊聚落，鈔略不明。或可但舉四聚，辨內自舍，二聚例之。」（六八七頁下）鈔批卷一六：

「多論第四云：言相接聚落者，四邊有聚落，以十二桄梯，四向到墻上，得登出入，身在梯根下臥，置衣在四聚落，則不失衣，梯四向相接故。此亦約四个聚落，各止有一家，衣隨在一家內，故不失衣。若聚落有多家，衣在家內則失衣。又聚落中，雖有一家，若無梯橙，衣在四聚落，則失衣，以不相接故。」（七二一頁下）【案】多論卷四，五三〇頁中。

〔八七〕**若有車、梯，迴轉相及**　鈔批卷一六：「言車者，論又云：復有相接聚落界，如兩邊有聚落，中間有道，容車行來。若車軸兩頭，到聚落，以衣著一頭、人在一頭，設在車上俱不失衣，以車連接故。設聚落止有一家，以衣在一家內，身在車上臥，亦不失衣。若無車者，不成相接，則失衣也。」（七二一頁下）扶桑記：「相及，通釋：以四梯四向到著四聚，成一界。若或籬不相及者失衣，唯以有一梯，非四聚皆通也。」（二〇三頁下）

〔八八〕**聚落止有一家**　資持卷中二：「『聚』下，次約一聚通護。初明家外不失，以通聚故，如注所顯。」（二九四頁上）簡正卷一一：「以衣在家內，身在家外，車上梯下，臥不失衣。若無車梯，不得往來自在，故失衣也。」（六八七頁下）鈔批卷一六：「深云：此為屬前多論四句中第一句也。若衣在外，身在家中亦爾者，謂翻上句也。謂身在家中，衣在車梯上者，亦不失之，故曰亦爾。」（七二一頁下）

〔八九〕**車梯上下臥，不失衣**　資持卷中二：「論作『車上梯下』。」（二九四頁上）

〔九〇〕**無別家可對**　簡正卷一一：「既言一聚，止有一家，即無別家可對。論其車梯迴轉相及，但明持炎（【案】『炎』疑『衣』。），出入即不失也。」（六八七頁下）【案】多論卷四，五三〇頁中。

〔九一〕**若自然界內**　簡正卷一一：「謂曰（【案】『曰』疑『四』。）聚內，或一聚內，是自然衣界外，箭射、鷄飛及處是一。同（六八七頁下）一界人衣互，內外皆不失，以同一界無隔礙故。」（六八八頁下）資持卷中二：「即聚外分齊。」（二九四頁上）

〔九二〕**若衣在外，身在家中，亦爾**　資持卷中二：「『若衣』下，互反。上義並同不失。（上並多論初句。）」（二九四頁上）

〔九三〕**若眾多家，衣在家內，身在梯、車下，失衣**　鈔批卷一六：「佛（原注：『佛』疑『眾』。）多家故，情見不同，各有分齊，又是情礙，或容染隔，故即失也。深云：此句屬前多論第二句也。」（七二一頁下）資持卷中二：「『是家非聚』中。以多家界別，不通聚故。（即前二、三兩句。）」（二九四頁上）簡正卷一

一：「『若眾家』下，謂前約曰聚，但各一家。今若有多家，設有車梯失衣，以有情礙故。」（六八八頁上）

〔九四〕**家有一界、別界**　資持卷中二：「別界不通，即為族攝。同界通家，故是本位。」（二九四頁上）簡正卷一一：「自論同、別。一家兄弟，未分同一事業，名『一界』。分張畢（原注：『畢』疑『異』。）食業者，名『別界』。」（六八八頁上）鈔批卷一六：「立云：兄弟未分，同一事業，是名『一界』。若兄弟分張，異食異業，是名『別界』，即諾此『別界』以為『族界』。」（七二二頁上）

〔九五〕**族亦有一界、別界**　鈔批卷一六：「然族界復有『一界』、『別界』。以兄是一族，住處各別，不相關涉，是名『一界』。言『別界』者，謂兄弟雖不同食，而同造食處、取水處、大小便處，由其各共來往，故此取水等處，是若干界，若置衣、取水處，而身在別房，即失衣也，故言『別界』。或大小行處，衣在族家內，皆失衣也。故下文云：若在二處皆失衣，即斯義也。以其身在井邊、衣在家中，名為二處也。族亦有一界別界者，景云：雖有多人以同衣食故，是『一界』。言別界者，景云：雖同一處住，以分各故，衣食不同，即是若干界也。雖復不同，而同造食處，取水處等，以多家來往取水等處，即名『別界』。若在二處，皆失者，身在族家內，衣在取水等處，故曰也。」（七二二頁上）

〔九六〕**各有住處，是名一界**　資持卷中二：「謂一家中，別族分齊。別界有二：初作食等，即眾共處；次二處者，即異族處。」（二九四頁上）

〔九七〕**若在二處，皆失衣**　扶桑記：「彼云：衣在一族，人在異族，則失衣。」（二〇三頁下）

〔九八〕**僧祇**　鈔科卷中二：「『僧』下，約多聚明同別。」（六二頁下）簡正卷一一：「此文大意：前來引十、多二文已，約聚落內外分別竟。若准聚落外，曰界相接。身衣在此曰相接，界中失不之相，未曾明委。今別（【案】『別』疑『約』。）僧祇曰筒（【案】『筒』疑『簡』。）聚落外界，相接於曰外，身衣異處，失不之相。又引十、多，二界上臥，類同上義。（上建大旨。）」（六八八頁上）【案】僧祇卷八，二九七頁下。

〔九九〕**四聚相接**　簡正卷一一：「大德云：『鈔中明相之語，正約祇文，結犯分齋，非曰關分限約之文。謂彼律通夜，護衣結罪，無依明相。若衣若夜分曾會衣竟，明相現時來則不犯。若夜分不到衣所者，當時未結離衣之罪，亦須明相出時，方結犯也。故彼文云：日光未沒時去，明相出（六八八頁下）時，尼薩耆。又

准戒疏引祇二句：一、食界，比丘初夜入中即犯；二、衣界，若夜不至，衣夜未結罪明出，方犯。故知彼衣寬食急食，即當下結之衣，乃明相始犯。今鈔文有『明相』字者，是依彼宗釋結罪時節，諸家不達此義，但見『明相』二字，錯認為四分限約非之矣。」（六八九頁上）鈔批卷一六：「案之四聚落界相接，比丘衣枕頭臥，比丘頭在一界、兩手各在二界，腳在一界，衣在頭底。衣離頭者，失衣。若車於此四界上位（原注：疑『位』『住』。），車枙在一界，車後在一界，左輪在一界，（七二二頁上）右輪在一界，若置衣車前，身車後宿；置衣車後，身車前宿；置衣車左，身車右宿；置衣車右，身車左宿；皆失衣也。」（七二二頁下）

〔一〇〇〕明相出，衣離頭，犯捨　資持卷中二：「以起時身在別聚故。（不同多論，車梯所及。）」（二九四頁上）扶桑記：「此三字本文無之，鈔主義加。」（二〇三頁下）

〔一〇一〕舍界　資持卷中二：「別舍中。十誦舍界，名濫四分，顯相自別。」（二九四頁上）

〔一〇二〕門屋　資持卷中二：「門屋等，即眾處。」（二九四頁上）簡正卷一一：「正辨分齋也。」（六八九頁上）

〔一〇三〕同見、同論　鈔批卷一六：「『見』謂九十六見，是外道所執也。『論』謂外道之論，四圍陀等論也。」（七二二頁下）資持卷中二：「『若』下，明同見。以情同故，彼此通護。」（二九四頁上）簡正卷一一：「同見者，謂有一類外道，同是空見，或同有見，亦有亦無，非有非無。於此同中，但同一見，是名『同見』。同論者，有一分外道，同是言論等，名為『同論』。」（六八九頁下）

〔一〇四〕若諸戲笑人，遊行營處，如前取水處等　鈔批卷一六：「立謂：比丘外道舍，彼雖同見同論，各有作幻人，樂人國王來往遊行，此中則是情礙失衣也。取水處等者，如前族界所明也。以取水等處，有眾多異見、異論，外道來往，此處則是別界，故失也。若同是一見外道，取水處等不失。」（七二二頁下）資持卷中二：「戲笑人，謂諸伎藝人所戲翫者。遊行營者，往還暫寄都聚之舍。」（二九四頁上）簡正卷一一：「若依約作樂人等，來往遊行經營。住處於中，即有同別界。」（六八九頁下）

〔一〇五〕若同屬一主，不犯　簡正卷一一：「謂戲笑人，部黨雖多，與同屬一主衣食，並同隨所置衣，不失。謂上失者，是情礙也。屬主若多，情必不一，故有礙故。」（六八九頁上）資持卷中二：「辨犯不犯，大同外道。」（二九四頁上）

〔一○六〕**此謂情礙** 扶桑記：「此住通外道舍，及遊行營處，異見異主為情礙。若同見及一主，彼此通護，故非情礙。」（二○三頁下）

〔一○七〕**重舍屬一主，人衣互上下重，不失** 資持卷中二：「重舍中。亦約主之同別，辨失不相。」（二九四頁上）簡正卷一一：「重舍者，謂是樓閣也。」（六八九頁上）多論卷四：「重閣舍者，若衣在上重，人在下重，舍屬一主，不失衣。若舍是異主，衣在上重，人在下重，衣在下重，人在上重，則失衣。若衣在下重，人在中重，若衣在中重，人在下重，若衣在上重，人在中重，若衣在中重，人在上重，則不失衣。以中間相接相通故。」（五三○頁下）

〔一○八〕**上竝四分無文，理須通允** 鈔科卷中二：「『上』下，結示。」（六二頁中）鈔批卷一六：「立謂：從上舍界，已上諸許處（原注：『處』疑『件』。）文，非四分有也。雖是他部之文，理須通用。允者，信也。」（七二二頁下）資持卷中二：「允，猶用也。問：『四分村界，與此何別？』答：『若據相論，村局四相，聚通分齊。若就名論，村聚不別。又村唯一相，聚通多處。』」（二九四頁上）問：『此門所明聚家等界，十五種中，歸何所攝？』答：『此即總會諸部，廣前村界差別之相。就別，則諸相不同；通論，則皆歸村攝。』」（二九四頁中）簡正卷一一：「問：『上來如許衣界，總是同分，文中何故此言四分無文？』答：『四分雖具有名，然於辨相是無。皆引外部，類例而釋，以為允當。故知此言『無文』者，是無辨相之文也。若一向全無，即同向下四界，通依外部故。』」（六八九頁下）扶桑記釋「村局四相」「村聚不別」「聚通多處」：「謂村局四種院相已內，聚通雞飛不及等三相，謂聚外尚謂界分齊。村聚不別，即男女所居，俱名村聚故。聚通多處，即上諸文出多相故，謂二聚、四聚、家界、族界、外道舍、重舍等多處也。」（二○三頁下）

〔一○九〕**多敞露** 簡正卷一一：「謂一面有壁，三面無壁是。（六八九頁下）……若此堂內護衣，後面有壁，齋（【案】『齋』疑『齊』。次同。）壁即是界。若前面及兩頭無壁，即齋詹際雨滴內中影覆處為界。」（六九○頁上）扶桑記：「謂內空豁，非無障壁。」（二○三頁下）【案】「敞」，底本為「敝」，據大正藏本、貞享本、敦煌甲本、敦煌乙本及弘一校注改。

〔一一○〕**庫界** 資持卷中二：「堂及庫倉，並取限內，義同村相。但事用有別，故分異耳。」（二九四頁中）簡正卷一一：「約明內以辨衣界體也。」（六九○頁上）扶桑記釋「事用有別」：「說院相有無，是事別也。人住、儲畜，即是用別。」（二○三頁下）

〔一一一〕**阿練若界**　簡正卷一一：「然謂迥空野，無有樹林。若有樹處，自成樹界。『若爾，何故律文約八樹中間等耶？』可引注文釋，通云『假以樹量大小也』。」（六九〇頁上）

〔一一二〕**迥在空野，無別諸界，假以樹量大小**　鈔批卷一六：「以空野蘭若處，無似（原注：『似』疑『有』。）分齊，故用樹量，取七弓等也。如虛空無丈尺（原注：『丈尺』疑『分齊』。），以丈尺論於空是也。」（七二二頁下）資持卷中二：「注釋『無界』，恐人錯解無蘭若界故。」（二九四頁中）

〔一一三〕**八樹中間**　資持卷中二：「八樹有七間，一弓有七尺二寸，七弓成五丈四寸，七間計三十五丈二尺八寸。六尺為步，算之五十步，計三十丈，八步計四丈八尺。所餘如鈔。」（二九四頁中）簡正卷一一：「今釋空處，不知幾許為界，假用樹量，實非有樹也。」（六九〇頁上）

〔一一四〕**弓長四肘**　扶桑記：「律云：遮摩梨國作弓法，長中肘四肘。」（二〇三頁下）

〔一一五〕**兼其勢分**　資持卷中二：「更加一十三步，則七十一步四尺八寸，故云有餘。」（二九四頁中）

〔一一六〕**七十有餘**　簡正卷一一：「明此律衣界，八樹七間，計有五十八步四尺八寸，兼勢分十三步，合有七十一步四尺八寸，故曰有餘也。」（六九〇頁上）鈔批卷一六：「礪云：總唯有五十八步半（七二二頁下），擲石及處，是界體故也。不同僧祇七十三步半也。」（七二三頁上）

〔一一七〕**取外部成用**　簡正卷一一：「道、州、井、水，此曰（【案】『曰』疑『四』。）當律名相俱無，全引他意，共成行事也。」（六九〇頁上）【案】上述諸界，均出四分，此下則出他部，以補四分所闕。

〔一一八〕**比丘與師持衣道中行，前後四十九尋內，不失**　鈔批卷一六：「謂弟子為師持三衣，在道行，前後去師遠，即值明相，恐失衣。白佛。佛問：『相去幾何？』令亦得四十九尋者。且約闊大之道，如長安大路，可准此論。若如小道，一邊逼水，一邊蘭若者，但可論縱，不得論廣也。」（七二三頁上）資持卷中二：「初文先明界量，四十九尋，一尋八尺，計三十九丈二尺，總六十五步有餘。」（二九四頁中）簡正卷一一：「弟子為師持三衣在道行，前後去師，遂即值明相，恐失衣。白佛。佛問：『相去幾許？』今（【案】『今』疑『令』。）量之，得四十九尋。佛言：『不失，過是則失。』」（六九〇頁上）【案】十誦卷五，三三頁。

〔一一九〕**縱廣亦得四十九尋，不失**　資持卷中二：「『多論』下，明縱廣。謂從人身四向取也。」（二九四頁中）【案】多論卷四，五三〇頁下。

〔一二〇〕**道中臥**　資持卷中二：「『僧祇』下，決疑妨。道中離犯，似無外量，故約樹蘭，異界決之。」（二九四頁中）【案】十誦卷五，三三頁上。

〔一二一〕**準應身在樹界、蘭若**　鈔批卷一六：「謂今言將衣在道枕頭，起時失衣者，非謂身衣俱在道中也。謂是衣在道，身分在蘭若及樹下等。將衣枕頭，眠起時明出，以界別故失衣。」（七二三頁上）

〔一二二〕**善見**　鈔科卷中二：「『善』下，示別緣（二）：初，使人持行緣；二、『明』下，出入遇難緣。」（六二頁下）資持卷中二：「善見有二：初明不失，人衣同界，起虛想故；『依』下，比例師前入界。資謂界外，不失依止。」（二九四頁中）簡正卷一一：「善見等者，此謂衣在界內，疑心謂在界外，不慮失體故，不失受法也。」（六九〇頁上）

〔一二三〕**律云「失想」，界外為言**　資持卷中二：「『律』下，會異。律中奪失等想，失衣無罪，與論不同，故約界外通之。準後注云：律據失體，論約失受，故失不失異，則不論界之內外也。」（二九四頁中）簡正卷一一：「鈔主簡異。謂律開緣，失受無罪。夫中衣實現在，忘（【案】『忘』疑『妄』。）起想心，謂賊（六九〇頁上）持去，出於界外，決謂失體，作在外心，所以失受。今則不失疑心，恐在界外，不慮失體。衣在界內，冥然不失，明出不犯。」（六九〇頁下）

〔一二四〕**若弟子夏未滿**　資持卷中二：「『若』下，次明失。夏未滿者，以滿五夏，許離依止故，離師犯吉，聽法故開。和尚離衣，益不及他故。」（二九四頁中）簡正卷一一：「寶云：未滿五夏，不離依止非，謂安居未滿，謂此弟子本無離師之心，以貪法味，以法如師，故開無離師罪。師衣在界外故，得離衣罪也。」（六九〇頁下）鈔批卷一六：「謂未滿五夏，以隨師行，遇人說法，心貪聞法，不犯離師罪，但師失衣也。」（七二三頁上）

〔一二五〕**明了論**　簡正卷一一：「論云：善解三衣，六憐愍。諸比丘故，有六因緣，離三衣而不得失衣罪：一、僧羯磨所作。此有二種：一迦絺那衣，僧和合所作；二為遠行及病人，僧和合所作。此二並由和合作羯磨，雖離衣無罪，今合此二為憐愍。二、依他（【案】『依他』明了為『衣地』。）所作。如布薩界，有二種羯磨，光（【案】『光』疑『先』。）結布薩界，後結攝衣界，極大三由旬，令用量也。三、不離所作者。以波闍延樓及剡浮樹，樓高千由旬，雨水滴所及處，是樓樹界，以此例餘，樓樹亦爾。四、垣墻所作。謂伽

藍及舍中轉車方便所顯，如後釋之。五、露地所作。如比丘行路四十九（【案】
『九』後明了有『弓』字。），與度處相對覆地，直身申臂斜衣，各攝一角，
各相及，許不離衣。兩人相逐，一人擔衣，或在前後，忽覺夜曉，看前後擔
衣人相去遠，心疑未知失不，即語持衣人令住，自亦住，令持衣（六九〇頁
下）人倚處一尋一搩，亦弓以弓量度地。四十九弓地，齊此為限，更取三
衣寂長者，斜牽兩角。彼時覆地，直身以腳際向弓頭所及處向此人，人（原
注：『人』上一有『此』字。）亦覆如前人。若相及，不失衣。住處時節（【案】
此即『六憐愍』之六）。所作處度，謂阿練若時，謂夏安居中住處。又恐失
衣，佛令以衣寄餘處，亦夜得離衣宿不失。」（六九一頁上）

〔一二六〕**小便等所偪事，由他加行難，所作憐愍** 資持卷中二：「先引論文，有二緣。
小便等是自急緣，加行是他因緣。」（二九四頁中）

〔一二七〕**此義「轉車界」中廣說** 鈔批卷一六：「了論疏云：言轉車方便者，比丘出界
頭陀，值明不及界，恐失衣，行至寺門數步，不知如何。佛以慈愍故，方便
開之，令取一杖，以隨伽藍用。何等為四相？或塹，或籬墙等，隨其高處，
將此杖量之。若以塹為相者，其塹必有大小淺深：若廣而淺，量廣為量；若
狹而深，量深為量。若籬墙為相者，（七二三頁上）取高處量之。若四相並低
淺，或無墙、塹等相者，可隨界邊有大樹竹等，取極高者，用杖量取高處為
量。以將此杖一頭，置車中央。將車置明相出時身至處。望寺門邊相去之中
間，迴轉此車。若杖一頭及墙院，令此人住昨日明出處，轉車。若杖頭，撥
著此人，則不失衣，不及此人，即失衣。此名轉車方便義也。」（七二三頁下）

〔一二八〕**二人共宿** 資持卷中二：「『又』下，解他加行。」（二九四頁中）【案】「又」
下分二：一、「二人共宿」下；二、「行人意晟」下。

〔一二九〕**許此難** 資持卷中二：「解所作憐愍。作謂興此開教也。」（二九四頁下）

〔一三〇〕**洲界** 簡正卷一一：「水中可居曰州，即今水中沙洲之類。」（六九一頁下）

〔一三一〕**十四肘內，不失衣** 簡正卷一一：「正辨護衣界體，計曰步一尺二寸。」（六
九一頁下）資持卷中二：「十四肘，亦據大者，小即隨處。」（二九四頁下）

〔一三二〕**若有人來往，衣不隨身者，失** 簡正卷一一：「王及作樂人、女人等是。礙
即失衣故。」（六九一頁下）

〔一三三〕**水界** 簡正卷一一：「謂約淺水以辨也。鈔初引見論，據水為言，與陸地別，
衣在岸上，身入水即失。次引祇文，正明淺水。在此水中，不妨行李，故前
後相去，得二十五肘不失衣，是護衣界體，計有七步半也。」（六九一頁下）

〔一三四〕善見云　資持卷中二：「善見、母論，約水陸兩果辨失。」（二九四頁下）
【案】善見卷一四，七七三頁中。母論卷六，八三七頁中。

〔一三五〕水中道行界者，二十五肘　鈔批卷一六：「立云：准祇文也。以是淺水不乘
船，於中洪水行得二十五肘，名衣界體。若深水垂船，船自別界，出船即
失。」（七二三頁下）資持卷中二：「僧祇據水中明量，謂涉水者，船上即屬
船界，故特簡之。」（二九四頁下）【案】僧祇卷八，二九六頁中。

〔一三六〕若船上者，入水即捨　簡正卷一一：「衣在船內，身入水中，即失。此亦據
深水以說也。」（六九一頁下）

〔一三七〕露地井欄旁宿，置衣在二十五肘內　鈔批卷一六：「暠云：此舉置衣井欄傍，
四周一面，各得二十五肘。」（七二三頁下）資持卷中二：「初，井邊宿，則
依肘量。下明『井』字，但依井護，不取外量。」（二九四頁下）簡正卷一
一：「井界者，或置衣在井欄，傍四面，各取二十五肘，計七步半，以為界
體。或井內但齊內面為體，四面更無二十五肘也。要須溜（【案】『溜』疑
『繩』。）連，方免其失。」（六九一頁下）

〔一三八〕垂手繩井中得會衣　資持卷中二：「手繩者，或手，或繩，皆得會也。」（二
九四頁下）鈔批卷一六：「若衣在井內，則不開之，要須繩連，方免失也。」
（七二三頁下）

〔一三九〕窨、窖　鈔批卷一六：「『窨窖』等者，『衣禁』反。北人多為之，屋下穿穴，
暑月入內取涼；或將置飲食，冬日則不凍，夏月則不壞也。」（七二三頁下）

〔一四〇〕此十五種自然界，大小如上　鈔科卷中二：「『此』下，勢分有無（二）：初，
本宗通有；二、『諸』下，諸部不立。」（六二頁上～中）簡正卷一一：「結
也。大小如上者，謂上十五種，皆據護衣界之正體。如，僧村二界，以四相
為體；樹界，取日中影蔭及雨時水不及處為體；乃至井界取二十五肘，或井
內為體。如是大小，並如上文所說。」（六九一頁下）

〔一四一〕若準四分，加於勢分　簡正卷一一：「謂隨上來自然，體外不論大小，一例
加浮（原注：『浮』字原本不明。）勢分，鈔引律文是也，即曰（【案】『曰』
疑『四』。）面各十三步。」（六九一頁下）

〔一四二〕乃至庫藏界　資持卷中二：「初引藍界文。餘十種並同，故云『乃至』等。」
（二九四頁下）

〔一四三〕諸部竝無勢分　資持卷中二：「標云『並無』者，若據了論轉車義，多論簡
射及處等，似是勢分，但不明指耳。」（二九四頁下）簡正卷一一：「謂四分

釋僧界，即無勢分。自然衣界，總有勢分，准（【案】『准』疑『唯』。）此
文獨有。若外宗衣界，並無勢分，但齊戒體，體外即失。如祇文，寺門外不
提戶鈞，即失衣等。可不例解。」（六九二頁上）鈔批卷一六：「首疏云：祇
無勢分，爾何故車杖船等，皆二十五肘者？此是界體非勢分也。士誦亦無。
若爾，何故車界去杖所及處等者？此並是界體，（七二三頁下）本非勢分。
聚落箭所及處等事亦同然。諸部並無，唯四分一律開有。」（七二四頁上）

〔一四四〕善見中無　鈔科卷中二：「初引善見明分齊。」（六二頁下）簡正卷一一：「同
（【案】『同』疑『問』。）：『既云諸部無勢分，見論之中何得有耶？』可引
鈔釋云：『差見（原注：『差』疑『善』。）中無也。』『若爾，何故彼云約不
健不羸人擲石落處等，豈非勢分？』更引鈔答云：『彼有擲石之文，別為除
（【案】『除』疑『餘』。）事等。』」（六九二頁上）【案】「善見」下文分為
二：初，「善見」下；次，「僧祇」下。善見卷八，七二九頁下。

〔一四五〕彼有「擲石」之文，別為餘事　資持卷中二：「『彼』下，引別文。為餘事者，
彼釋盜戒，聚蘭分齊，非衣界故。」（二九四頁下）鈔批卷一六：「謂彼雖明
擲石，非是護衣界之勢分也。以擲石事雖是同，而所為義別。」（七二四頁上）

〔一四六〕諸師評之，一十三步，即以此量十五自然通著　資持卷中二：「『諸師』下，
定量。十三步計七丈八尺。『即』以下，明諸界通塞。問：『作法所以不通
者？』答：『戒疏有三釋：一、有法故無，無法故有；二、自然內外俱是無
法，作法內是有法，外則無法；三、自然是本制故開，作法是開，故不復
開。』」（二九四頁下）簡正卷一一：「謂此將一十三步，通向前十五界體，
四面而著。雖人衣互出在體外，猶是十三步勢分內，亦未失衣，必在十三步
外，即成失也。」（六九二頁上）

〔一四七〕唯不通法界　簡正卷一一：「謂擇衣界，即不通勢分，但心於界體，必須入
須手分，即成會衣。若但在外，亦即不得也。所以爾者？首疏云：有法故
（六九二頁上）無，無法故有。相疏云：開不重開，本結衣界，猶是一開。
若加勢分，大成疏慢，故不可也。」（六九二頁下）鈔批卷一六：「立明：十
五自然，兼開勢分，唯作法攝衣界，則無勢分。問：『等是衣，何以自然衣
界則有勢分，作法之界則無勢分者？』礪答云：『開不重開。』（本制隨身，
今聽結攝衣界，已是開文，何得更開其勢分？）宣答云：有法故無，無法故
有。（作法衣界，是曰有法，故無勢分；自然衣界，是曰無法，故有勢分也。）」
（七二四頁上）

〔一四八〕**僧祇云** 簡正卷一一：「此文為談上來法界無勢分也。准祇云：比丘著上下衣入聚落，有女人語比丘言：今夜欲供養形像，當助我料理，比丘助。日沒，故欲還殷勤百宿。」（六九二頁下）鈔批卷一六：「案祇第八云：比丘著上下衣入聚落，有女人語比丘言：『我今夜欲供養形像，當助我料理。』比丘即初（【案】『初』疑『助』）。日沒欲還，慇懃留宿。若彼住處，諸比丘有長衣者，應暫借受持。若無比丘，有尼，（七二四頁上）亦從彼借。若無者，俗人有衣被，從借作淨，安施紐，然後受持。若無是事，後夜分，城門開者，當疾還寺。莫踰城出，到精舍，門猶未開者，當索開門。若不得開，應住門屋底。若無門屋，應內手著孔中，有二種：若門孔，若水瀆孔。若水瀆孔中，若先內手腳，脫有蛇蝮，應先以杖驚之，然後內手與衣合。若無孔者，應踰垣墻入，應作相，令內人識，莫令內人疑是賊，相驚動也。若不得入，當疾持衣，寧無衣，犯越毗尼，以輕易重故。景云：若不作淨、不安紐，成受持，得失法罪。」（七二四頁下）【案】「僧祇」下分二：初，「僧祇」下；次，「若準此」下。資持六開，見下各注。

〔一四九〕**比丘有緣，至他處留宿** 資持卷中二：「初，開借道眾長衣加受，準應遙捨本衣。」（二九四頁下）

〔一五〇〕**者** 【案】「者」，底本為「有」，據大正藏本、貞享本、敦煌甲本、敦煌乙本、敦煌丙本及弘一校注改。

〔一五一〕**無者，俗人有被** 資持卷中二：「『無』下，次，開借俗物。」（二九四頁下）

〔一五二〕**作淨** 資持卷中二：「作淨謂點壞也。」（二九四頁下）

〔一五三〕**又，無衣者，後夜當疾還寺** 資持卷中二：「『又』下，三、開奔還門外。」（二九四頁下）

〔一五四〕**莫逾城出** 資持卷中二：「西土伽藍多在蘭若，故注中初明至門不失所以。」（二九四頁下）

〔一五五〕**以門屋梁連界內** 簡正卷一一：「謂既不得入，但住門下，以手提（【案】『提』疑『捉』。）梁，即不失衣。以門有南北梁，連於門下，與衣同界，因作四句：一、捨衣，不得罪，謂至異處宿遠，捨衣、借衣時故無罪。二、不捨衣，得罪，至他處宿，但借衣持，不捨本受者，明出後還他衣，不捨受法卻受是衣，得壞威儀者。三、亦捨衣，亦得罪，離宿犯者，以輕易重。四、不捨衣，不得罪，衣不離身。今鈔文前段當初句，後段當第三句。」（六九二頁下）鈔批卷一六：「立謂：既不得進，但住門下，以手捉梁，即不失衣。由彼律文，無勢分故，

故須捉梁。深云：開捉梁者，非作法攝衣界也，但是僧村之界耳。若作法界，要須會衆。立又解云：祇約二十五肘，為衣界體者，此約餘井堂等有之。為（原注：『為』疑『若』。）僧村二界，不開有也。以僧村二界，四相既周故，更無二十五肘。」（七二四頁下）資持卷中二：「『彼』下點部別。」（二九四頁下）

〔一五六〕彼律無勢分，以此為自然界，不同四分　資持卷中二：「『彼』下點部別。」（二九四頁下）鈔批卷一六：「此注有病。若言祇無勢分，故須門下而立，乃至內（原注：插入『內』字。）手孔中。四分既有勢分，則是不須內手於孔者（原注：『者』疑『中』。）。其寺門既閉，（七二四頁下）身在門外，即是隔礙，用在勢分何益？豈以在勢分故，即免失邪也？」（七二五頁上）

〔一五七〕若無　資持卷中二：「『若無』下，四、開身分入界。若無，謂門屋不與界連者，瀆溝也。」（二九四頁下）

〔一五八〕無此孔，應逾牆入，勿令人疑　資持卷中二：「『又』下，五、開逾牆。勿令疑者，當須言告，使人知之。」（二九四頁下）

〔一五九〕若不得入，當捨衣　資持卷中二：「『若不』下，六、開遙捨，明旦犯缺壞，二吉，不至捨墮，故云輕易重也。」（二九四頁下）

〔一六〇〕若準此言，必界內有上三礙，不得外護，必失持衣　資持卷中二：「初明準上急教，以校本宗。雖開勢分，必約無礙，有則同彼。」（二九四頁下）簡正卷一一：「謂雖作此投（【案】『投』疑『促』。）梁，內手門孔中，約內無礙方得。若有三礙，不免失衣，外護不成。若有三礙，衣隨身也。及界外事者，水陸、道斷急難等緣，名界外事，故開怒捨。」（六九二頁下）鈔批卷一六：「立謂：雖作此法，必界中有三礙，猶不免失，謂上令捉梁，據界中無三礙。若有三礙，身在界中，當須隨身。」（七二五頁上）

〔一六一〕界內隔礙等，及界外事　資持卷中二：「雖非內礙，在外有緣亦開捨，（二九四頁下）故寄此明之。」（二九五頁上）鈔批卷一六：「水陸道斷，急難等緣，名界外事，故須懸捨。」（七二五頁上）

〔一六二〕若不作如上三事　簡正卷一一：「一、謂無三礙，須至擲石及處；二、有情染二礙，須手捉衣；三、若有隔礙，要須遙捨也。」（六九二頁下）資持卷中二：「『三事緩急，初，明無礙有勢分；下二，顯有礙無勢分。」（二九四頁下）

〔一六三〕上十五自然衣界，各別不通　鈔科卷中二：「『上』下，強弱相攝。」（六二頁上）鈔批卷一六：「謂彼藍非樹、樹非車、車非船，隨所置衣處，不得相離，故言各別不通也。對此引前，依律百句來，此明亦好。」（七二五頁上）

【案】「上十」下文分為二：初，「上十」下；次，「而村」下。

〔一六四〕**而僧、村二界，攝相義強** 鈔科卷中二：「『而』下，示相攝（三）。初，對僧村明相攝。」（六二頁上～中）資持卷中二：「前明僧村可攝餘界，藍中有村則不相攝。二皆強故。」（二九五頁上）【案】「而村」下文分為三：初，「而村」下；二、「若僧村」下；三、「若互錯」下。

〔一六五〕**雖有樹舍，沒名不顯** 鈔批卷一六：「以僧村四相既周，但得依僧村護衣樹車等，自體不立，故曰沒名也。」（七二五頁上）資持卷中二：「舍，即堂庫等。」（二九五頁上）

〔一六六〕**諸界相望，不論強弱** 資持卷中二：「『諸』下，明餘界自不相攝，互相通涉，故無別勢分。」（二九五頁上）簡正卷一一：「戒疏云：僧村四相，周挃是強。樹車共界，體約不立。餘十三界，各不相擇，故云諸界相望，不論強（【案】『強』後疑脫『弱』字。）。初，然其蘭若一界寂弱，儻有樹車，來此言處，菓若之名，亦不顯矣。若將僧村二界互相望者，玄云強村僧弱。何以得知？故結衣界云『除村村外界』。若無村時，現結怒除，若現有村，現除怒結，故知村強也。（已上取文。）淮南亦云村強僧弱。彼擇曰：若三五僧，在俗家中，但名村界，僧界不起，纔有俗人男女入來伽藍中住，便有村界起，所以律文令除村也。（與前解意同。）法寶云：上之二說，俱非雅當。且如俗人入伽藍中，露地住時，有何四相名為村界？今約義明，但為結人，男女在藍，障礙取衣，不得自在，非是別有村生。律文假令除村，亦是除其妨、難，何處有其村體，以此而量，故知僧村二界相望，並無強弱。」（六九三頁上）鈔批卷一六：「立謂：十五界中，唯僧村是強，能攝樹車等界。其餘十三，皆無強弱，不得相攝。故戒疏云：如樹車等，不論強弱。蘭若一界，不守自性，全是其弱。僧村二界，互兩相形，則俗強僧弱，何以知之？俗人入寺，別有村界，比丘入村，無別藍界。（七二五頁上）礪亦判云：僧村是強，蘭若最弱，以蘭若中有樹車等，則沒蘭若也。諸餘樹車等，全無強弱。准願律師解云：主強客弱，如樹下有車，車則是客，樹則是主，但可依樹。又如場上有船，船客場主，但依場也，如是例餘。此願律師解為勝。」（七二五頁下）

〔一六七〕**樹下有車，別有車界，車外有樹，亦有樹界，無別勢分** 簡正卷一一：「乍觀此文，似有強弱，以樹下有車界占，即車界強；車外有樹，被樹界占，即車弱。今鈔意但取不礙義邊，是無強弱。（此釋有理。）又，樹下有車，車界雖生，而無勢分，以在樹內故，不妨其樹，卻有勢分。若車外是樹，出車屬樹，

更無車之勢分。（六九三頁上）若出樹至車，亦無樹之勢分。若僧村二界下，
明伽藍勢分中。若有樹車等，界則衣（【案】『衣』疑『依』。）樹車界。護衣
於樹車界外去，藍邊有空地，即平分勢分，故云中（去呼）分勢分。餘皆例
此可委。」（六九三頁下）鈔批卷一六：「立謂：樹下若有車，二界俱無勢分，
以出車屬樹故，更不得開勢分也。深云：車樹二界相形，無有勢分，謂車界
是樹之勢分，樹界是車之勢分故，無別有勢分。（此解好。）景云：以樹界力
（原注：『力』疑『內』。），若有車之時，車界即生。車界雖生，而無勢分，
以在樹界內故，不妨其樹而有勢分。立又云：車外是樹。若出車屬樹，更分
車之勢分。若出樹至車，亦無樹之勢分也。」（七二五頁下）

〔一六八〕若僧、村二界勢分有樹等界，便於樹界、僧界中分勢分　鈔科卷中二：「『若』
下，明勢分相侵。」（六二頁下）資持卷中二：「初明僧村相外有別界。言中
分者，各取半故，隨處遠近，不必十三步。」（二九五頁上）鈔批卷一六：
「立謂：僧村界外，勢分之內有樹車者，不得盡用僧村勢分，須與樹家一半
勢分也。景云：以僧村二界，勢分無力，於中有樹，樹界起，非止界起，亦
有勢分，故言中分勢分也。餘車船等准知。立又云：僧村二界相去不遠，中
間即須分勢分也。」（七二五頁下）

〔一六九〕如此，例餘準知　鈔批卷一六：「謂有餘車、樹、井、場等界。（七二五頁下）
若一家勢分內，有餘界者，即須半分勢分。」（七二六頁上）

〔一七〇〕若堂、庫有車船　簡正卷一一：「謂堂庫四面有障，假有車船等，在中但名
堂界，以強收弱故。『若爾，前來樹下有車，何故樹不能擇他車界？』可引
鈔通之。」（六九三頁下）資持卷中二：「堂及庫倉，三皆有相，故別簡之。
初明堂庫攝餘界，文略倉界。」（二九五頁上）

〔一七一〕不同樹、車場等，無外可攝　資持卷中二：「『不』下，次明餘界不相攝。」
（二九五頁上）

〔一七二〕如淨地不周　資持卷中二：「『如』下，舉例。不周淨者，籬牆不匝，四淨之
一，下卷具明。」（二九五頁上）簡正卷一一：「如伽藍四相，周便有攝食義，
即須結淨地。若不結者，有宿煮過，藍相不周，段食在內亦無失，以無收攝
之義，不可類解。」（六九三頁下）鈔批卷一六：「引此文來意者，證知上亦
堂庫四面，若周能攝車船也。若堂庫四相不周，則不攝於車船。如淨地不
周，不能攝食也。」（七二六頁上）

〔一七三〕若互錯涉，各別有界　鈔科卷中二：「『若』下，論諸界相攝。」（六二頁中）

資持卷中二：「『若』下，明各立。如樹下有車，依樹則樹界，依車則車界，故云各別。」（二九五頁上）鈔批卷一六：「立謂：堂庫是強，能攝餘車船。若餘樹車船等不能相攝，雖有交涉，但是別界也。」（七二六頁上）

〔一七四〕戒本疏中　簡正卷一一：「彼云：未顯兩相相接，通成護衣，所以第三明於彼此不相收持。文云：此藍非彼藍，乃至此樹非彼樹等。雖互錯涉，別界所收也。」（六九三頁下）資持卷中二：「彼云：樹下生樹，及車場等，既無別院，異界叢起等。」（二九五頁上）

〔一七五〕無因緣　簡正卷一一：「謂上具列六緣，此當除五緣也。」（六九三頁下）

〔一七六〕有緣汎列七種　資持卷中二：「律明無緣，止約迦提一月、五月。今通括諸開，於此廣示故也。」（二九五頁上）

〔一七七〕或對首，或心念　簡正卷一一：「有人對首，無人心念。」（六九四頁上）資持卷中二：「初，謂有緣，界外令捨受法，不同對僧作法開離，故注簡之。」（二五頁上）鈔批卷一六：「立謂：既不得會，遙心念捨也。有人則對首，無人則心念，故曰對首、心念也。以輕易重，亦有小罪。」

〔一七八〕非謂作法開離，以輕易重　簡正卷一一：「『非』謂非法，開離衣一向無罪。今易離宿，重提，但有缺衣之輕吉也。」（六九四頁上）

〔一七九〕有二　鈔批卷一六：「立謂：今文約人病衣重開離，及共作迦絺那衣，開離。然法亦不定。若人病衣重，雖開一月、九月離，謂少齊一月，多至九月，中間延促，任當時乞之。唯不得過九月，以夏中不許離，故但九月也。若中途病差及衣輕限滿等，則不得離。若迦絺那衣亦不定，雖一時作法開離，若持衣人出界，及八種、十種要心捨及限滿等，不得離，故云不定。」（七二六頁上）

〔一八〇〕老病比丘　簡正卷一一：「文云：時有一比丘，有乾痟病，冀（【案】『冀』疑『糞』。）掃僧伽梨重。此比丘有因緣，欲人間遊行，以此緣，即顯衣病，互有不成也。」（六九四頁上）【案】四分卷六，六〇三頁中。

〔一八一〕三十已去，名為老　簡正卷一一：「玄云：多論文也。或准俗，秊三十為一世，一世既過，當老位。大德曰：今約夏論，即俗秊五十可當老位，不取。」（六九四頁上）鈔批卷一六：「此是多論文也。賓云：約受戒來三十夏也，四分得一月離。案五分得九月離。九月離者，約前安居人也。後安者，但得八月離。（七二六頁上）所以夏中不許離者，以夏中不許遊行故。今若安居了，從僧與法，至來年四月十六日，足九月。後安者，八月半，夏滿得法，至來年四月十六日，唯得八月離也。此上且約法分齊如此。若實而論，病差

則法失。」（七二六頁下）資持卷中二：「三十者，即開乞分齊。舊記云：多論作七十，然律文、戒疏並作三十，未詳孰是。」（二九五頁上）

〔一八二〕如疏說　資持卷中二：「如疏，即戒疏『離衣戒』中廣明緣相。必約人病衣重，方成作法，互有不成。」（二九五頁下）簡正卷一一：「如疏者，是首疏。彼問云：『離衣得幾月？』卷（【案】『卷』下疑脫字。）曰：『隨乞長短，或乞一月，極至九月中間，延捉（【案】『捉』疑『促』。）一任當時。若中途病差，及衣輕限滿等，則不許離。若准四分，得一月離；五分，得前安居人至來季四月十六，九箇月；後安人，得八月。所以爾者，以夏中不許遊行。若准具論，但以病差為限。又，上所離衣，是僧伽梨，非下二衣。（准此四分。）』」（六九四頁上）鈔批卷一六：「四分約離大衣。五分、多論，開離七條。由入聚落，必須大衣。又五條常被，不許離。然諸部乞法不同，或月月從僧乞法離，或九月通作一乞法離也。問：『乞得法在身，身未行未離，後若欲行，其法在不：為約得法之日論之，為約離衣日論之？』答：『若病在者，法竟不失，但從離日而數也。』」（七二六頁下）

〔一八三〕共作迦絺那衣　鈔批卷一六：「即五月利也。」（七二六頁下）資持卷中二：「受已開五月離，亦同對僧作法，故如自恣中。」（二九五頁上）

〔一八四〕對處作法，離即不失衣界　鈔批卷一六：「謂藍小界大，結攝衣界是也。然亦有不定。若界無三礙開離，若有情染等生，亦不得離。」（七二六頁下）資持卷中二：「非謂開離。結攝衣已，藍外界內，同不失故。」（二九五頁上）

〔一八五〕蘭若恐怖離　鈔批卷一六：「立謂：寄衣在村不良家是也。此中亦有不定，若蘭若中有難開寄，不作日限。若無難，衣須隨身。」（七二六頁下）

〔一八六〕王路隔塞、命、梵等離　鈔批卷一六：「立謂：亦有不定，約勤惰兩人可知。若懃覓方便，不得會者，不失。若汎爾有難，而不會者，即失。」（七二六頁下）資持卷中二：「即當戒開通。」（二九五頁上）

〔一八七〕迦提賞勞離　鈔批卷一六：「此亦不定。若前安居人得此一月利，開離。若後安居人、破安居人，則不開也。」（七二六頁下）資持卷中二：「謂夏竟通開一月。」（二九五頁上）

〔一八八〕僧塔諸緣，及他要事　鈔批卷一六：「立謂：此與上『蘭若恐怖離』異也。上則不限日數。」（七二七頁上）資持卷中二：「亦出蘭若離衣戒，但約賊難別緣為異耳。」（二九五頁上）【案】此處參見五分卷五，三二頁上。

〔一八九〕聽六夜離，無罪　鈔批卷一六：「即看病等緣也。景云：此六夜離，與前第

四緣蘭若恐怖離，此二是同，以他部兼有別離緣也。（即佛塔六夜，即五分文也）。四分但言蘭，若恐怖而不列別緣，（即四分不言佛塔等六夜之緣。）故舉他部為一耳。」（七二七頁上）

〔一九〇〕**若事訖不反，吉羅**　鈔批卷一六：「立謂：雖聽六夜，事了須還，以不還得吉。又，六夜未過，不得離衣罪，由佛本開日數定故。」（七二七頁上）

〔一九一〕**前三得法離**　簡正卷一一：「第一，別人作法、對首、心念；二、對僧老、病等；三、對處結不失衣界是也。」（六九四頁上）

〔一九二〕**後三無法離**　簡正卷一一：「第五，王路隔塞；六、賞勞；七、五分僧俗六夜，蘭。」（六九四頁下）

〔一九三〕**蘭若通有無**　鈔批卷一六：「謂在蘭若中，恐有怨賊，將寄俗人，是『無法離』。既不得會，恐犯捨墮，即遙對首、心念捨之，是『有法離』，故言通有無也。」（七二七頁上）資持卷中二：「『無法』是本位，『有法』歸初開。（準此賊難別緣，同開六宿。有人錯解後戒，請以比證。）」（二九五頁上）

〔一九四〕**得罪分別**　簡正卷一一：「初，判一向無罪；二、重明。」（六九四頁下）鈔批卷一六：「深云：『何故不料簡第一門？』『謂第一門一向是罪，故不料簡。』『今言第一、第三有罪者？』『第一犯吉，謂但是輕易重也。第三，下文自釋，謂作法界內有礙則失，是有罪也。』」（七二七頁上）

〔一九五〕**一向無罪，以有緣故**　資持卷中二：「但列五緣無罪，則顯餘二有罪。第一，以輕易重，有罪可知。第三，對處（二九五頁上）何得有罪。此謂三礙後生，或容離犯，非一向無故。」（二九五頁中）

〔一九六〕**或望斷故失衣，不失如後**　簡正卷一一：「謂難忽生，隔不得會。既不得會，心即忘卻會衣法式，不得往持，即斷故失。不失如後者，恒懷頂受，念念不斷，思靜即會，即不失衣，故指後開緣中也。明初在一向無罪中辨者，據其難緣，縱使忘斷失受，非情過故，一向無罪。問：『不（原注：『不』上一有『何』字。）料簡第一緣？』答：『第一，一向是罪，以輕易重，故不料簡也。』」（六九四頁下）鈔批卷一六：「立謂：更重料簡上第五門也。此約若作失想，謂賊將去，不妨實在，而作失衣體之想，則失受法，後見須更加法。若慇覓方便，而不得會。（七二七頁上）心若不斷，無失受法。又須，無罪。」（七二七頁下）資持卷中二：「由遭隔塞，不知衣之在無，意謂失故。不失如後，即不犯中『勤守護』者。第二，『有緣』謂病未差，『時在』謂未滿五月。」（二九五頁中）

〔一九七〕**對僧作法，有緣、時在**　簡正卷一一：「病在衣重，迦絺那衣未捨是有緣，

一、八、九五月，是『時在』也。」（六九四頁下）鈔批卷一六：「立云：更釋上第二老病乞法離也。病緣及衣重緣，若在不犯。若限滿，便失者，即九月日滿也。又復守功德衣人未出界，亦名時在。若此人出界，或至十二月十六日，僧和合捨，即名限滿。若病差衣輕，亦得是限滿。」（七二七頁下）資持卷中二：「『有緣』謂病未差，『時在』謂未滿五月。」（二九五頁中）

〔一九八〕限滿便失，得罪　簡正卷一一：「假使有緣，為時限滿，故失衣得罪。」（六九四頁下）

〔一九九〕餘一一準思　簡正卷一一：「除第五、三、二文中明，忘在外三緣，是餘一一進退，皆准於此思也。」（六九四頁下）鈔批卷一六：「深云：謂上之七緣，進退皆准此第二門限滿法失等義，准此而思餘上下緣也。」（七二七頁下）資持卷中二：「餘一一者，第四，有難不失，難靜應失。第六，迦提未出不失，限滿即失。第七，六宿不失，過此即失。唯第一緣，捨之永失。」（二九五頁中）

〔二〇〇〕壞　鈔科卷中二：「初，明情隔兩礙。」（六三頁中）資持卷中二：「壞想者，謂故爛等。」（二九五頁中）【案】「兩礙」文分為二：初，「奪」下；二、「若女人」下。初又分二層，本節為一，「若先慢」下為二。

〔二〇一〕師主疑心，恐在界外　資持卷中二：「引善見和會相違。初句指論，即前『道行界』文。『師』下，出論意。但疑在外，隔明失法，不慮失體故。」（二九五頁中）

〔二〇二〕此謂失體　資持卷中二：「『此』下，出今律意，異上可知。」（二九五頁中）簡正卷一一：「四分、五分，失相無罪，謂決心作賊，持去之想，失其衣體。然衣實界內想心，謂失即失受法，即是捨心無情過，故衣不犯捨。善見言不失者，師主疑心，恐在界外，不慮失體，故云此謂失體也。不同見論之中，體法二俱不失，以弟（六九五頁上）子將衣，先入界故，前言失受事隔不知等者，卻牒料簡門中。五中隔塞，或忘斷故，失衣文也。『既彼示同此難，何故言失？』鈔通云：『事隔不知，知正辨所以也。『事』謂難事，彼此事隔，不知思會，經明失受，由是雖故，不犯捨也。此即恒思會護，但取會無由，雖則經明，不失受法。前指『不失如後』，正是此文。』進退者，律文之中，前明犯相，後明不犯，進向於後，即是不犯；退卻向前，即是犯也。前無非攝護之人，比類二礙，退就犯位，失衣犯捨。若恒懷攝護之人，北（【案】『北』疑『背』。）其二礙，進就不犯，失衣無罪。」（六九五頁上）

鈔批卷一六:「立明:此文失奪想等,決心謂失衣體也。然實在界內,故但失受法,仍無罪也。如上弟子隨師行,將衣入界,謂言失者,疑心不知在界之內外,而實在內故,體法俱不失也,故曰失體。」(七二七頁下)

〔二〇三〕不同論云「衣不失受」　鈔批卷一六:「是上善見論也。深云:前是決心故失,此是疑心故不失,故言不同。自意云:弟子持師衣,此即令師疑謂失受。今此文中決心,謂受體俱失也。」(七二七頁下)

〔二〇四〕此是情隔兩礙,失受,無罪　資持卷中二:「『此』下,總斷五想,賊、獸等是情礙,水陸道斷是隔礙。」(二九五頁中)

〔二〇五〕若先慢不攝,後雖經緣,失衣,犯捨　資持卷中二:「初,明先慢失法,得罪。」(二九五頁中)鈔批卷一六:「立謂:恒是懈怠人,不將隨身,以佛制無問晝夜。若遊行時,常須自隨,如鳥二翼。今乃慢故,空身出在界外。雖逢此難,故不免失。若恒懷謹護,(七二七頁下)暫出逢難者故開。以情慢故,佛息(原注:『息』疑『恩』。)不被。」(七二八頁上)【案】「若先慢」下分三:初,若先慢」下;次,「若諸」下;三、「前言」下。

〔二〇六〕恒懷領受,必不失法　資持卷中二:「『若』下,次明勤護法在無罪。文為二,初正判,上二句標難緣。『恒』下,明法在。」(二九五頁中)

〔二〇七〕如受欲事,界內有難,持出界外,還來不失　資持卷中二:「彼既欲在,此應法存。」(二九五頁中)

〔二〇八〕前言失受,事隔不知　鈔批卷一六:「立謂:指前善見文弟子隨師行貪聽法文也。又解:指前失、奪、燒等『五想』也。謂衣實現在,妄起想心謂失,即是捨心,但失受法,而不犯罪也。立又解:事隔不知者,謂界中有情染等事隔之,以心不知,冥然亦失受法,而無有罪。深云:牒上文,若水陸道斷等離失受,無罪也。(恐非。)又恐是指前住子文也。彼云:想心言在界外,其實在內,不知在內,故決心捨,失受無罪。」(七二八頁上)資持卷中二:「『前』下,三、明失法無罪。即上不犯科中,『事隔』則通收諸礙,『不知』謂迷其在否,由事隔故失法,非情過故無罪。此亦勤護之人,但約不知望斷以為異耳。」(二九五頁中)扶桑記釋「不知望斷」:「不知,謂不知衣在無。望斷,為事所隔,會衣希望,亦即斷絕。或曰不知望斷,俱當第三,即為一種。」(二〇五頁上)

〔二〇九〕若女人來往染礙,進退比二礙可知　鈔科卷中二:「『若』下,略示染礙。」(六三頁中)資持卷中二:「進退即犯,不犯準上,情隔三斷,故云『比二』。界礙可知,故不在言。」(二九五頁中)鈔批卷一六:「立謂是情隔二礙也。此既有

染礙，須依上情隔二礙。若恒懷謹護，忽爾有此難，又懃覓方便，取會不得，方免犯也。若汎爾有染礙，不會則失。深云：言進退此二礙者，進是不犯，退是犯也。今此染礙，更不廣釋。但指同前情隔兩礙，明持犯也。有人云：此二礙可知者，反以（原注：『以』疑『比』。）方得也。」（七二八頁上）

〔二一○〕又有不立染礙　簡正卷一一：「古云：據其初緣，置衣在俗女處，往取形露招譏，豈非情礙？」（六九五頁上）

〔二一一〕此不通諸部　簡正卷一一：「破古也。十誦文中具有染礙之義故。」（六九五頁上）鈔批卷一六：「立謂：此部明文，具有染礙。今不許立染礙者，謂不識諸部也。」（七二八頁上）

〔二一二〕彼人恒自將隨身忽忘，事同長衣開之　資持卷中二：「還約勤怠，二心以判。『事』下，準例可解。疏又問云：『如戒緣開，何分勤惰？』答：『諸戒相開，並為奉者，必有惰學，隨犯根本，非是通開。』」（二九五頁中）鈔批卷一六：「立謂：此是懃謹之人，以非情過，隅（【案】『隅』疑『偶』。）爾不與衣隨身者，猶如長衣忘不說淨，便開不犯。（七二八頁上）若懈怠者，聖所不開。」（七二八頁下）

〔二一三〕廣如戒本含注疏及刪補羯磨疏中明之　簡正卷一一：「廣如注疏者，彼問云：『如或（原注：『或』一作『戒』。）開緣，何分勤惰？』答：『諸界相開，並為奉者，必有惰學根本，非是通開。羯磨疏中，衣食二緣，廣有成敬，自餘物略，僅知與已。』」（六九四頁上）【案】本句為「離衣戒」文結語。

月望衣戒〔一〕三

此戒是但三衣者，得少財為換故衣，以不足故，佛開一月。過限而畜，故制。畜長比丘，得即說淨，不須此戒〔二〕。

六緣成犯：一、故壞三衣〔三〕，二、財少不足〔四〕，三、為換三衣〔五〕擬替故者，四、不說淨作三衣〔六〕，五、無因緣〔七〕，同長衣〔八〕。六、過限，犯。

此戒三位：初十日，常開〔九〕；若十一日至二十九日得者，隨日作成，不得更開〔一○〕；至三十日，若得不得〔一一〕，若同不同〔一二〕，一向限之〔一三〕。

僧祇云：十日即作〔一四〕。作衣時〔一五〕，餘人相助浣、染、牽、裁、刺長、刺短、煮染，作淨已，受持。若恐不竟，鱺行急竟受持，後更細刺〔一六〕。此律但線絣、裁割〔一七〕，即〔一八〕免長過。

　　若三俱故，竝少不同，皆開一月〔一九〕。若大衣同足、限滿者，下二衣財少不足者，亦染犯長〔二〇〕。由有故、壞三衣，非正替〔二一〕故。所以文云「隨衣多少盡捨」也。

　　餘同長衣開〔二二〕也。

【校釋】

〔一〕月望衣戒　資持卷中二：「（佛在舍衛。但三衣比丘，僧伽梨故壞，十日不辨，聽畜長為滿足故。六群取同衣不足者，寄人間遊行，因制。）（二九五頁中）。名中：『月』即開之時限，『望』謂希其滿足。」（二九五頁下）鈔批卷一七：「南山意云：此是但三衣人也。今詳不然。下具緣云：初十日常開，明知通畜長人也。又，律中列五長，月望是一數，明知不局但三衣人也。此戒是但三衣人者持，為此人故開一月畜，齊三旬，名之為月。希冀擬足，故稱『月望』。案見論云：言月望者，以小小不足，得置一月望得也。或於僧中望得，或於親里望得，或於知識邊望得，或於糞掃處望得，或於自物望得，故曰也。此謂有故，三衣堪持，不堪著用。欲造新，開其一月，隨得衣財，十日之後，至三十日，隨足當日須成。若一時作三衣，亦通開一月中作。若前後作，則開三月。（未詳。）」（七二八頁下）簡正卷一一：「開齊三旬，悕望得之，名為月望。」（六九五頁上）【案】「月望戒」文分為二：初，「此戒」下，明制限；二、「六緣」下，釋犯相。四分卷六，六〇四頁中開始。

〔二〕畜長比丘，得即說淨，不須此戒　資持卷中二：「『畜』下，示教限。」（二九五頁下）簡正卷一一：「但三衣是上根人也。（六九五頁上）畜長下根，不在此例，故云不須此戒。」（六九五頁下）

〔三〕故壞三衣　簡正卷一一：「新衣不開。」（六九五頁下）【案】「故」，破舊義。

〔四〕財少不足　簡正卷一一：「若衣財足，亦更不開三為換。」（六九五頁下）資持卷中二：「第二且約後位以論，中位少財，但有染犯。」（二九五頁下）

〔五〕三衣　簡正卷一一：「初戒不開一月。明須為作三衣，以貿故者。」（六九五頁下）

〔六〕不說淨作三衣　簡正卷一一：「若說淨無過。」（六九五頁下）

〔七〕無因緣　簡正卷一一：「無犯者，無緣。」（六九五頁下）鈔批卷一七：「深謂：迦提一月、五月也。若是此時，任得過限。」（七二八頁下）

〔八〕同長衣　鈔批卷一七：「立云：同長衣中，失、奪、燒、漂、爛、壞等，不犯也。」（七二八頁下）

〔九〕**初十日，常開**　資持卷中二：「初位，十日內雖滿不犯。若至十日得足，當日須成。不爾，十一日明，出便犯。」（二九五頁下）簡正卷一一：「初十日，隨得作成。若不成衣，至十一日犯，故住。或云：若十日中同衣足者，截割不者，至十一日，隨衣多少，並犯捨。同衣者，布與布同，絹與絹同等。」（六九五頁下）鈔批卷一七：「立明：其前十日，開得衣財。雖足未作，不犯。由此十日開，同畜長法，故得十日。若十一日至二十九日中間，隨得衣財。若足，即須作成；不足，開至二十九日，隨更得者，足之使成。若當日得足，前者不作，成犯。長不成，使過一月故犯。」（七二九頁上）

〔一〇〕**若十一日至二十九日得者，隨日作成，不得更開**　資持卷中二：「中位，十九日同足即犯。後泣（【案】『泣』疑『位』。）一日不足，亦犯。」（二九五頁下）簡正卷一一：「第二位，從十一日，後隨日得足，須成不成。足者，明出犯捨；若未足，無過。」（六九五頁下）

〔一一〕**若得不得**　鈔批卷一七：「立謂：即是足不足也。」（七二九頁上）資持卷中二：「不同中位，得足犯故。」（二九五頁下）

〔一二〕**若同不同**　鈔批卷一七：「謂如前得布，後得絹，此曰不同。前得布，後亦得布，此曰同也。若至三十日，不同同不同、足不足，但使此日不成，便過一月皆犯也。」（七二九頁上）

〔一三〕**一向限之**　簡正卷一一：「第三位，第三十日。一向限之者，戒疏云：無論得衣，俱同說持，明日已後，更不開也。既云俱同說持足，則加法受持不足，且持諍說。〔不同順正，約不得說淨，名一句（【案】『句』疑『向』。）限之也。〕」（六九五頁下）

〔一四〕**十日即作**　鈔科卷中二：「『僧』下，示急作。」（六三頁下）簡正卷一一：「僧祇等者，謂點淨也。」（六九五頁下）資持卷中二：「僧祇且據初位，滿足示相。」（二九五頁下）鈔批卷一七：「立謂：第十日若得財足，當日須成也。」（七二九頁上）【案】僧祇卷八，二九九頁上。

〔一五〕**作衣時**　資持卷中二：「『作衣』下，明即作。所以爾者，以但三衣人不說淨故。」（二九五頁下）

〔一六〕**若恐不竟，儱行急竟受持，後更細刺**　資持卷中二：「『若』下，開急竟。」（二九五頁下）簡正卷一一：「即疏疏行針，貴在急了，或云儱行（『戶明』反）隱竟，即儱陳作行位也。今取上解，約當日須成，是急義故。」（六九五頁下）

〔一七〕**此律但線絣、裁割** 資持卷中二：「『此律』下，合上急竟。『絣』謂疏綴令定。」（二九五頁下）

〔一八〕**即** 【案】底本為「即即」，據大正藏本、敦煌甲本、敦煌乙本、敦煌丙本、弘一校注及義刪。

〔一九〕**若三俱故，並少不同，皆開一月** 資持卷中二：「先明同不同者，如營一衣得多零段，體色相類，名為同衣。餘不類者，不堪共作，即不同衣。皆開一月者，或求三衣，同時一月，或復前後，各取一月，但得少財，即為初日。」（二九五頁下）簡正卷一一：「明三俱故，欲換三衣，各開一月。即將九十日分為三位，有通求、別求。若通求，云隨（六九五頁下）得衣財足即作者。初十日，常開（如上。）二、從十一日至八十九日，為第二位，隨得足日成受持；不者，明出犯捨，兼染餘未足衣亦犯。若全未足，許向後求。三、第九十日。若得作成，受持不作，至明犯捨，同前一向限之也。若別求者，標心乞□，布作五條，紬作七條，絹作大衣，亦如上作三作。（云云。）同體未無犯。若足，便須作成。若不作，成兼染。餘財亦犯。」（六九六頁上）鈔批卷一七：「謂三衣俱故也。三个衣財齊不足，名為並少，謂乞得布絹不同也。明其三个俱故，不堪著用。今若作三，各得開一日也。礪云：若三俱故，各開一月。若衣同者，即須併作一衣。如不爾者，隨過限犯長。（謂雖開一時造三。）今乞得物細絹，若同互各闕少者，即須得之。且作一衣，不得云未足經留。不作，則過十日是犯，乃至十日之外，隨日不作結犯。」（七二九頁上）

〔二〇〕**若大衣同足、限滿者，下二衣財少不足者，亦染犯長** 資持卷中二：「『若』下，明染犯。『同足』即中位，『限滿』是後位。」（二九五頁下）鈔批卷一七：「立謂：既開三月作三，若前大衣，（七二九頁上）乞得衣財，並同又足，仍即不作，謂一月內不作，即犯捨也。以由此大衣犯長故，即染下二衣財也。下二雖少未足，或不同等，終被他大衣染也。今若捨懺，須盡捨。故下文云：隨衣多少，盡捨也。然何故彼（【案】『彼』疑『被』。）他染？下即出其所以。」（七二九頁下）【案】「大」，底本為「故」，據大正藏本、貞享本、敦煌甲本、敦煌乙本、敦煌丙本及弘一校注改。「財」，底本為「則」，據大正藏本、貞享本、敦煌甲本、敦煌乙本、敦煌丙本及弘一校注改。

〔二一〕**由有故壞三衣，非正替** 簡正卷一一：「非正替者，恐人疑云：『此是三衣財體，無長可防，何以犯耶？』今云：『現有三衣，在此未作衣成未能替故，衣若不作，成衣受持，即為長物故。』」（六九六頁上）鈔批卷一七：「此是出其

能染衣所以也。謂問若無下二衣故,則不被染,即同上來得縶,指作三衣,日過不犯文也。今有為二故者,非是正替,故被他染也。」(七二九頁下)【案】「所」下引四分卷六,六〇五頁上。

〔二二〕餘同長衣開　簡正卷一一:「淨施遣與人失奪五相心,及迦提等,八緣開不犯也。」(六九六頁上)鈔批卷一七:「深云:謂迦提月等,及失、奪、爛、與他等,皆不犯。」(七二九頁下)資持卷中二:「不犯指前,同是長故。」(二九五頁下)

取非親尼衣戒〔一〕四

具五緣:

一、是比丘尼。簡下二眾,取,得吉羅。

二、非親里。律云:親里者,父母親里,七世有親〔二〕也。善見:「父」親者,伯叔、兄弟、兒孫;「母」親者,舅、姨乃至兒孫。皆謂同氣義親,不雜異姓〔三〕。又云:出家婦〔四〕者,非親里也。伯叔之婦〔五〕例同。十誦云:若是親里,少尚持與,何況不足而取〔六〕!五分:若親里尼犯戒,取衣者,吉羅〔七〕。

三、應量衣〔八〕。律中,五衣中取一衣故,為犯緣。僧祇:若取鉢及餘小小物,得,無犯〔九〕。

四、虛心送與〔一〇〕。除乞得,無犯〔一一〕。僧祇:尼借比丘衣,得著破還,無犯〔一二〕。若尼與下二眾及俗人衣〔一三〕,云:「汝持此衣與某甲比丘,可得福德。」取者,無犯。

五、領受已。伽論:尼放衣置地,「寄大德,隨意用〔一四〕」,便捨去;比丘作同意用,無犯。僧祇:使人受,同犯〔一五〕。十誦、多論:十僧取尼一衣,十僧皆墮;十尼持一衣與一僧,得十墮〔一六〕。十誦:若尼先請,若為說法故與,一切無犯〔一七〕。五分:諸尼以衣、鉢施比丘,若先無心求〔一八〕,彼自布施者,當觀有長者〔一九〕得取。準此,犯戒止在貪心,制戒之意可見〔二〇〕。四分亦云,佛告尼言:「當畜五衣完堅者,餘衣隨意淨施,若與人〔二一〕。」既云「與人」,則何簡於道俗〔二二〕!

律不犯中。

若從親里比丘尼邊取衣,準律,七世父母為親里。且據父親,有七世不同:一、高祖,二、曾祖,三、禰祖〔二三〕,四、父,五、己身,六、兒,七、孫是也。若貿易,為佛圖及僧取者,皆不犯。

【校釋】

〔一〕**取非親尼衣戒** 簡正卷一一：「虛心送與，領納屬己，名之為取。離七世族，故曰非親。尼者，簡下二眾。衣者，唯五衣也。」（六九六頁上）資持卷中二：「（佛在羅閱祇。蓮華色尼脫所著貴衣，換比丘弊故納往佛所。因問而制。）戒名：『取』即是業，『非親』簡親，『尼』別下眾。」（二九五頁下）【案】四分卷六，六〇五頁下開始。

〔二〕**親里者，父母親里，七世有親** 資持卷中二：「『律』下釋相，為三。前明親、非親相。本律通示親里，以顯非親。」（二九五頁下）

〔三〕**皆謂同氣義親，不雜異姓** 資持卷中二：「唯約父母二姓所屬。」（二九五頁下）

〔四〕**出家婦** 資持卷中二：「『又』下，簡非親。出家婦者，由姓異故。」（二九五頁下）

〔五〕**伯叔之婦** 資持卷中二：「伯叔之婦，亦是異姓。論中不出，故例同之。」（二九五頁下）鈔批卷一七：「謂出家為尼也。」（七二九頁下）

〔六〕**若是親里，少尚持與，何況不足而取** 資持卷中二：「十誦下，二、明開親之意。少尚與者，謂尼貧乏，僧猶愍濟。『何況』等者，言無此理。律云：若非親里，亦不籌量，可否？若是親里，則便籌量，知有無、可取不可取等。」（二九五頁下）鈔批卷一七：「案十誦『取非親尼衣戒』中，佛種種呵責已，云：『若非親里尼，不問衣足不足、為長不長，趣得便取。若親里尼者，當問衣足不足、為長不長，親里尼當自持衣與，何況不足而取！』佛如是呵責已，即便制戒。立云：若是親尼，設有設無，比丘即知。若無者，比丘當得供給。今作親里，有無安測？以不知他有無，故不得受。（七二九頁下）今但知受納而不思前有無也。」（七三〇頁上）【案】十誦卷六，四二頁下。

〔七〕**若親里尼犯戒，取衣者，吉羅** 資持卷中二：「『五分』下，三、簡親尼淨穢。制吉罪者，遮世譏故。」（二九五頁下）【案】五分卷四，二六頁下。

〔八〕**應量衣** 資持卷中二：「初，約緣定境。」（二九五頁下）

〔九〕**若取鉢乃餘小小物得，無犯** 資持卷中二：「僧祇簡餘輕物。無犯者，望墮為言，非無輕吉。疏云：衣多喜與，故重；鉢唯有一，故輕。」（二九五頁下）【案】僧祇卷八，三〇〇頁中。

〔一〇〕**虛心送與** 資持卷中二：「虛心，謂專勤一意，無他想故。（有云『揀實心』，非也。）」（二九六頁上）

〔一一〕除乞得，無犯　資持卷中二：「非虛心與故。」（二九六頁上）

〔一二〕尼借比丘衣，得著破還，無犯　資持卷中二：「僧祇初明暫借無犯，非決取故。」（二九六頁上）

〔一三〕若尼與下二眾及俗人衣　資持卷中二：「『若』下，明轉施無犯，從餘人取故。據下二眾，亦應得吉，非全無犯，如上通之。」（二九六頁上）

〔一四〕寄大德，隨意用　資持卷中二：「受寄無犯，非正與故。」（二九六頁上）

〔一五〕使人受，同犯　鈔科卷中二：「『僧』下，使受同犯。」（六三頁下）簡正卷一一：「虛心送與，領納屬己，名之為取。離尼：自與使人受，二、使與自受，三、使與使受，四、自與自受，四句皆犯也。」（六九六頁上）【案】僧祇卷九，三〇一頁上。

〔一六〕十僧取尼一衣，十僧皆墮；十尼持一衣與一僧，得十墮　鈔科卷中二：「『十』下，結罪多少。」（六三頁下）資持卷中二：「僧尼互論，人分多少，罪無差降。」（二九六頁上）鈔批卷一七：「謂尼先請比丘說法，自施衣者，得取無罪。當畜五衣完堅者，謂尼畜五衣，須完全，又須堅牢物作也。五衣之外，聽隨意施人，故知今取局五衣是犯也。既云與人，何簡道俗者，此言冥破古人也。下當明之。律文既許長者施人，人義通於道俗，今僧若取，理不合犯。但不得過分，令人貧匱耳。引此言者，證上得取尼衣也。礪云：人解言律令尼畜五衣完堅者，自外聽隨意施與人。礪云：尼眾五衣，佛制須畜，本為資身，今以施人，即得無衣之罪，破戒行檀，奉不應法。」（七三〇頁上）【案】十誦卷六，四二頁下；多論卷五，五三一頁下。

〔一七〕若尼先請，若為說法故與，一切無犯　鈔科卷中二：「『十』下，開受之意。」（六三頁下）資持卷中二：「皆因別緣，非本意故。」（二九六頁上）【案】十誦卷六，四三頁上。

〔一八〕先無心求　資持卷中二：「遮方便故。」（二九六頁上）

〔一九〕當觀有長者　資持卷中二：「制籌量故。」（二九六頁上）

〔二〇〕準此，犯戒止在貪心，制戒之意可見　資持卷中二：「『準』下，決開意。戒制取衣，復開受施，制開難準，故約心斷。下引四分，證成尼施，明有可取。然貪情難識，對境誰無？雖有寬文，宜從急制，勿憑此語，自誑誑他。」（二九六頁上）

〔二一〕餘衣隨意淨施，若與人　鈔批卷一七：「謂五衣外得施三眾，不得與僧，施受俱犯。又解：若與者，謂五衣外長財得與比丘。若僧得尼施時，應撿向（原注：

『向』疑『問』。）前人。知彼五衣不具，則不得受。若具，得受無罪。礪問：『尼取僧衣，何故但吉？』答：『大僧上尊，與尼義希，尼受不數，故但犯吉。』『若爾，大僧與希，能與應輕，所以提者？』答：『謂與尼衣，譏過中制，生患義深，得提罪。』」（七三〇頁上）

〔二二〕既云「與人」，則何簡於道俗　簡正卷一一：「破古人也。古云：尼五衣外，有長衣得施，下三泉（【案】『泉』疑『衣』。）不得與（六九六頁上）僧，施、受俱犯。今破云『既云』等（云云），但使大僧先無求心，得受。又據或是受持五衣，今此所施，後（【案】『後』疑『復』。）是長物，有何不許？」（六九六頁下）

〔二三〕禰祖　資持卷中二：「禰，即始也。謂父之父是初祖，故母親準說，但以舅姨兒孫數之。」（二九六頁上）簡正卷一一：「四、父，五、己身。父之姊妹即師姑。女即己之姊妹。……問：『夫論世代，合據男辨，所以約女以明？』答：『凡明世代，合約男辨，今辨戒緣，須依女說。此皆親尼不犯也。』」（六九六頁下）

使非親尼浣故衣戒〔一〕五

浣、染、打，實是三戒，同由一衣生〔二〕。此戒業重〔三〕。律云：語使浣、染、打，若作者，三尼薩耆波逸提〔四〕。

五緣成：

一、是比丘尼。若是下二眾，律結小罪。

二、非親里。善見：令出家婦浣、染，亦犯〔五〕。若使尼煖水、覓樵、鑽火，一切吉羅〔六〕。五分：令非親尼浣而親里浣，如是互作，五句皆墮〔七〕。僧祇：若使尼為師浣者，吉羅〔八〕。今或有人，畜尼弟子，多令浣縫，以非俗親，皆犯捨墮〔九〕；亦誤弟子，因交致染，遂犯重罪。深須慎哉！

三、是己故衣〔一〇〕。律云：乃至一經身著者。僧祇云：乃至一枕頭。善見：若革屣囊，無犯〔一一〕。伽中，乃至尼師壇，亦犯捨墮〔一二〕。

四、自使浣打。僧祇：「自與」「使與」等四句，皆犯〔一三〕。若使親尼浣，而弟子為浣，不犯〔一四〕。若云「遣汝弟子為我浣〔一五〕」者，犯。若著垢膩衣入尼寺，為浣者，不犯〔一六〕；若先有方便心者，犯捨〔一七〕。十誦：若犯捨衣，與浣，犯小罪〔一八〕。準此，無重犯〔一九〕；一衣無過，有重犯〔二〇〕。僧祇：若為車馬瀵汙，使尼湔，亦犯捨〔二一〕；不可截，

故全捨。

五、浣染打竟便犯。四分：使浣打新衣，及使尼家二眾，俱吉羅〔二二〕。善見云：若浣竟，比丘言「未淨」，重使尼浣，比丘尼薩耆、吉羅〔二三〕。

不犯中。律云：若病，若為佛僧，若借他衣而尼浣等，不犯〔二四〕。

【校釋】

〔一〕使非親尼浣故衣戒　資持卷中二：「（佛在舍衛。迦留陀夷與偷蘭難陀尼共坐，相視失不淨，污安陀會，令尼洗。故制。）名中，戒制三事，以首者標名。」（二九六頁上）【案】本戒鈔科簡稱為「浣故衣戒」。文分為二：初「浣染打」下；二、「五緣」下列犯相。四分卷六，六〇七頁上開始。

〔二〕浣、染、打，實是三戒，同由一衣生　鈔批卷一七：「明其以俱是一衣，故合為一戒。礪問：『浣、染、打等，所以合制者何？』答：『有三義：一、使尼處同，二、俱由故衣，三、容一衣相，由致犯。謂垢污須浣，失色即染，由舒故打，所以合制。』緣起中。令浣故衣，因即色落，復令為染，因染皴囊（去聲），復令為打，故曰同由一衣生也。」（七三〇頁下）簡正卷一一：「問：『浣、染、打等三各別，合分三戒，何但制一？』可引鈔釋通云：『浣、染、打，實是三戒，（此明離意。）同猶一衣生者，（此今意也。）謂相由致犯，用浣故染，由染有打也。」（六九七頁上）

〔三〕此戒業重　資持卷中二：「『此』下，勸持。初句示業道。」（二九六頁上）鈔批卷一七：「使尼浣衣，妨修道業，因交致染，容壞梵行，迹涉世譏，清白難委故也。又可作平聲讀之，云此戒業重（平聲），謂浣、染、打三業，重重各別也。」（七三〇頁下）簡正卷一一：「『重』，互（【案】『互』疑『有』。）兩解：（六九六頁下）一、一（【案】次『一』疑剩。）上聲呼，如下鈔云，即今弟子因交致染故；二、云平聲呼，如下引律院（【案】『院』疑『浣』。）、染、打於一衣。上結三尼薩耆，即重重犯故。（僧（【案】『僧』疑『後』。）正。）」（六九七頁上）

〔四〕語使浣、染、打，若作者，三尼薩耆波逸提　資持卷中二：「『律』下，約制顯重。言三罪者，隨事成犯，單複不同。此據併犯，故言三也。」（二九六頁上）

〔五〕令出家婦浣、染，亦犯　資持卷中二：「善見出家婦，謂先曾為婦，後為尼者。異姓非親，故犯。」（二九六頁上）【案】善見卷一四，七七四頁上。

〔六〕若使尼煖水、覓樵、鑽火，一切吉羅　資持卷中二：「『若』下，餘事犯吉，情過輕故。」（二九六頁上）

〔七〕如是互作，五句皆墮　鈔批卷一七：「五分云：一、若令非親里浣、染、打，而親里浣、染、打；二、令非親里浣、染，而親里、非親里共浣、染；三、令親里、非親里共浣，而親里浣；四、親里、非親里共浣，而非親里浣；五、令親里、非親里共浣，而親、非親共浣。染、打，皆提。（此五句中，俱著『浣』、『染』、『打』三字也。）」（七三〇頁下）【案】五分卷四，二七頁上。

〔八〕若使尼為師浣者，吉羅　資持卷中二：「為師非己，故輕。」（二九六頁上）

〔九〕今或有人，畜尼弟子，多令浣縫，以非俗親，皆犯捨墮　鈔科卷中二：「『今』下，申誡。」（六三頁下）資持卷中二：「伸誡中。前明損己。」（二九六頁上）簡正卷一一：「或有畜尼弟子者，是檀須（【案】『須』疑『越』。）弟子，非謂依止，以尼通依僧故。」（六九七頁上）

〔一〇〕是己故衣　鈔批卷一七：「簡除新衣。新衣浣希，又無緣患，（不如浣故，緣起愛染之患。又，新衣何須浣也！）若使尼浣，但吉羅也。」（七三〇頁下）資持卷中二：「初引二律，以明故相。後引二論，以簡餘物。」（二九六頁中）【案】資持釋文所言「二律」，即四分和僧祇。

〔一一〕若革屣囊，無犯　資持卷中二：「小物義稀故。」（二九六頁中）

〔一二〕乃至尼師壇，亦犯捨墮　資持卷中二：「伽中亦犯，同制衣故。」（二九六頁中）【案】伽論卷二，五七三頁中。

〔一三〕自與、使與等，四句皆犯　鈔批卷一七：「案祇云：一、自與使受；二、使與自受；三、自與自受；四、使與使受。下解釋云：初句比丘自與比丘尼，尼遣使受取，尼自浣。餘句例知。雖中間有使與使受，（七三〇頁下）然約浣時，皆尼自浣，故並結犯。」（七三一頁上）

〔一四〕若使親尼浣，而弟子為浣，不犯　資持卷中二：「『若』下，明使親尼。弟子浣者，雖是非親，元非意故。」（二九六頁中）

〔一五〕遣汝弟子為我浣　資持卷中二：「『若云遣』者，教他使故。」（二九六頁中）

〔一六〕若著垢膩衣入尼寺，為浣者不犯　資持卷中二：「『若著』下，明不使自浣。」（二九六頁中）

〔一七〕若先有方便心者，犯捨　資持卷中二：「方便犯者，稱本期故。」（二九六頁中）

〔一八〕**若犯捨衣，與浣，犯小罪** 資持卷中二：「十誦明有過衣。」（二九六頁中）鈔
批卷一七：「以彼宗中，無重犯義，故使爾也。」（七三一頁上）【案】十誦卷
五三，三八八頁下。

〔一九〕**準此，無重犯** 簡正卷一一：「古云：一衣之上，無浣、染、打三尼薩耆。所
以爾者，謂纔浣竟，此衣即是以犯捨也。假使尼更染打，亦但結吉。若於三衣
之上，即有三罪。謂准十誦、多論之文，無重犯故。」（六九七頁上）【案】
「重」，音蟲。

〔二〇〕**一衣無過，有重犯** 簡正卷一一：「今師釋也。今云：此本是清淨無犯之衣，
比丘將付尼時，使語彼云：『與浣。』浣了，恐色脫，即與染。染竟必致，即
以打。如是一時落彼，彼作未竟衣，未結犯，不成過。衣三事畢時，三罪頓得。
若令作三，但為作二，決（六九七頁上）心罷者，衣得二罪。後忽更打，只得
吉也。若但令染，與不染打，此得一罪。後重染時，成有過衣，亦但吉也。」
（六九七頁下）鈔批卷一七：「景云：三衣體淨（原注：『淨』字原本不明。），
故言無過。若體有過，使浣不犯，以不重犯也。若體無過，使浣、染、打，即
得三罪，故言重犯也。又言：重犯者，異戒也，非謂此三不可截，故全捨者。
既使湔，湔處有罪。餘不湔處，體罪，雖無罪，不截破故，合將捨懺，重使
浣染。」（七三一頁上）資持卷中二：「準疏『三十』中，四戒得重犯。浣衣、
擔擗雨衣是也。文云語使浣、染、打，三尼薩耆故。」（二九六頁中）【案】
「重」，音蟲。

〔二一〕**若為車馬瀇汙，使尼湔，亦犯捨** 資持卷中二：「僧祇明湔洗。半洗曰湔。」
（二九六頁中）簡正卷一一：「湔者，（『子先』反。說文曰：半洗也，文音
『淺』。）謂使尼湔處有罪，餘不湔處，雖無罪，不可割破，且將合捨。」（六
九七頁下）

〔二二〕**使浣打新衣，及使尼家二眾，俱吉羅** 資持卷中二：「四分明輕，皆謂非犯緣
故。」（二九六頁中）

〔二三〕**若浣竟，比丘言「未淨」，重使尼浣，比丘尼薩耆、吉羅** 資持卷中二：「善見
明重使。結二罪者，尼薩耆是前犯，吉羅即後罪，即犯捨衣，無重義也。」（二
九六頁中）鈔批卷一七：「此謂先令浣得尼薩耆，重使浣復得吉也。」（七三一
頁上）【案】善見卷一四，七七四頁中。

〔二四〕**若病，若為佛僧，若借他衣而尼浣等，不犯** 資持卷中二：「不犯三相。病是
難緣。佛僧借他，皆非己物也。」（二九六頁中）

從非親俗人乞衣戒〔一〕六

多論制不聽乞有四益〔二〕：一、令佛法增尚〔三〕故；二、為止諍訟〔四〕故；三、為滅前人不善心〔五〕故；四、為令眾生於正法中生信樂〔六〕故。

五百問論：昔有比丘，多乞積聚，不肯為福，又不行道。命終，作一肉駱駝山〔七〕，廣數十里。時世飢餓，一國之人，日日取食，隨割隨生。有一他國人來，見便斫取，便大喚動地。人問其故，便言：「吾本是道人，為貪財不施，負此國人物，以肉償之。我不負卿物，是故喚耳。」佛告比丘：貪為大患，捨之則應比丘之法。又云：若人乞比丘物〔八〕，云「是好？非好？」若實好言好，得物犯墮〔九〕；不好言好，犯棄〔一〇〕。若貧乏比丘〔一一〕，中前，得將白衣、沙彌入市乞錢，中後不合。應是無戒沙彌〔一二〕也。

具六緣成：

一、三衣具足。縱不具者，須乞取衣；若乞五穀，律結吉羅〔一三〕。

二、無因緣。謂奪、失三衣也。非謂迦提月中開從他乞〔一四〕。必是無、少，交不濟冬，隨量乞衣，不得盈貯〔一五〕。

三、非親里。五分、多論：從親里乞好衣〔一六〕，若貧匱〔一七〕，若與少索多，一切吉羅。

四、為己乞，應量衣〔一八〕。十誦、僧祇：乞得四肘以上，犯〔一九〕。若自乞，使人乞，作寒暑相，若為方便說法〔二〇〕，是等得者，皆墮。除乞漉水囊、小小補衣物、繫頭物〔二一〕、裹瘡衣、緣中一條〔二二〕、裹腳踝腨，拭手、面、身巾等，皆得。若乞是物時，施主施全衣財者，得取〔二三〕。本有方便心，但索小者，或容得大者，犯捨。

五、彼與，六、領受便犯。

四分：若被賊奪衣裸形者，佛言：當以奭草、樹葉覆形，應往寺邊。若取長衣，若知友邊取；若無者，僧中問取可分衣〔二四〕；若無者，問取僧衣〔二五〕、臥具；若不與者，自開庫看。若褥敷氈被，摘解取裁作衣，出外乞。若得已，應還，浣、染、縫治，安置本處；若不還本處，如法治〔二六〕。十誦：本處空，隨著近處。餘如雜法〔二七〕中。

律不犯〔二八〕中。

若奪、失三衣，從非親里乞。五分開衣壞時得乞，通前五緣〔二九〕。

律又云〔三〇〕：或為他乞，他為己乞，或不求而得，若從親里乞，若同出家人乞者，一切不犯。

五分：非法求施、施非法求，二俱犯罪〔三一〕。

【校釋】

〔一〕從非親俗人乞衣戒　簡正卷一一：「以非七世，故曰非親。未入道眾，稱之為俗。彼不請召，但自求不見，故號無衣。」（六九七頁下）鈔批卷一七：「跋難陀先有三衣，故不許乞。見論第十四云：釋子出家，有八萬人。憂波難陀最為輕溝（【案】『溝』善見作『薄』。），而性一聰明，音聲絕好，即跋難陀也。」（七三一頁上）資持卷中二：「（佛在舍衛，跋難陀為人說法，索所著衣，俛仰與之。單衣入城，俗（【案】『俗』疑『俗』。）譏。因制。）名中簡『親』及『道』，皆非犯故。」（二九六頁中）【案】本戒鈔科簡稱為「乞衣戒」。四分卷七，六〇八頁上開始。

〔二〕多論制不聽乞有四益　資持卷中二：「初是住持，中二滅惡，下即生善。」（二九六頁中）【案】「多論」下分二：初，「多論」下；二、「具六」下。

〔三〕令佛法增尚　資持卷中二：「一以多求，則壞佛法。」（二九六頁中）鈔批卷一七：「立謂：既制此戒，則不過度乞索，順少欲知足之行，外生物信，使佛法僧勝也。」（七三一頁上）

〔四〕為止諍訟　資持卷中二：「由俗有上下，不必同心。」（二九六頁中）

〔五〕為滅前人不善心　資持卷中二：「以求索過度，為人輕慢。」（二九六頁中）

〔六〕為令眾生於正法中生信樂　資持卷中二：「因睹少欲，信法尊勝。」（二九六頁中）

〔七〕命終作一肉駱駝山　資持卷中二：「初敘現業。」（二九六頁中）資持卷中二：「『命』下，生報。駱駝山者，形大背高，有如山焉。」（二九六頁中）

〔八〕若人乞比丘物　資持卷中二：「『又』下，約施明制。『乞』字，去呼，與也。好、非好者，謂持毀也。此句即彼問辭。」（二九六頁中）簡正卷一一：「是好、非好者，謂持戒、破戒也。實好犯墮，是自代其功不好，云『好』是誑，委他得物，犯重。」（六九七頁下）鈔批卷一七：「言好不好者，謂如法、非如法、持戒破戒等也。景云：若實持戒，自言持戒，以自歎德，得物犯提。內實破戒，妄言持戒，誑他得物，故犯棄也。」（七三一頁上）【案】五百問，九八九頁上。

〔九〕若實好言好，得物犯墮　鈔批卷一七：「謂口自述道德，得物犯捨。」（七三一

頁上）資持卷中二：「實犯墮者，自述德故。（同下勸增。）」（二九六頁中）

〔一〇〕不好言好，犯棄　資持卷中二：「即盜取故。」（二九六頁中）

〔一一〕若貧乏比丘，中前得　資持卷中二：「『若貪』（【案】『貪』疑『貧』。）下，約開明急。曲濟貧乏，復制中後，不自手捉，知意急矣。」（二九六頁中）

〔一二〕無戒沙彌　簡正卷一一：「謂無十戒也。以十戒中，亦不許捉寶故。」（六九七頁下）鈔批卷一七：「即形同沙彌也。以未有十戒，故得捉寶。又復，比丘不得言乞錢，（七三一頁上）令沙彌代述也。」（七三一頁下）

〔一三〕縱不具者，須乞取衣；若乞五穀，律結吉羅　資持卷中二：「上明直乞，下明為衣乞穀，情容諂故。五穀者，黍、稷、菽、麥、稻也。」（二九六頁中）

〔一四〕非謂迦提月中開從他乞　簡正卷一一：「恐入（【案】『入』疑『人』。）疑云迦提賞勞用乞，何故要須失、奪、燒、漂，方開？鈔文簡濫，故云『非謂』也。」（六九七頁下）資持卷中二：「初示緣相。『非』下，遮簡。恐謂迦提開乞無犯，故特示之。」（二九六頁下）

〔一五〕必是無、少，交不濟冬，隨量乞衣，不得盈貯　資持卷中二：「『必』下，通許。此謂實無。微通濟急，非教所開。交，俱也。限約所須，故云隨量。」（二九六頁下）簡正卷一一：「謂約貧乏，總無長財，即開迦提月中乞衣。若有長財，亦不開許隨量。」（六九七頁下）

〔一六〕五分、多論：從親里乞好衣　資持卷中二：「律、論三相，據親無過，約惱故吉。論云：親里多財，從乞無犯。」（二九六頁下）簡正卷一一：「乞衣者，隨三夜量，夜量外不得。更多貯畜，即是貪故。（六九七頁下）〔順正記：十三各隨重乞。不准波（【案】『波』疑『彼』。）句，通違篇本。〕」（六九八頁上）【案】五分卷四，二八頁中。多論卷五，五三二頁上。

〔一七〕貧匱　鈔批卷一七：「謂親里既貧，還從乞索，犯吉。貧無曰匱。又云：匱，由竭也。」（七三一頁下）資持卷中二：「今以貧匱惱他，索多無足，雖親亦罪。匱，乏也。」（二九六頁下）

〔一八〕為己乞，應量衣　資持卷中二：「兩緣合示。」（二九六頁下）

〔一九〕乞得四肘以上，犯　資持卷中二：「士、祇文中，初明應量。謂此戒犯量，非定三衣。四肘計七尺二寸。」（二九六頁下）簡正卷一一：「四肘者，七尺二寸，姬尺。」（六九八頁上）【案】十誦卷六，四四頁下。僧祇卷九，三〇二頁下。

〔二〇〕若自乞，使人乞，作寒暑相，若為方便說法　資持卷中二：「『若』下，釋為

己。文列四相，皆為邪求。」（二九六頁下）鈔批卷一七：「作寒暑相者，冬著
夏衣，夏著冬服也。案祇云：乞時作寒相、熱相。言寒相者，若比丘寒雪時著
弊故衣，詣檀越家，現凍戰相。檀越問言：『闍梨無衣耶，寒凍乃爾？』答言：
『無有。汝父母在時，恒為我作時衣，今汝父母去也，誰當為我作者；非但汝
父母死，我父母亦亡。』檀越即言：『闍梨莫怨恨，我當為作時衣。』『此是寒
相。云何熱相？』『謂五、六月大熱時，著厚衲衣流汗，詣檀越家，現熱相。』
餘問答辭，如前說。」（七三一頁下）【案】僧祇卷九，三〇二頁下。

〔二一〕繫頭物　資持卷中二：「『除』下，明開乞。繫頭物，舊云：帽帶、巾帊之類。」
（二九六頁下）

〔二二〕緣中一條　資持卷中二：「謂三衣㩜緣。」（二九六頁下）鈔批卷一七：「此舉
極少也。謂乞袈裟中一緣，或袈裟中一條也。案祇文中，此當開通文也。謂若
乞畏瘡物，若衣緣，若乞衣中一條，如是等物不犯。」

〔二三〕若乞是物時，施主施全衣財者，得取　資持卷中二：「『若』下，明乞小得大。
開遮可見。」（二九六頁下）

〔二四〕可分衣　資持卷中二：「次第四開。初取已長，二借他物，後二並僧物。『可分
衣』，即十方現前物。」（二九六頁下）【案】「若取長衣」下，開四種：「若取
長衣」，兩「若無者」，一「若不與者」。

〔二五〕僧衣　資持卷中二：「常住常住物。」（二九六頁下）

〔二六〕若不還本處，如法治　資持卷中二：「不復本處，違制吉羅。若取入己，應
重。」（二九六頁下）鈔批卷一七：「謂是僧物，雖開暫用，今不還僧，則犯重
也。言如法治者，治通輕重。今此文中，須如夷法治之，故曰如法治也。」（七
三一頁下）

〔二七〕雜法　資持卷中二：「雜篇廣示遇賊法。」（二九六頁下）

〔二八〕不犯　資持卷中二：「初，正示開緣。前五緣中，本宗四種，文闕燒漂。此五
反上第二緣。」（二九六頁下）【案】不犯中，分三：初，「若奪失三衣」下，
正示開緣；二者，「律又云」下，明取；三者，「五分」下，明能所俱犯。

〔二九〕五分開衣壞時得乞，通前五緣　鈔批卷一七：「立謂：上失、奪、燒、漂，并
五分衣壞時也，是此戒首明其四緣。深云：指前『離衣戒』中失、奪、燒、漂、
壞五緣也。明有此緣許乞。十誦第六云奪衣者，若官奪、若賊、若怨家、若怨
黨也。失者，若失不知所在，若朽爛、若虫嚙；燒者，若火燒、日炙；漂衣者，
若水漂、風飄也。」（七三一頁下）

〔三〇〕律又云　資持卷中二：「『律』下，次五取中。上三反第四，下二反第三。」（二九六頁下）

〔三一〕非法求施、施非法求，二俱犯罪　資持卷中二：「五分下，明能所俱犯。上句明受施者，謂行邪諂，乞求他施，正犯此戒。下句即能施人，謂不擇前境而故與之，為施所墮。上局比丘，下通道俗，道應輕罪，俗必成業。即興治中二，俱為施所墮是也。」（二九六頁下）鈔批卷一七：「立謂：邪命乞求，作非法用，俗復知而故施，二彼同罪。即涅槃第六云買迦羅迦果，噉已命終，即其義也。疏家解云：命終喻墮地獄。案，此語出五分律，謂佛涅槃後一百年中，跋闍比丘檀行十事。九事可知，第十事云：於月八日、十四、十五日，令諸俗人施金銀及錢，作衣鉢藥直。時耶舍比丘語諸比丘言：『莫作比（【案】『比』疑『四』。）求施，我親從佛聞。』若有非法求施，施非法求，二俱犯罪。復語諸白衣男女言：『莫作此施，我親從佛聞，若非法求施，施非法求，二俱犯罪。』彼諸比丘得金銀錢已，共分，令耶舍取分，耶舍不受。乃至集閻浮提七百比丘。于時有上座，若一切去，有一百三十六臘。第二上座，有一百二十臘。總有七百羅漢，共滅此十事，刊正法律。」（七三二頁上）【案】五分卷三〇，一九二頁中。

過分取衣戒〔一〕七

六緣：一、比丘失、奪三衣；二、非親居士；三、為失、奪故施，若不為失，隨受無罪〔二〕；四、比丘知彼為失故施；五、過知足〔三〕；六、領受〔四〕。便犯。

律云：若失一衣，不應取〔五〕；若失二衣，餘有一衣重數，若二重、三重、四重，應摘作若僧伽梨乃至安陀會〔六〕。善見云：若都失者，取上下二衣〔七〕，餘一衣別處乞。

四分：若自恣多與衣〔八〕者，若衣細，若衣薄，若不牢，應取作二、三、四重，當安緣，肩上應貼垢膩處，應安鉤紐。若有餘殘，語居士言：「此餘殘裁作何等？」若彼言：「我不以失衣故與，我曹自與大德耳〔九〕。」若彼欲受〔一〇〕，便取。

前戒為他，不犯〔一一〕。此戒若為他乞受，犯〔一二〕。

【校釋】

〔一〕過分取衣戒　簡正卷一一：「失三受三，名為過分。從彼與受，乃曰取衣。」（六九八頁上）資持卷中二：「（佛在舍衛，比丘失衣。有信居士多送衣與比

丘。言不須。六群令取持與『我』更受。因制。）戒名：失三受二，是為知足；失三受三，故名過分。」（二九六頁下）鈔批卷一七：「祇律第九云：憂波難陀語失衣，比丘言：『汝若不能乞者，我為汝乞。』即持紙筆，語諸優婆塞言：『助我乞。以有比丘從北方來，遇賊失衣故。』（七三二頁上）即至肆上，乞得多衣。難陀復言：『猶故未足。』優婆塞言：『有幾人耶？』答言：『多人。』復問：『為有幾人？』長引聲言：『乃至有六十人。』優婆塞言：『此衣可供五百比丘，何況六十。欲坐疊肆耶？』即擲紙筆，嗔恚言：『何處生是不知足人耳？』若失一衣不應取者，由餘二衣有三重、二重，可摘作也。今文中案律判：若失一、失二，俱不許乞；若三衣都失，方開乞也。」（七三二頁下）【案】祇律卷九，三〇三頁上。四分卷七，六〇九頁下開始。

〔二〕為失、奪故施，若不為失，隨受無罪　資持卷中二：「約彼施心，以定犯相。」（二九六頁下）

〔三〕過知足　簡正卷一一：「古人：失三受三，即是知足；失三受四，日（【案】『日』疑『曰』。）是過知足。今師師（【案】次『師』疑剩。）失三受二，失二受一，除（【案】『除』疑『餘』。）則別求，失一不得受。今失三受三等，即過知足也。尼五衣例此。」（六九八頁上）

〔四〕領受　簡正卷一一：「未受無過。」（六九八頁上）

〔五〕若失一衣，不應取　鈔科卷中二：「初，釋第五。」（六四頁下）資持卷中二：「或重衣可摘、或容別求都失。」（二九六頁下）

〔六〕若僧伽梨乃至安陀會　鈔批卷一七：「立謂：既失二衣，餘一衣在。若有三重、四重，摘作伽梨陀會等也，不得別乞。若無三、四重者，乃得乞一衣。」（七三二頁下）

〔七〕取上下二衣　資持卷中二：「取二者，疏云：以失衣處，施主厚心，不可全取也。」（二九六頁下）

〔八〕若自恣多與衣　資持卷中二：「『四』下，釋第三。」（五三七頁上）資持卷中二：「言自恣者，明非為（二九六頁下）失故施，反釋上緣。」（二九七頁上）

〔九〕我不以失衣故與，我曹自與大德耳　資持卷中二：「若言為失故與者，則不應取曹輩也。」（二九七頁上）

〔一〇〕若彼欲受　資持卷中二：「（注戒『欲受』上，無『彼』字。）」（二九七頁上）

〔一一〕前戒為他，不犯　鈔科卷中二：「『前』下，簡濫。」（六四頁中）簡正卷一一：「前戒自為己，即（六九八頁上）不得。若為他，不犯此。或自受得衣與他，

故犯，由情諂故。『若爾，既與前人，何故自犯？』答：『假是為他，要自受了方與，故入手時，即制與犯不犯者。鈔文存略。若知足，若減知足，若依細薄不牢，二、三重作，不為失，故施，一切不犯。』」（六九八頁下）資持卷中二：「若知足，若減知足，若多與衣（謂自恣請。），若細薄不牢，若二、三重，作、有。餘如上語，知並不犯。」（二九七頁中）扶桑記引贊宗記：「自恣請者，施主齎衣施比丘，時隨比丘意，恣令受取，恣比丘意，令任放故。」（二○七頁上）

〔一二〕此戒若為他乞受，犯　鈔批卷一七：「深云：緣起中。諸比丘既奉佛制，不許過受，俗人來施，懼不敢取。六群囑言：『汝既不用，可為我受。』因即為他受，佛便制戒，不應為他，故知自他俱犯。」（七三二頁下）資持卷中二：「疏云：由情諂故，若直為他，無情好者，未必取衣也。（謂知彼不得過取，故為取之。準戒疏，無『乞』字。今文寫誤。）」（二九七頁上）

勸增衣價戒〔一〕八

論犯，六緣成：

一、非親俗人，虛心辨價〔二〕；二、施期有限〔三〕；三、知限施；四、嫌少勸增；五、彼為增價、縷〔四〕；六、領受。便犯。

四分中：為居士施衣，嫌少更求，乃至增一錢十六分之一分〔五〕，若增縷乃至一線〔六〕也。十誦：有勸增色、量、價，三捨墮。

律不犯中。

先受自恣，請而往求，知足，於求中減少作〔七〕；若從親里求，出家人求，己〔八〕為他，他為己，不求自得。不犯。餘如疏中〔九〕。

【校釋】

〔一〕勸增衣價戒　簡正卷一一：「數遣答縷，名曰勸增。隨縷與直，故云衣價。」（六九八頁下）資持卷中二：「（佛在舍衛。居士夫婦共議持衣價，為跋難陀買衣。後知，往彼家勸令廣大新好堅緻，招譏。故制。）名中，『衣價』謂買衣價直。」（二九七頁上）【案】四分卷七，六一○頁中開始。

〔二〕非親俗人，虛心辨價　簡正卷一一：「靈喜之心，不從他乞也。」（六九八頁下）鈔批卷一七：「謂不從其乞，故自擬施，價量有限也。若先無限約，勸增則無過。」【案】「辨」，底本為「辨」，據大正藏本和簡正、鈔批釋文改。

〔三〕有限　資持卷中二：「有限者，少多定故。」（二九七頁上）

〔四〕彼為增價、縷　資持卷中二：「增價、縷二物，隨一成犯。」（二九七頁上）

〔五〕**乃至增一錢十六分之一分**　鈔批卷一七：「<u>立</u>謂：是古大銅錢，當今十六錢。將此一錢，當彼一分也。」（七三二頁下）資持卷中二：「舊記云即今一小錢，以彼國古大銅錢一當十六故。」（二九七頁上）【案】「四分」下，釋第三緣。

〔六〕**若增縷乃至一線**　鈔批卷一七：「<u>首疏</u>問：『此戒勸增價縷，乃至一縷便犯，前乞衣戒，乃至一條方犯，何以相違？』答：『乞衣本施主無心捨，及至乞時，（七三二頁下）任彼籌量，隨施多少，惱義是微，故得一條方犯。此勸增之中，主先虛心自施，分限已定，不賀其恩，嫌少更索。長貪惱彼，過患情深故，多少皆犯。』」（七三三頁上）資持卷中二：「一分一線者，舉其極少，以為限齊。十誦三種，四分但無增色。廣長堅緻，即是量價。」（二九七頁上）

〔七〕**先受自恣，請而往求知足，於求中減少作**　資持卷中二：「初，受恣請，知足減少，釋成開意。雖容恣索而不貪求故。」（二九七頁上）【案】此為不犯六相之第一。「若從親里求，出家人求，己為他，他為己，不求自得」，為不犯五相。

〔八〕**己**　【案】「己」，底本為「已」，據義改。

〔九〕**餘如疏中**　資持卷中二：「彼云：此戒犯相要在本絹於上勸增。若令買布，屬前乞戒。又問：『勸增一縷即犯，乞衣一條方犯，（即上十、祇四肘量也。）與此不同？』答：『乞本施主無心，乞時任其多少，惱義是微，故一條方犯。勸增中。虛心限約已定不荷，嫌少索多，貪惱最重，故多少同犯。』」（二九七頁上）

勸二家增衣價戒〔一〕九

制緣同前〔二〕，唯勸合二家為異〔三〕。

五分：乃至勸夫婦合作一衣，亦捨墮〔四〕。僧祇中：知足者，若與細者，云「我是練若頭陀，林中住〔五〕」，索不如者、麤者，皆犯捨〔六〕。以口自述德。

【校釋】

〔一〕**勸二家增衣價戒**　資持卷中二：「（佛在<u>舍衛</u>。二居士夫婦共議與<u>跋難陀</u>買衣。彼聞，往勸二家共作，招譏。因制。）」（二九七頁上）【案】本戒鈔科簡稱為「勸二家僧價戒」。四分卷七，六一一頁中開始。

〔二〕**制緣同前**　資持卷中二：「文指制緣，改前第四，但於『勸』字下，加『二家』兩字。疏問：『勸二居士共作一衣，價本不增，為有犯否？』答：『如文云：增（戒本云：共作一衣為好故，即是增義。）、不增，非犯。』」（二九七頁上）

〔三〕唯勸合二家為異　簡正卷一一：「謂前但一家今二家，勸令共作一衣，異前也。」（六九八頁下）

〔四〕乃至勸夫婦合作一衣，亦捨墮　資持卷中二：「五分雖是一家，同合二故。」（二九七頁上）鈔批卷一七：「其夫先擬為作，比丘復來，勸婦共作，增其價縷等亦犯。」（七三三頁上）【案】五分卷四，二八頁下。

〔五〕我是練若頭陀，林中住　資持卷中二：「僧祇雖順少欲，止須直索，輒自稱述，故入犯科。」（二九七頁上）鈔批卷一七：「案祇云：此是為好故。為好者有三：一、知足好，二、不知足好，二（【案】『二』疑『三』。）、麤足好。言知足好者，若與細衣時，便言我須麤者，是名知足好，犯提。二、不知足好者，若與麤衣時，便言若與我麤衣者不中，觸我腳，我是貴人，應與我好衣，此名不知足好得衣，提。言麤足好者，若與細衣，便言我不用此好衣，我是練若人，如鹿在林中，住在蘭若空地，與我麤者，是名麤足好，若得衣，犯提。」（七三三頁上）

〔六〕索不如者，麤者，皆犯捨　資持卷中二：「『不如』，謂非好者。『麤』下，斷犯。麤同細犯，故言『皆』也。疏云：麤亦同犯是也，不犯同前戒。」（二九七頁上）

過限忽切索衣價戒〔一〕十

五緣成犯：一、施主送寶，二、為貿衣用，三、付人轉貿，四、過分索之〔二〕，五、得入手，便犯。

律不犯者。

若遣使告知，若彼言「不須，即相布施」〔三〕，是比丘應以時、奿語、方便索衣；若為作波利迦羅〔四〕故與，以時、奿語、方便索得者，不犯。

【校釋】

〔一〕過限忽切索衣價戒　簡正卷一一：「越三、六制，名為『過限』。通迫淨（六九八頁下）主，故云念（【案】『念』疑『忽』。）切索衣。」（六九九頁上）資持卷中二：「（佛在羅問城（【案】『問』疑『閱』。），大臣遣使送衣價與跋難陀。彼將衣付淨主已，因事急索，致令被罰。因制。）戒名：越三語六默，名過限。逼迫淨主為匆切。疏問：『此戒為損王臣、為損淨主？』答：『本雖王臣，後在淨主，切惱故制，唯在後人。又云：此戒應在『畜寶』後，以制淨主故。』」（二九七頁中）扶桑記：「忽一作忽，可否難決。老字書：忽謂倏忽，

忽與忽同，急遽貌。行宗：忽謂急速。依此，以忽為正。」（二〇七頁下）【案】
本戒鈔科簡稱作「忽切索衣戒」。四分卷七，六一二頁中開始。

〔二〕**過分索之**　資持卷中二：「此有三位：一、純語，得六反；二、三反語，六反
默，齊九反；（二默當一語，戒本同此相。）三、純默齊，十二反。過三分齊
犯默索者，善見云：口不語，渙（【案】『渙』疑『喚』。）坐不坐，與食不受，
說法咒願，一切不得。」（二九七頁中）鈔批卷一七：「善見云：純語索，齊六
不犯，過六方犯。純嘿，十二未犯，十三反犯。但知一語，破二嘿。參作可
知。案祇云：三語六嘿者，非一往反中三語，乃是三往索，是名三語也。（七
三三頁上）言四、五、六反嘿者，非一往反嘿然，乃是六反往嘿然也。深云，
戒文云：若一、二、三反者，是三語也。又云：若四、五、六反者，是六嘿也。
其實合從前云一、二、三、四、五、六反。今翻譯家存省，但借前語家之三，
則承此三，下從四、五、六數也。（可尋戒疏云云。）上言純語，齊六未犯。
純嘿，齊十二未犯。今戒本則三語六嘿，則是半參也。向若四語，唯有四嘿，
若五語則，唯有二嘿。若六語，更不得有嘿，以過六悟，則犯故也。」（七三
三頁下）

〔三〕**若遣使告知、若彼言不須，即相布施**　資持卷中二：「初明語主。戒本云：若
不得衣，從所來處，即語本主。然彼施主於物不繫，則無逼切之義。」（二九
七頁中）簡正卷一一：「即相布施者，約本施主說，非謂淨主作此言。思之。
應以侍者隨淨主所期之時也。」（六九九頁上）鈔批卷一七：「立謂：淨主報
云：我不自用，大德不須自來，我即將施大德也。勝云：即相布施者，寶主永
捨，不懼失故。」（七三三頁下）扶桑記釋「然彼施主於物不繫」：「意云彼本
主於物有繫戀，故於彼淨主無逼切之慮，故雖告無犯。」（二〇八頁上）

〔四〕**波利迦羅**　資持卷中二：「『若為』下，正列不犯。初明餘物。若據戒緣，但云
貿衣，準此須約法衣成犯。『波利迦羅』，此云『助身』。軟語者，非逼切故」
（二九七頁中）簡正卷一一：「『波利迦羅』，此云『助衣身』也。或有難云：
『忽切索衣戒中，有淨生生（原注：『生』字疑剩。）者，且淨主因畜寶始有。
此既未制寶戒，何故有淨主耶？』答：『此戒理合在『畜寶』後，但為結集家
或翻譯者安布錯也。」（六九九頁上）鈔批卷一七：「『波利迦羅衣』者，立謂：
此云『雜碎衣』也。羯磨疏云：波利迦羅衣，唐譯云『助身衣』也，即百一供
具，令受持之，不合說淨，唯除衣鉢、坐具等五，餘悉是也。深云：本施主為
作此衣故施。過限索者，不犯。」（七三三頁下）

乞蠶緜作袈裟戒〔一〕十一

多論四意〔二〕：一、為止誹謗故，二、長信敬故，三、為行道得安樂〔三〕故，四、不害眾生命〔四〕故。

四分：因比丘至養蠶家，乞未成緜〔五〕、已成綿，作臥具，便待看暴繭作聲，因訶制之。若純作，若雜以毳、劫貝〔六〕，若麻及餘縷雜作成者。若斤斧細剉斬，和泥塗壁及埵〔七〕。

多論中：「憍奢耶」者，此是緜名。如秦地養蠶法〔八〕。若乞蠶，乞緜、乞縷，織布成衣者，墮。言「臥具」者，是三衣也。即三衣總名臥具，猶如此方被之相，故取通號〔九〕。外國作衣，凡有二種〔一〇〕：一、細擘布貯，如作氈法；二、緜作縷，織成衣也。亦得作三衣受持〔一一〕。以乞得故，作成捨墮〔一二〕。善見云：乃至雜一毛，便犯〔一三〕。「憍奢耶」者，絲中微者。蠶口初出，名「忽」〔一四〕。僧祇云：紐揲經緯〔一五〕穿雜者，一切捨墮；受用，得越。央掘經：繒緜、皮物，若展轉來〔一六〕，離殺者手〔一七〕，施持戒人，不應受者，是比丘法〔一八〕；若受者，非悲，不破戒〔一九〕。涅槃中：皮革、履屣、憍奢耶衣，如是衣服，悉皆不畜〔二〇〕。是正經律〔二一〕。今有一方禪眾，皆著艾布者，豈不順教〔二二〕！五分云：蠶家施緜，受已施僧，不得自入〔二三〕。

以此諸部相對，故知所制意重。野蠶尚犯〔二四〕，何況家蠶！雜忽尚犯，何況純作！

多有人乞覓而作三衣，此合斬捨，不合受持〔二五〕。著著得罪〔二六〕，如律明示。如諸律所明，不得往屠家乞肉血，及作酥乳家乞乳，並犯〔二七〕故。多論：若無蠶家，乞蠶自作緜，無罪〔二八〕。為出賣故，有蟲者，吉羅〔二九〕。若乞成緜貯衣，不犯〔三〇〕。若蟲壞者，作敷具，無犯〔三一〕。作不應量衣、一切敷具，吉羅〔三二〕。

律中：自作、教他作，成者犯墮，不成吉羅；若為他作，一切吉羅〔三三〕。

不犯者。若得已成者，斧斬〔三四〕，和泥塗埵。餘如戒本疏〔三五〕。

【校釋】

〔一〕乞蠶緜作袈裟戒　簡正卷一一：「梵云『高耶僧悉呾利』，此云『野蠶』，臥具綿，損命求作法衣。」（六九九頁上）鈔批卷一七：「不害眾生命故者。蠶綿因殺故得。以六群往蠶家乞綿，看暴蠶作聲，為俗所嫌，聖便制戒。縱得已成

者，斬碎和泥。諸戒捨懺之時，財還本主，唯斯一戒，制斬塗壁，由殺得故，意可見也。且如僧伽梨，（七三三頁下）尚不聽著雨中行，隨一渧沾，即結小罪。」（七三四頁上）資持卷中二：「戒本作臥具，昔人迷名，故直標袈裟以異之。」（二九七頁中）【案】本戒鈔科簡稱作「蠶綿袈裟戒」，鈔批簡稱「乞綿蠶戒」。「四分因」下為「犯相」文，分三：初，「四分」下；二、「多論中」下；三、「律中」下。四分卷七，六一三頁下開始。

〔二〕**多論四意** 簡正卷一一：「鈔闕具緣，戒疏具五。」（六九九頁下）資持卷中二：「上二為俗，下二為道。二對各有，生善滅惡。」（二九七頁中）【案】多論卷五，五三三頁上。

〔三〕**為行道得安樂** 資持卷中二：「無營求故。」（二九七頁中）

〔四〕**不害眾生命** 資持卷中二：「不惱他故。」（二九七頁中）資持卷中二：「文闕犯緣，傳寫脫漏。準疏，五緣：一、是蠶綿，二、自乞求，三、作法衣，四、為己，五、作成，便犯。」（二九七頁中）

〔五〕**因比丘至養蠶家，乞未成綿** 資持卷中二：「比丘即六群。未成綿即蠶繭。」（二九七頁中）簡正卷一一：「戒疏云：若據前緣，至養蠶家乞綿，看曝招譏，今論雜作純野蠶，以疏說親，俱令斬捨。『憍奢耶』，為絲中誦（原注：『誦』疑『勝』。）者之名，是綿名，養蠶所得也。如秦地養蠶法者，如此土養蠶所得，彼無絲綿兩異，但總名綿。准如此間，則有兩別，乞之皆犯捨。故下文『乞縷』是其事也。」（六九九頁下）

〔六〕**氎、劫貝** 資持卷中二：「『若』下，明純雜俱制。氎即獸毛。劫貝即木綿。」（二九七頁中）簡正卷一一：「字林云：細軟羊毛。又，尚書云：鳥獸皆有三種：一、大毛，謂之羽；二、毛管，謂之拔坮肉；小毛，謂氎也。劫貝者，樹花也。」（六九九頁下）鈔批卷一七：「今由綿作，制斬可知。……聲論云：天竺應言『割波婆』，翻為『樹花衣』也。持律者言，譯云『樹華』，亦云『草華』也。應師云，此或云『劫波育』，正言『迦波羅』，高昌名『㲲』，可以為布。罽賓以南，大者成樹，以北形小，狀如土葵，有殼，割以出華，如柳絮，可細為布也。」（七三四頁上）扶桑記引輕重儀卷下：「劫貝衣，中國出之，緝花所作，如白氎之例，京師有也。（準之，非日本木棉歟！）」（二〇八頁上）

〔七〕**若斤斧細剉斬，和泥塗壁及埵** 資持卷中二：「『若斤』下，明制捨法。斤即刀類。埵謂土墩。」（二九七頁中）鈔批卷一七：「深云：埵謂崒堵波是，此曰塔也。濟云：西方人多作土埵，方如床大，上安繩床，如京中衍（【案】『衍』

疑『衙』。）頭、侍官土床是也。以地低濕處，即作此埵，故曰也。」（七三四頁上）

〔八〕憍奢耶者，此是絲名，如秦地養蠶法　鈔科卷中二：「『多』下，引諸部。」（六四頁下）資持卷中二：「彼宗戒本云『憍奢耶』作教具，故論牒之。論失譯主，應是秦翻，故言秦地。」（二九七頁中）鈔批卷一七：「憍奢耶者，蠶口初出，此方名『忽』者是也。」（七三四頁上）

〔九〕即三衣總名臥具，猶如此方被之相，故取通號　資持卷中二：「出本翻意。古謂戒制『被』『敷』，迷名故耳，如疏廣斥。」（二九七頁中）簡正卷一一：「多論云：三衣總名臥具。古人云：此相難識，今師實相，此是袈裟。但以三衣總號，此土先無聞說，以綿作僧伽梨。此既本無，不知何物，而廣長有相，因被於教，故以翻之為臥具也。或云敷具者，三衣名也。多論：六季臥具，正是三衣。若非三衣，云何『乞法』黑白臥具並同此也？外國亦得作三衣，只為乞得，故犯捨。若他與，離煞者手，即得。」（六九九頁下）鈔批卷一七：「此戒諸師多判不同。宣云是袈裟，礪云相亦難識，四分名臥具，諸部或稱敷具，或稱被也。賓云：淨三藏云是臥籌（原注：『籌』疑『蓐』。）也。有其二別：一、是織成，二、是紆作織成，即是氍毹之類；紆作乃是氈褥之流。謂取『高世耶』絲，織為敷具也。或高世耶耶（【案】次『耶』疑『絲』。），用絹縫之作帒，內貯羊毛及樹華絮，以為敷具，本是臥具，不是三衣。今諍三藏（【案】『諍』疑『淨』。）言亦難准。若是敷具者，下『黑毛戒』，律文乃言：作蓐，作臥氈不犯。文既相違，若為通會。（七三四頁上）若依南山，是袈裟者，亦有違文之失，故下『減六年臥具』，戒云『減六年』，捨故更作新者不犯，豈可三衣捨而更作？月望衣戒，既不捨故，即應是犯，故知此戒，非三衣也。進退唯谷，故礪判云『相亦難識』。亮敘南山云：『此是袈裟，昔人迷之，至今未識。』但以三衣名相，東土本無，知何以翻？但取量同此方臥褥三肘、五肘故，使四分、五分同翻臥具，教令後習，謂為臥蓐。今以義求，定是袈裟，以老病比丘，從僧乞法，安有羯磨，加於氈席？又，下『黑毛臥具』緣起文云：『倣諸離車，著黑色衣，夜行不見。』明知是衣，上蓋之服。若是臥具，寧肯披行？又『黑毛戒』開通文云『若作蓐不犯』，明知此戒定非敷具。南山此判，妙盡其理。故論云『毗尼名為五處求』。章服儀中廣詳是非。可引彼證成，付在臨時說者。」（七三四頁下）

〔一〇〕外國作衣，凡有二種　資持卷中二：「『外』下，示綿衣法。」（二九七頁中）

鈔批卷一七：「礰云：准此，他部得已成者，亦得受持不同，四分俱不許也。」
（七三四頁下）

〔一一〕三衣受持　資持卷中二：「展轉來故。」（二九七頁中）

〔一二〕以乞得故，作成捨墮　鈔批卷一七：「深謂：若他將施不犯，由乞得故，將自
作衣。若作成犯捨，故云也。」（七三四頁下）資持卷中二：「乞得犯者，制情
過故。」（二九七頁中）

〔一三〕乃至雜一毛，便犯　鈔科卷中二：「『善』下，明雜作」（六四頁下）資持卷中
二：「一毛者，即下微絲。舉毛為況。」（二九七頁下）簡正卷一一：「取憍奢
耶，如一毛長雜餘物，作即便犯也。若用憍奢耶衣體，作紉處撲垢膩處，是羊
毛細撲，是憍奢耶，乃至經紬交迦穿雜，並是犯也。」（六九九頁下）

〔一四〕蠶口初出，名「忽」　資持卷中二：「梵名與前少異。『忽』是此方之名，舉以
合之。」（二九七頁下）

〔一五〕紐撲經緯　資持卷中二：「紐襈撲葉，製造雜也。縱經橫緯，財體雜也。」（二
九七頁下）

〔一六〕繒綿、皮物，若展轉來　鈔科卷中二：「『央』下，大乘極制。」（六四頁下）
資持卷中二：「已前律制，但據蠶家，大教轉來，不許受用。乃知，聲聞行劣，
但取離非，菩薩慈深，遠推來處。雖離殺手，無非殺來。足踏身披，皆沾業
分。」（二九七頁下）【案】央掘經卷四，大正藏第一二冊，三八六頁上。

〔一七〕離殺者手　資持卷中二：「非蠶家故。」（二九七頁下）

〔一八〕不應受者，是比丘法　資持卷中二：「『不』下，明所施可否。初，不受應法，
大小俱順，故受者非悲，違大順小故。小從大出，望制雖順，約義還違，故知
持戒行慈，方符聖旨。縱情受用，全乖道儀。故章服儀云：且自非悲之語，終
為永斷之言。」（二九七頁下）

〔一九〕若受者，非悲，不破戒　簡正卷一一：「雖離煞者之手，元是損生之命也。若
受之，四等之中，闕其悲愍眾生之心，被非煞者，不乞自施，故不破戒也。」
（七〇〇頁上）

〔二〇〕皮革、履屣、憍奢耶衣，如是衣服，悉皆不畜　資持卷中二：「引涅槃乃終窮
囑累，決了正教，明文制斷，何得遲疑。」（二九七頁下）【案】北本涅槃卷四，
三八六頁上。

〔二一〕是正經律　【案】意為上述這些做法，都是正法正教所言所教的。

〔二二〕今有一方禪眾，皆著艾布者，豈不順教　鈔批卷一七：「謂南岳思禪師領徒在

山，皆不著綿，用艾為絮，表裏著布（七三四頁下），中間著艾，用為禦寒也。今終南山中，亦有斯人也。」（七三五頁上）資持卷中二：「『今』下，舉現事，此指唐時。若僧傳中，敘南岳道、休二師，不衣綿帛，並服艾絮。故祖師云：佛法東漸幾六百載，唯斯衡岳慈行可歸。今時禪講，自謂大乘，不拘事相，綾羅鬥美，紫碧爭鮮，肆恣貪情，背違聖教。豈不聞衡岳但服艾絮，以禦風霜？天台四十餘年，唯被一衲；永嘉食不耕鋤，衣不蠶口；荊溪大布而衣，一床而居。良由深解大乘，方乃專崇苦行。請觀祖德，勿染邪風，則稟教修身，真佛子矣！」（二九七頁下）

〔二三〕**蠶家施縣，受已施僧，不得自入**　鈔科卷中二：「『五』下，小乘意急。」（六四頁下）資持卷中二：「五分不乞自施，尚不自入，意急可見也。」（二九七頁下）【案】五分卷五，三五頁上。

〔二四〕**野蠶尚犯**　鈔批卷一七：「野蠶者，立謂：外國純取野蠶，全不殺命，皆待虫出已，方取用也。于闐已西，多有此事。淨三藏云『高世耶』者，即是野蠶之名。此虫不養，自生山澤。西國無桑，多於醋果樹上而食其葉，其形皓白，麤如拇指，長二三寸，月餘便老，以葉自裹，內成其蠒，大如足指，極為堅硬。屠人揀（原注：『揀』疑『捉』。）之，取絲成絹，其絹極牢，體不細滑。若此虫不彼收者，經一月餘，蠒中出蛾，其翅兩開，如大張手，文璋煥爛，如紅錦色。每至宵中，雄雌相遇，還於食樹，復生其卵，總名此虫為『高世耶』也。西國屠兒，方為此業，勝人上姓，極汙其流，乞食僧尼，佛遮至宅。」（七三五頁上）資持卷中二：「『野』下，舉文以況。戒本云：雜野蠶綿故，兩舉以況之。世有野蠶食桑，就樹作蕭，破蠒為飛蛾，取此為綿，不損物命。」（二九七頁下）

〔二五〕**多有人乞覓而作三衣，此合斬捨，不合受持**　鈔科卷中二：「『多』下，指非。」（六四頁下）資持卷中二：「初示過。『此』下，決犯。合斬捨者，根本墮也。」（二九七頁下）

〔二六〕**著著得罪**　資持卷中二：「著著罪，從生吉也。」（二九八頁上）

〔二七〕**如諸律所明，不得往屠家乞肉血，及作酥乳家乞乳，並犯**　資持卷中二：「『如諸』下，引事例顯。」（二九八頁上）

〔二八〕**若無蠶家，乞蠒自作縣，無罪**　鈔科卷中二：「『多』下，辨犯輕。」（六四頁下）資持卷中二：「多論五節，初明自作。無蠶家者，展轉來故。言無罪者，以無蟲故。若是有蟲，出賣尚犯，豈容自作？」（二九八頁上）簡正卷一一：

「謂是幾了熟䖂，此家無䖂不是自藏了者，比丘乞得自作綿，不犯為責。」
（七〇〇頁上）鈔批卷一七：「深云：以展轉離殺者手故，不犯。皆約不得從
養家乞也。」（七三五頁上）【案】多論卷五，五三三頁上。

〔二九〕為出賣故，有蟲者，吉羅　資持卷中二：「『為』下，二、明出賣，不為作衣故。
彼續云：若無蟲者，無罪。」（二九八頁上）簡正卷一一：「有虫，吉者，虫雖
已死，招譏結吉故。」（七〇〇頁上）鈔批卷一七：「立謂：將賣故輕。若自作
衣，則提。言有虫者，謂雖非養蠶家，聽從乞。若䖂中猶有蠶者，比丘犯吉
也。」（七三五頁上）

〔三〇〕若乞成縣貯衣，不犯　資持卷中二：「『若乞』下，三、明已成。而不犯者，非
䖂家故。」（二九八頁上）

〔三一〕若蟲壞者，作敷具，無犯　資持卷中二：「『若蟲』下，四、明『蟲壞』無所損
故。論作『䖂壞』，恐寫誤。」（二九八頁上）

〔三二〕作不應量衣、一切敷具，吉羅　鈔批卷一七：「此約有虫未壞也。」（七三五頁
上）資持卷中二：「『作』下，五、作餘衣。並結吉者，必約䖂家，乞得為言。
彼云：下至四肘，捨墮；反知不應者，輕。又云：若合麻衣、劫貝褐衣、欽婆
羅作敷具者，吉。故云『一切』。」（二九八頁上）

〔三三〕自作、教他作，成者犯墮，不成吉羅；若為他作，一切吉羅　鈔科卷中二：
「『律』下，自作、教他。」（六四頁下）資持卷中二：「教他重者，譏過同故。
為他輕者，貪非己故。」（二九八頁上）

〔三四〕若得已成者，斧斬　資持卷中二：「戒制，造作已成，不犯。然須斬壞，不壞
還墮。」（二九八頁上）簡正卷一一：「若得已成者，謂前人䖂家乞得，作成施
我，我不自乞作，無罪，仍斬也。」（七〇〇頁上）

〔三五〕餘如戒本疏　簡正卷一一：「彼云若得已成者，亦須齊斬。此言甚切，云何可
通？如五分：他施已成，亦犯捨。十誦：若得已成，受用不犯。有釋云：但是
部列不同，十分、誦五（原注：『十分誦五』疑為『十誦、五分』。）：『若得已
成者，下列滅無開文，但道斬（原注：『斬』疑『斷』。）壞，如何捨制與用他
開疏？又問：既云非法，受持成不？答：『如律通制，但云五大上色不成受
持，至於財體，並無得不之判。今准央堀經文：僧綿成施，持。或人莫受設受，
非悲不破戒。據此斟酌，滅有餘義，非急不錄。』」（七〇〇頁上）資持卷中
二：「彼云：已成，斧斬，此言切人也，如何可通？如五分云：施已成，亦犯
墮等。」（二九八頁上）

黑毛臥具戒〔一〕十二

此四臥具戒，並是三衣總號，昔人疑之，至今不決〔二〕。僧祇：「氍
僧伽梨」乃至「坐具」等〔三〕。

四緣成犯：一、純黑毛〔四〕，二、作袈裟〔五〕，三、為己，四、作成
〔六〕，犯。

律中，自作、教他，同犯墮。如上〔七〕。

不犯〔八〕者。

若得已成〔九〕者，若裁割壞，元作擬割〔一〇〕。若細薄疊作兩重，元意
後得〔一一〕。若作褥，若作小方坐具，若作臥氍，或儭鉢內氍〔一二〕，剃刀
囊，作帽，作襪，作攝熱巾〔一三〕，作裹革屣巾，一切不犯。

【校釋】

〔一〕黑毛臥具戒　簡正卷一一：「乞黑羊毛作三法服。」（七〇〇頁下）鈔批卷一
七：「立謂：四分緣起，天竺離車喜作婬欲，夜著黑衣，使人不見，并為盜者，
亦所習之。（七三五頁上）比丘輒著，招譏。故制。案僧祇中，制緣全別，為
黑羊毛貴，或一金錢得一兩，乃至二、三、四金錢得一兩。此毛細濡，觸人眼
精，皆不淚出，甚為難得。此羊毛出四大國：一、毗舍離國，二、弗迦羅國，
三、剎尸羅國，四、難提跋陀國。時人為求此毛故，或時得還，或死不還。以
毛難得，是故極貴。而諸比丘，人人來乞，破我家業，唯至窮乏。」（七三五
頁下）資持卷中二：「（佛在毘舍離。梨車子多行邪行，披黑毛氍夜行，使人不
見。六群學作，招譏。而制。）會名中。總決前後四戒，十誦並號『敷具』。」
（二九八頁上）【案】四分卷七，六一四頁上開始。

〔二〕昔人疑之，至今不決　簡正卷一一：「義淨三藏云：敷具者，謂是臥褥：一則
織成，二則布體。織成者，氍氀之類。布貯者，乃是栴褥之流。昔人聞此言
之，至今疑情不決。相疏云：此相難識也。」（七〇〇頁下）鈔批卷一七：「立
謂：古師云是氍蓐也。今解：臥具是袈裟總名，故引僧祇稱僧伽梨，證知是三
衣也。又緣起中，比丘著此衣，道中行，因譏故制，豈是著稱（原注：『稱』
疑『氍』。）蓐，順路而行也？章服儀中，具破古義。」（七三五頁下）資持卷
中二：「彼謂臥具是被褥故。」（二九八頁上）

〔三〕「氍僧伽梨」乃至「坐具」等　資持卷中二：「僧祇，彼因諸比丘作氍三衣坐
具招譏，因制。文舉伽梨，略餘二衣，故云『乃至』。此證二毛非被褥明矣。」
（二九八頁上）簡正卷一一：「謂四分文中不了，但云臥具，不言袈裟，致此

疑懷不決。今引祇文，栴僧伽梨迦、鬱多羅僧、安多舍、尼師壇，亦云臥具，鈔越中間，故云『乃至』，用除疑故。外難云：『此四並是臥具，何不同（原注：『同』一作『向』。）前戒首之戒？不然則在後昔戒之，而於此戒中定之？』玄云：『古師見律乞為臥具，謂是臥褥，前或是綿疑稍薄，後二是毛，不異於此，故於此中定境。後乃同收，前衣名同，相從總述。」（五〇〇頁下）【案】「㲲」同「襯」。僧祇卷九，三〇六頁下。

〔四〕**純黑毛**　簡正卷一一：「非黑毛，是闕（【案】『闕』疑『開』。）緣也。……時人往彼求此毛，或得還，或死不返。諸比丘多求令彼，家破招世譏也。」（七〇〇頁下）

〔五〕**作袈裟**　簡正卷一一：「諸比丘求此作三衣、坐具。准（【案】『准』疑『唯』。）除漉囊，是開緣也。」（七〇一頁上）

〔六〕**作成**　簡正卷一一：「作成，犯捨。不成者，自為、他作，犯吉等。」（七〇一頁上）

〔七〕**如上**　簡正卷一一：「如上或自作敬他。」（七〇一頁上）資持卷中二：「即『蠶綿戒』。」（二九八頁上）

〔八〕**不犯**　資持卷中二：「不犯，十二相。二、三注顯，皆謂本作是心，故作成不犯。」（二九八頁上）

〔九〕**若得已成**　簡正卷一一：「戒疏云：不同前或假得已成，猶令斬壞。此開，故無文令壞。」（七〇一頁上）

〔一〇〕**元作擬割**　簡正卷一一：「謂本作時擬壞故。若本無心壞，作成即犯也。」（七〇一頁上）鈔批卷一七：「立云：此釋上文也。謂向若不擬割壞，作成則犯。今為元心擬割，今雖作成，未犯，不割方犯。若不元心擬割，作成即犯。（礪亦同此釋也。）濟謂：割者，意欲非是將擬作袈裟也。但是擬補衣及餘用故也。」（七三五頁下）

〔一一〕**元意後得**　鈔批卷一七：「立謂：當時作，雖是細貴者，擬後更得麤者、賤者，相撲重疊而作，即非純黑，故不犯也。（礪同此解也。）戒本中，糯羊毛者，應師云胡羊也。」（七三五頁下）

〔一二〕**㲲鉢內氈**　資持卷中二：「障塵垢故。」（二九八頁上）

〔一三〕**攝熱巾**　簡正卷一一：「謂食器熱，以巾裹手捉也。」（七〇一頁上）資持卷中二：「為㲲手故。」（二九八頁上）鈔批卷一七：「非拭汗巾也，乃是捉銅盌時，盌熱將巾裹手，捉之巾也。」（七三六頁上）

白毛三衣戒〔一〕十三

因緣同前〔二〕。佛制參作〔三〕，違教故犯。

五緣成：一、三毛參作〔四〕；二、擬作三衣臥具；三、為己；四、增好減惡，下至一兩〔五〕；五、作成。便犯。

【校釋】

〔一〕白毛三衣戒　資持卷中二：「（佛在舍衛。六群純以白毛作臥具，招譏。故制。）」（二九八頁上）【案】四分卷八，六一五頁上開始。

〔二〕因緣同前　簡正卷一一：「黑白雖殊，俱非應法，譏呵義等，故曰同前也。」（七〇一頁上）

〔三〕佛制參作　簡正卷一一：「諸比丘亦見前戒，不得黑故，便以白毛作之，因制三毛參也。不依敬參，是以犯故。」（七〇一頁上）資持卷中二：「參作者，黑、白、尨，三種間雜。」（二九八頁上）

〔四〕三毛參作　鈔批卷一七：「參，由雜也，同也。又，參，由參也。謂里（【案】『里』疑『黑』。）、白、尨也。若純作則犯，三色相參，白兩一分則犯。從多犯戒，故曰白毛。」（七三六頁上）簡正卷一一：「外難曰：『此列犯緣，今既依教參，何得卻犯耶？』法寶為通此難，云：『據理，三毛參作，是不犯緣。今可加不以兩字，即成犯故。』外（原注：插入『外』字）難曰：『既不以三參作，將何而作？若純黑犯前戒，（七〇一頁上）若純白犯此戒？』『初緣，若純尨，即無犯。今云：依制參作，理非可犯。因制參故，便有拒違。向下自有增好減惡一緣，即違教犯。今須存此，正是犯緣，不須加添不以二字。』」（七〇一頁下）

〔五〕增好減惡，下至一兩　簡正卷一一：「欲明增減，先敘相參，如戒下（【案】『下』疑『本』。）文云：應用黑半毛、三分白、四尨也。假如四十兩毛，用分為四：言二分黑者，二十兩黑毛也；三分白者，十兩白毛；四分尨者，十兩尨毛，此謂四分。澤津之人，語少不了。今准五分云：應用二分純黑羊毛，第三一分白，第四一分尨。證知前來二十兩黑毛、白、尨各十兩也。今不依此參，致有增好減惡，謂黑色增一兩，犯提，約體貴重故；白毛增一兩，犯吉，體稍殘故；尨毛增之，全不犯此耳。腳上短毛，體極賤故。問：『三毛俱參，黑既體貴，何故制以二分，其數卻多？』答：『戒疏云：就同制，或故黑多也。又黑色雖貴，順法服相，白是結服，所以不多。尨毛麤短，多即無用。』」（七〇一頁下）資持卷中二：「據戒本中，共有四分：黑毛二分，白毛、尨毛各一

分。尨謂麤毛也。增黑一兩，提；增白二兩，吉；增尨不犯。疏問：『黑白同犯，何故前黑不制參耶？』答：『兩戒明參，文則繁複，以後例前，黑參非犯。』又問：『三毛俱參（二九八頁上），何以黑多尨少？』答：『就白制戒，故黑多耳。約前黑戒，白亦須多。又云：黑色雖貴，順法衣相，白是俗服，是以少也。』」（二九八頁中）

減六年作三衣戒〔一〕十四

六緣成：一、有故臥具減六年，二、不捨故者〔二〕與人，三、僧不聽許〔三〕，四、更作新者，五、為己，六、作成，便犯。

僧祇：以老病持氎僧伽梨，不滿六年，不得更作〔四〕。若身不羸瘦，顏色不惡，白、羯磨、眾，一一不成〔五〕。

四分不犯者：僧白二聽，及滿六年〔六〕；若減六年，捨故更作新者〔七〕；若得已成者；若無〔八〕；若他與作。一切得。

【校釋】

〔一〕減六年作三衣戒　簡正卷一一：「作三法衣，制有季限，不得違越，減於六季。」（七〇一頁下）鈔批卷一七：「濟云：此是但三衣人，制限六年。今時畜長之人，則不類也。今詳若是但三衣人，即同前『月望』之類。月望戒中，有故三衣，堪持不堪著，聖開更作，未須捨故。今戒，律文云減六年捨故，更作新者，下犯，故知不捨即犯。與前『月望』，一倍相翻。月望不捨，非犯。此中不捨，是犯。今欲救鈔義：此約六年內不捨，更作是犯；『月望』約六年外不捨，故非犯。所以知是六年外者，有故三衣堪持、不堪著。若近來者，應當堪著。何為已爛也？」（七三六頁上）資持卷中二：「（佛在舍衛。六群嫌故臥具重，不捨更作，常營求藏積。）」（二九八頁中）【案】「減六年作三衣戒」鈔科又簡稱作「六年三衣戒」。四分卷八，六一五頁下開始。

〔二〕不捨故者　鈔批卷一七：「有人云：餘之三律，捨與不捨，減年與罪。若依四分，開捨得作。案五分云：六年者，數日滿六年也。」（七三六頁上）【案】本戒文中的「故」字為「舊」「破敝」之義。

〔三〕僧不聽許　資持卷中二：「以戒本文除僧羯磨故。」（二九八頁中）

〔四〕以老病持氎僧伽梨，不滿六年，不得更作　鈔科卷中二：「『僧』下，釋第三。」（六五頁下）簡正卷一一：「謂外三律（七〇一頁下）中，但未滿六季，假捨故者，亦犯捨。四分不爾，如下開緣中明之。」（七〇二頁上）資持卷中二：「僧祇初示本緣，以年不滿，故開羯磨。」（二九八頁中）【案】僧祇卷

九，三〇八頁中。

〔五〕若身不羸瘦，顏色不惡，白、羯磨、眾，一一不成　資持卷中二：「『若』下，簡濫。雖老不病，雖病不重，並不開。」（二九八頁中）簡正卷一一：「謂作白不成，作羯磨不成，眾僧假和合亦不成，故云一一不成也。」（七〇二頁上）鈔批卷一七：「立明：僧須觀其人顏色。若好則是無病，不須與法，與亦不成，不成和合之義，故曰眾不成。亦可白本白於眾，故曰也。」（七三六頁上）【案】「瘦」，底本為「膄」，據大正藏本及文義改。「白、羯磨、眾」義即「若白不成就，羯磨不成就，眾不成就」。（僧祇卷九，三〇八頁下。）

〔六〕僧白二聽，及滿六年　資持卷中二：「四分：比丘得乾消病，不堪持衣行，開羯磨作，不犯。」（二九八頁中）

〔七〕若減六年捨故，更作新者　鈔批卷一七：「心疏云：此是無本衣得造新也。豈捨受持，方復造衣？本造擬捨，故成不犯。成而不捨，罪則自科。」（七三六頁下）資持卷中二：「捨故作者，無本衣也。疏云：豈捨受持，方復造衣？本造擬施，故成不犯。成而不捨，罪則自科。」（二九八頁中）

〔八〕若無　資持卷中二：「『若無』者，如失壞也。」（二九八頁中）

不揲坐具戒〔一〕十五

五緣：一、先有故坐具〔二〕，二、更作新者，三、為己，四、無心以故者揲〔三〕，五、作成，便犯。

此與後九十中者，相對四句〔四〕：一、作新，如量，不揲，犯此戒。二、作故，過量，犯後戒。後二，俱句準知〔五〕。

律中〔六〕：造新坐具時，若故者未壞，未有穿孔，當取浣、染治，牽挽令舒，裁割取縱廣一磔手，揲新者上，若邊，若中央，以壞色故。但言須揲，不言氈、布〔七〕。隨十種衣，通得〔八〕。僧祇：氈作方一磔手。取故氈時〔九〕，不得從少聞犯戒〔一〇〕者、無聞〔一一〕者、住壞房不治者、惡名人、斷見人、遠離二師〔一二〕者、不喜咨問人、不分別魔事人〔一三〕，不應取；取則反上〔一四〕。不尖邪〔一五〕、凹凸、缺角、穿壞、垢膩。著時，令方圓得正。多云：若無長者，短亦應用〔一六〕。善見云：故者，下至一經坐，不須揲〔一七〕。

律不犯中。

裁取故者揲；若彼自無得處，更作新者；必有得處，如上律、論〔一八〕。若他為作；若得已成者；若純故者作〔一九〕。不犯。

【校釋】

〔一〕**不揲坐具戒**　資持卷中二：「（佛在<u>舍衛</u>。遍行諸房，見故坐具狼藉，因制揲故。六群違制，故立此戒。）」（二九八頁中）【案】<u>四分</u>卷八，六一六頁下開始。

〔二〕**先有故坐具**　資持卷中二：「準此無故，即應不犯。然制揲故，本為壞好。無故不揲，貪好不殊，豈得無犯？」（二九八頁中）

〔三〕**無心以故者揲**　<u>簡正</u>卷一一：「揲作成，亦未犯。若無無（【案】『無』疑剩。）揲心，作成即犯也。」（七〇二頁上）

〔四〕**此與後九十中者，相對四句**　鈔科卷中二：「『此』下，對簡九十。」（六五頁中）鈔批卷一七：「此戒明不揲，後戒明過量。故取相對有四句：一、如量不揲犯此戒；二、過量而揲犯後戒；三、過量不揲犯二戒；四、如量而揲不犯。」（七三六頁下）資持卷中二：「對揀中。四句，文出互二句；三、作故如量，前後不犯；四、作新過量不貼，犯二戒。（若行懺時，準<u>疏</u>先悔量外，然後捨懺。）」（二九八頁中）

〔五〕**後二，俱句準知**　<u>簡正</u>卷一一：「謂作故如量，兩戒俱持，作新過量不揲，兩戒俱犯。」（七〇二頁上）

〔六〕**律中**　鈔科卷中二：「『律』下，釋第二。」（六五頁中）資持卷中二：「前示揲法。」（二九八頁中）【案】「律中」下明揲法，分四，如鈔科所示。

〔七〕**但言須揲，不言氎、布**　資持卷中二：「『但』下，定衣體。」（二九八頁中）鈔批卷一七：「立謂：二物俱得為揲。」（七三六頁下）

〔八〕**隨十種衣，通得**　鈔批卷一七：「案四分『長衣戒』云：一、純衣者，憍奢耶作；二、劫貝衣者，以草作也；三、欽婆羅衣者，毛作也；四、芻摩衣者，紵麻作也；五、懺摩者，野麻作□（原注：□疑『也』。）；六、麻衣者，家麻作也；七、扇那衣者，白羊毛作也；八、翅夷羅者，鳥毛作也；九、鳩夷羅者，絳色羊毛也；十、懺羅鉢尼者，尨色羊毛也。」（七三六頁下）

〔九〕**取故氎時**　鈔科卷中二：「『僧』下，求取。」（六五頁中）資持卷中二：「<u>僧祇</u>初示體量。」（二九八頁中）【案】<u>僧祇</u>卷九，三〇九頁上。

〔一〇〕**少聞犯戒**　鈔批卷一七：「謂寡學，非多聞人也。」（七三六頁下）資持卷中二：「『取』下，簡人。從乞，文列八人，少聞犯戒，惡名斷見。此三無行。」（二九八頁中）

〔一一〕**無聞**　鈔批卷一七：「謂破戒、不識法相道理人也。」（七三六頁下）資持卷中

二：「無聞、不咨問、不別魔，此三無解不治房。」（二九八頁中）

〔一二〕二師　鈔批卷一七：「撿祇文意，是和上及闍梨也。」（七三六頁下）資持卷中二：「遠二師，即怠、墮人。」（二九八頁中）

〔一三〕不分別魔事人　鈔批卷一七：「謂不識邪正。如上所列之人，雖有不故物，合從其受。由斯人非法，所有物事，亦非法也。」（七三六頁下）

〔一四〕取則反上　資持卷中二：「非此八人也。」（二九八頁中）

〔一五〕不尖邪　資持卷中二：「『不』下，示裁揲之相。」（二九八頁中）

〔一六〕若無長者，短亦應用　鈔科卷中二：「『多』下，長短。」（六五頁下）資持卷中二：「多論不及一揲，亦許揲之。問：『此用何磔量？』答：『戒文不簡，人多疑之。今準十誦戒本，明用如來磔手，故須縱廣二尺為定。』」（二九八頁中）【案】多論卷五，五三五頁上。

〔一七〕故者，下至一經坐，不須揲　鈔科卷中二：「『善『下，故相。」（六五頁下）【案】善見卷一五，七七七頁中。

〔一八〕必有得處，如上律、論　鈔批卷一七：「謂上僧、祇并多論也。」（七三六頁下）資持卷中二：「注顯無求，為遮倚濫。律、論指前所引。」（二九八頁中）【案】不犯有五種。

〔一九〕若純故者作　鈔批卷一七：「立謂：若將故物者，不須與揲也。」（七三六頁下）

持羊毛過限戒〔一〕十六

四緣〔二〕：

一、是好羊毛，除賤、故〔三〕。律云：頭、項、足毛，不犯〔四〕。僧祇：持駝毛〔五〕、獺毛〔六〕、豬毛，犯越；成器，不犯〔七〕。五分：聽用駝毛貯褥〔八〕。

二、是己物。

三、自持。僧祇〔九〕：三人共有，各持，齊九由旬〔一〇〕。重檐者，俱犯〔一一〕。

第四。四分：若道行得羊毛處，須者應取。自持，至三由旬；當令人持〔一二〕。乃至彼處，中間不得佐助；若持，吉羅〔一三〕。令尼等四眾，亦吉。若持餘衣，若麻等，皆吉〔一四〕。若擔餘物貫杖頭，亦吉。

若擔毳裝、毳繩及餘處毛，若作帽、巾等，不犯〔一五〕。

【校釋】

〔一〕**持羊毛過限戒** 資持卷中二：「（佛在舍衛。跋難陀得羊毛，貫杖頭行，招譏。故制。）名云：過限者，出三由旬故。」（二九八頁中）【案】本戒鈔科簡稱作「持羊毛戒」。四分卷八，六一七頁中開始。

〔二〕**四緣** 簡正卷一一：「此戒犯緣具四，今依戒疏科分二：初，前二別明；次，後兩合釋（云云）。一、『是好羊毛』至第二『己物』。（此前二別明也。）今釋中，二：初前標，後舉依他部略明。二、『四分』下廣行，當宗辨三由旬，及過犯之相。（此依搜玄科鈔文也。）」（七〇二頁下）

〔三〕**是好羊毛，除賤、故** 資持卷中二：「疏云：今若生譏，何論貴賤？擔於毳等，亦越威儀。〔擔毳，亦（【案】『亦』疑『見』。）不犯文。〕但緣在於毛，故制開外耳。（準此，擔賤犯吉。下引僧祇可見。）」（二九八頁中）

〔四〕**頭、項、足毛，不犯** 鈔批卷一七：「立謂：頭足毛麤，故不犯，要擔細軟者，方犯也。」（七三七頁上）

〔五〕**駝毛** 鈔批卷一七：「駱駝毛是也。」（七三七頁上）

〔六〕**獺毛** 資持卷中二：「僧祇簡餘獸。『獺』字音誤，律本作『狙』，獸名，似狼而赤。」（二九八頁下）

〔七〕**成器，不犯** 鈔批卷一七：「立謂：成氍及坐具、三衣也。宣云：器謂衣相也。」（七三七頁上）

〔八〕**聽用駝毛貯褥** 資持卷中二：「五分但云貯褥，應得持行。」（二九八頁下）【案】五分卷二五，一六七頁下。

〔九〕**僧祇** 簡正卷一一：「此謂前標。『三』自持也，後舉『第四』，中間僧祇，略消二緣。上半是三由旬，重擔俱犯，即是過限故。」（七〇二頁下）【案】僧祇卷九，三一〇頁上。

〔一〇〕**齊九由旬** 鈔批卷一七：「立謂：計人各得三由旬也。」（七三七頁上）簡正卷一一：「『齊九』者，三人各持三，總計九，未犯。（七〇二頁上）重擔，即過犯第四緣也。（已上正釋竟。）或依法寶，科為前三，令（【案】『令』疑『今』。）辨二。」（七〇二頁下）

〔一一〕**重擔者，俱犯** 鈔批卷一七：「此下，子注云：『第四』者，屬上也，應言俱犯。第四，謂三人既共擔九由旬竟，若更重擔，則俱犯。其第四緣是犯緣是犯緣（【案】次『是犯緣』疑剩。），故曰也。」（七三七頁上）資持卷中二：「僧祇共擔一人，各得三由旬限。俱犯者，物同一處，俱過限故。」（二九八頁下）

〔一二〕**當令人持**　資持卷中二：「『當』下，明使他。」（二九八頁下）簡正卷一一：
「自擔三由旬竟，使他持於限外，更助他得吉。若五分，但聽持不許，須戴背
負也。」（七〇二頁下）【案】此句省略前半句。義為：若無人，開自持，但限
三同旬距離。若有人能持，當請他人持。

〔一三〕**若持，吉羅**　資持卷中二：「若持吉者，即佐助也。唯許白衣，不得四眾，譏
過同故。」（二九八頁下）簡正卷一一：「自擔三由旬竟，使他持於限外，更助
他得吉。若五分，但聽持不許，須戴背負也。」（七〇二頁下）

〔一四〕**若持餘衣，若麻等，皆吉**　簡正卷一一：「若持餘衣者，恂遮羅葉草。餘物者，
戒疏云：帽、巾等，吉也。」（七〇二頁下）資持卷中二：「『若』下，明餘物。
衣麻即係當戒。」（二九八頁下）標釋卷八：「鳩夷羅衣，亦作拘攝羅，又作拘
遮羅，未詳翻。按經音義云：鳩夷羅，此云好眼鳥。此雖鳥名，或如此方象眼、
雀眼，紗布之類也。」（五二四頁下）標釋卷二〇：「俱遮羅，亦云拘遮羅，又
云鳩夷羅，可用作衣。此方無，故不翻也。」（七一二頁上）

〔一五〕**若擔毳裝毳繩及餘處毛、若作帽、巾等，不犯**　資持卷中二：「不犯有四。上
三，準疏並吉。毳裝，舊云：音『壯』，即細羊毛裘，雨中披行，北方多也。
餘毛，即頭、項等。」（二九八頁下）簡正卷一一：「毳裝（去呼）者，字林云：
細羊毛作也，雨中披行。古來天子、大夫服之，巡行邦國。毳繩者，以毛為也。
除（【案】『除』疑『餘』）處毛，即耳、腳上毛也。准此，亦是未擔之前。若
曾擔毛三由旬竟，更持上諸物，亦犯吉也。」（七〇二頁下）

使非親尼浣染毛戒〔一〕十七

制意、犯緣，同浣衣戒〔二〕。又，多論云：為增尚佛法，故制。若諸
尼眾，執作浣染，廢修正業，則無威儀，破增上法。又，止惡法次第因
緣〔三〕，各令清淨故。餘如疏中〔四〕。

【校釋】

〔一〕**使非親尼浣染毛戒**　資持卷中二：「（佛在迦維羅衛。六群使姨母尼染羊毛，
污色在手。佛見故問。因制。）」（二九八頁下）【案】本戒鈔科簡稱為「浣染
毛戒」。四分卷八，六一八頁上開始。

〔二〕**制意、犯緣，同浣衣戒**　簡正卷一一：「犯緣具五：一、是比丘尼，二、是非
親里，三、是己故毛，四、自己院染擗，五、竟，犯。」（七〇二頁下）鈔批
卷一七：「但上浣故衣者便犯，新則不犯。此則新、故俱（原注：『俱』疑
『俱』。）犯。以就損功妨業中制也。此戒因六群比丘使愛道浣染羊毛，以污

手故，為佛自見，因制戒也。」（七三七頁上）

〔三〕惡法次第因緣　鈔批卷一七：「恐因交致染，容成『屏坐』及『麤觸』等，復為婬事，故曰次第也。」（七三七頁上）

〔四〕餘如疏中　簡正卷一一：「首疏廣明姨母女人來至佛所，但亦不坐，恐招譏等。」（七〇二頁下）

畜錢寶戒〔一〕十八

多論云〔二〕：佛制此戒有三益：一、為息誹謗故，二、為滅鬪諍故，三、為成聖種節儉行〔三〕故。

寶是八不淨財。且因料簡四門：一、列數顯過，二、開制不同，三、結罪輕重，四、交貿多罪、少罪。

初中

列數〔四〕者：一、田宅、園林；二、種植生種；三、貯積穀帛；四、畜養人僕；五、養繫禽獸；六、錢寶貴物；七、氈褥、釜鑊；八、象金飾牀，及諸重物〔五〕。此之八名，經論及律，盛列通數，顯過不應〔六〕。相承次比，如上具述，不出佛經〔七〕。二、明過者：諸戒不對俗制，唯此對之，令道俗通禁，見畜捉者，知非佛子〔八〕。故律、經中皆言「沙門四患」，即此戒是〔九〕。「若有畜者，非我弟子〔一〇〕。」五分亦云：必定不信我之法律〔一一〕。由此八種，皆長貪壞道，汙染梵行，有得穢果，故名「不淨」〔一二〕也。餘如「正解」中。

二、明開畜者

經中禁重，如後所明〔一三〕。律中在事，小機意狹，故多開畜〔一四〕。

第一不淨中

田是妨道，別人不開〔一五〕。一口小房，有資道要，依上開畜〔一六〕。

毗尼母〔一七〕云：畢陵伽〔一八〕為國人所重，施一小寺、羅網、車輿、駝驢等畜，僧坊所須，開受。僧祇中，為僧故得受。善見〔一九〕：居士施田地，別人不得用。若供養僧者，得受。多論〔二〇〕：檀越欲作大房舍，應開解、示語，令小作，順少欲法。若為容多人故作者，不應違意。五分：有人施僧田宅、店肆，聽受，使淨人知之。善見：若人以池施僧，供給浣濯，及一切眾生聽飲用者，隨意得受〔二一〕。

二種植根栽

若如僧祇，為僧管理者，得，別人不開。即汙家法中，自種、教他，

一切不合，除供養佛法僧〔二二〕。餘如雜法中說〔二三〕。

三貯積穀帛〔二四〕

昔云「儉開三十六石」，出善生經，余自披撿真偽二本，並無〔二五〕。舉世夢傳〔二六〕。

涅槃云：聲聞僧者，無有積聚。所謂奴婢〔二七〕、僕使、庫藏、穀米、鹽豉、胡麻、大小諸豆，若自手作食，自磨自舂，種種非法故。若有說言「如來聽畜非法之物」，舌則卷縮。僧祇云：若比丘糴粟時，作念「此後時恐貴，今糴此穀，我當依是得誦經、坐禪、行道」，而不言多少。準酌一夏之糧，亦隨時料其豐儉〔二八〕。鹽則準前穀量〔二九〕。盡形藥中，加法亦得〔三〇〕。律中：比丘道行，得大麥、小麥、班豆、粳米，佛開受之，安置囊幞內盛之〔三一〕。應合淨施〔三二〕。故文中：諸比丘得道路糧，開受，淨人賞舉。後卷具有說淨方法〔三三〕。

四畜諸僮僕

增一云〔三四〕：長者將女施佛，佛不受；「若受者，漸生重罪」；因說欲過，羅剎女等事。僧祇：若人云「施僧奴」，若「施使人」，若「施園民婦」，一切不應受。若言「施供給僧男淨人」，聽受。若施別人，一切不得〔三五〕；若施淨人，為料理僧故，別人得受。若施尼僧，乃至別人，反前，唯言「女淨人」為異等〔三六〕。今諸伽藍多畜女人，或賣買奴婢者，其中穢雜，孰可言哉！豈唯犯淫，盜亦通犯〔三七〕。深知聖制不許，凡豈強哉？

僧祇：畢陵伽在聚落，自泥房，王與使人，三反不受〔三八〕。云：「若能盡壽持五戒、奉齋，然後受之。」十誦：守竹園寺有五百人〔三九〕，王舍城中也。有十種施無福：一、謂施女人，二、戲具，三、畫男女合像，四、酒，五、非法語，六、器仗，七、大刀，八、毒藥，九、惡牛，十、教他作如是施。

五畜畜生

律中：比丘畜貓子、狗子，乃至眾鳥，並不得畜。僧祇：若人施僧一切眾生，並不應受。眾生者，馬、驢、豬、羊、獐、鹿，如是一切，自餘野鳥獸等。若見比丘不受，云「我當殺之」，應語令自施水草，守護，勿令傷害；不得翦翅、籠繫；若能飛行自活者，放去，莫拘之。善見：若施牛羊不得受；若云施乳酪等五味，得受〔四〇〕。餘一切

畜生亦爾。

涅槃經中：比丘之法，不得賣買生口等。伽論：為塔故，受駝、馬、驢〔四一〕。今有施佛、法家畜生，而知事有賣者，並不合聖教。

十輪：若施四方僧物、田宅、淨人〔四二〕，不與持戒，反與破戒，自恣受用，并與白衣同共食啖。因此，剎利、居士，皆入阿鼻〔四三〕。

日藏分云：於我法中，假令如法，始從一人，乃至四人〔四四〕，不聽受田宅、園林、車馬、奴婢等常住僧物。若滿五人，乃得受之〔四五〕。大集亦同〔四六〕。

四分「乘乘戒〔四七〕」中，開老病得乘男乘、女乘尼騎，如瞻病法〔四八〕。僧祇：船、車、牛、馬等乘，無病不合〔四九〕；唯因水中船行者，得。

六畜錢寶

若元作自畜之意，不合〔五〇〕。若擬淨施與他，依律文開〔五一〕。

僧祇、十誦、善見云：若病人得者，令淨人畜，為貿藥故。若多人與藥錢直，得置氈褥底，眼暗〔五二〕求時，手觸在無，不犯。又云〔五三〕：末利夫人施僧布薩錢〔五四〕，佛言「聽受」，準義付他。又，居士持金銀與僧〔五五〕，作寺、食堂、園田，比丘不得受，犯吉羅；應付淨人，口得處分。若施作飲食、衣藥、臥具，亦不自受。若受後作衣服，用得吉羅。應付淨人。雜含云：自今已後，須木直索木〔五六〕，乃至須人工等，亦直索之。慎勿為己受取金寶。則破四分人解〔五七〕。律云：若為作屋故，求材木、竹、草、樹皮，得受，不應自為身受。若文不了，引經自明。餘如正解〔五八〕。

七聽畜重物〔五九〕。

毗尼母：別人聽受刻鏤大牀，唯除金寶〔六〇〕。若縣褥者，他施已成者，十誦開受〔六一〕。毗尼母、四分：氈褥等，他施聽受，廣三肘，長五肘〔六二〕，淨施，畜；若鐵、瓦瓶等，銅盆、銅盌等器，別人得受〔六三〕。

八者佛不開〔六四〕者

善見云：不得捉一切穀，除米〔六五〕。若施器仗者，僧應打壞，不得賣〔六六〕。施樂器者，不得捉，得賣〔六七〕。增一云：若得金寶施，呪願已，還反施主〔六八〕。

涅槃云，若有人言：「如來憐愍一切眾生〔六九〕，善知時宜，說輕為重、說重為輕。」觀知我等弟子，有人供給，所須無乏。如是之人，佛則不聽受畜一切八不淨物。若諸弟子無人供須〔七〇〕，時世饑饉，飲食難得，為欲護持、建立正法，我聽弟子受畜奴婢、金銀、車乘、田宅、穀米，賣易所須。雖聽受畜如是等物，要須淨施篤信檀越〔七一〕。如是四法，所應依止〔七二〕。我為肉眼諸眾生說是四依〔七三〕，終不為慧眼者說。若有三藏反上說者〔七四〕，亦不應依。又說八不淨財〔七五〕。十餘處文〔七六〕，皆極毀破，不令畜服。又云：若優婆塞知此比丘破戒受畜八法，不應給施，又不應以袈裟因緣，恭敬禮拜〔七七〕。若共僧事，死墮地獄〔七八〕。十輪經說：據不知持犯者，並須恭敬〔七九〕。又，涅槃經窮終極教，不用亦得〔八〇〕。以護法故，小小非要〔八一〕。

三、明畜罪輕重

八中，六、七，金錢、縣褥，得墮〔八二〕，以違淨施故。餘則吉羅〔八三〕，畜者亦少〔八四〕。

四、交貿輕重〔八五〕

若以此八，貿衣，犯捨〔八六〕。以衣得寶、縣㲲，亦捨〔八七〕。若得餘六，並得吉羅〔八八〕。若以衣寶相易，皆墮〔八九〕；貿餘六種，吉羅〔九〇〕。六自相貿，皆吉〔九一〕；得衣寶者，皆提〔九二〕。此謂與俗人增減；與五眾，得小罪〔九三〕。

多論：若說淨錢寶，後貿衣財〔九四〕，作三衣鉢器，入百一物數，不須說淨〔九五〕；已外須說〔九六〕。若犯罪者，悔於僧中〔九七〕。已用錢寶貿衣財及百一物者，不須捨之，已入淨故。已外成衣、不成衣，一切說淨，無罪〔九八〕。

正解本戒〔九九〕

此是「畜寶戒」，「九十」是「捉寶戒」〔一〇〇〕。文言「手捉」，別時意〔一〇一〕也。

具四緣：一、是錢寶，二、知是，三、為己，四、受取，便犯。

此之一戒，人患者多。但內無高節，外成鄙穢〔一〇二〕，不思聖誡嚴猛，唯縱無始貪癡〔一〇三〕。故律言「非我弟子」。準此失戒〔一〇四〕矣。又云，佛告大臣：若見沙門釋子以我為師，而受金銀錢寶，則決定知非沙門釋子〔一〇五〕。又雜含云〔一〇六〕：若為沙門釋子自受畜者，當知五欲

功德，悉應清淨〔一〇七〕。又增一云，梵志書述〔一〇八〕：若是如來者，不受珍寶。故略引多文，證成非濫。

佛世尊欲增尚弟子，令棄鄙業，遠超三界，近為世範。今乃反自墜陷，自畜自捉，劇城市之商賈〔一〇九〕，信佛法之煙雲〔一一〇〕。反自誇陳，妄排法律，云：「但無貪心，豈有罪失？」出此言者，妄自矜持，不思位是下凡，輕撥大聖〔一一一〕。一分之利尚計，不及俗士高逸〔一一二〕。何異螳蜋拒輪之智，不殊飛蛾赴火之能〔一一三〕。豈唯畜捉長貪，方生重盜之始〔一一四〕！故略述誡勸，有智者臨境深思〔一一五〕。涅槃云：若能遠離八毒蛇法，是名清淨聖眾福田〔一一六〕。應為人天供養，清淨果報非肉眼所能分別〔一一七〕。又云：祇桓比丘，不與受金銀者共住、說戒、自恣、一河飲水〔一一八〕，利養之物，悉不共之。若有共僧事者，命終墮大地獄〔一一九〕。智論云：出家菩薩，守護戒故，不畜財物。以戒之功德，勝於布施〔一二〇〕。又，涅槃第十一卷下文云：菩薩持息世譏嫌戒，與性重無別〔一二一〕。廣有明文。「息世戒〔一二二〕」者，即白四羯磨所得。諸文如彼，恒須細讀。

四分：錢者，有八種，金、銀等，上有文像〔一二三〕。僧祇：生色、似色，皆提。生色者金，似色者銀〔一二四〕。「似」，猶「像」〔一二五〕也。錢者，隨國用〔一二六〕。一切不得捉；捉，得提〔一二七〕，應僧中悔。多云：「七寶〔一二八〕」者，金、銀、摩尼、真珠、珊瑚、車渠、馬腦。當取〔一二九〕，犯捨墮。莫自手取，如法說淨者，不犯。若似寶、銅、鐵、琥珀〔一三〇〕、水精、偽珠〔一三一〕、鍮石等〔一三二〕，以五種取，為畜故者，吉羅〔一三三〕。不應自取；如法說淨，得。若捉金薄、金像，藏舉自他寶，並墮〔一三四〕，不犯此戒。若似寶，入百一物數〔一三五〕，不須作淨，皆得畜一。百一之外，皆是長物。若不入百一數，如前說淨。

僧祇云〔一三六〕：不淨物者，金、銀、錢，不得觸〔一三七〕故。餘寶得觸，故名淨〔一三八〕；不得著〔一三九〕故，名不淨物。若不淨者，自捉、使人，一切皆提〔一四〇〕。若相成就〔一四一〕，國土不用，得越。若凡得錢，及安居衣直，不得手取，使淨人知〔一四二〕。無者，指腳邊地，語言「是中知」〔一四三〕。著地已，自用葉、甄、瓦等，遙擲覆上，後將淨人令知持去〔一四四〕。不可信者，令在前行。若可信者，任意掌舉。

四分〔一四五〕：是中捨者〔一四六〕，告可信人，來已，云：「此是我所不

應，汝當知之〔一四七〕。若彼人取還與比丘者，當為彼人物故受，敕淨人掌之〔一四八〕。若彼為比丘貿衣鉢等，應持貿易，受持之〔一四九〕。若彼優婆塞取已，與比丘淨衣鉢，應取持之；若不語彼人「知是看是」，突吉羅〔一五〇〕。僧祇〔一五一〕：若知佛、法、僧事者，有錢寶欲舉賞，若生地，使淨人知；覆處死土，使比丘堀〔一五二〕。若淨人不可信者，裹眼三旋〔一五三〕，然後知地已，內錢坑中。若散落者，得以甎、瓦擲入〔一五四〕。如是作已，如前裹眼使去。後欲須時，如前方法至錢寶處。淨人不可信者，還裹眼三旋，將來取之。若施主作金碗〔一五五〕，令比丘受用，為得福者，當持食來時，舒手示器，應言「受受受」〔一五六〕；三說已，食之。不得觸器四邊、讚歎、手捉〔一五七〕。此是後「九十」中〔一五八〕。

多論：五種受〔一五九〕：一、以手受，二、以衣取，三、以器取，四、言「著是中」，五、若言「與是淨人」，皆犯捨〔一六〇〕。下三眾亦不得畜，畜得吉羅。僧祇：若身者，一切身分，乃至手腳等。若身相續者，謂繫三衣紐，乃至鉢盂中，皆捨墮〔一六一〕。

多論：五種長物〔一六二〕：一、重寶；二、似寶；三、若衣、衣〔一六三〕財應量已上；四、一切不應量衣及衣財；五、一切穀米。重寶捨與同意淨人，罪僧中悔〔一六四〕。若錢寶，比丘不得畜〔一六五〕；若僧中次行者，說淨〔一六六〕。餘似寶及百一物數〔一六七〕，一切捨與同心淨人，罪作吉羅悔。錢寶說淨有二〔一六八〕：若白衣持來施與比丘，比丘言：「此不淨物，我不應畜，若淨當受〔一六九〕」，即當說淨；二者，淨人言「易淨物畜」，即當說淨〔一七〇〕。若彼此不語，取得，捨墮〔一七一〕。若捨，與白衣，不得與沙彌〔一七二〕。

僧祇云〔一七三〕：<u>目連將專頭沙彌往阿耨達池</u>〔一七四〕，取金砂擬安佛澡鑵下，乃至「老比丘將沙彌還本村〔一七五〕，眷屬以道行無食，以錢繫衣內，在道」，並為非人左遶，以土坌之〔一七六〕，罵言「此不吉利〔一七七〕」。各以事白，便俱令棄之〔一七八〕。非人並為作禮，右遶而過〔一七九〕。此猶可治，故逢幽責〔一八〇〕，如池神譏類〔一八一〕。餘有未懺，必遭顯戮〔一八二〕，同頰腫之儔〔一八三〕。

律不犯中。

開緣如上〔一八四〕。若彼人不肯與衣者，餘比丘當語言〔一八五〕：「佛有教，為淨故與，應還他物。」若又不與，自往語言〔一八六〕：「佛教比丘作

淨故與。汝不還我者，此物應與僧〔一八七〕、塔、和尚、知識及本施主。」不欲令失彼信施故。

【校釋】

〔一〕畜錢寶戒　資持卷中二：「（佛在羅閱城。大臣為跋難陀留食分，兒以五錢取食。跋難陀取錢寄市上，人譏。故制。）名中，畜謂藏積。錢寶是八穢之一。」（二九八頁下）簡正卷一一：「貯用屬己名畜，情所珍翫為寶。」（七〇二頁下）鈔批卷一七：「立謂：將欲解釋此戒，先且廣明八不淨物之相。礪云：言八不淨者，若畜此八，長人貪求，（七三七頁上）污染梵行，故言不淨。」（七三七頁下）【案】「錢寶戒」文分為二：初，「多論」下；次、「實是八不淨財」下。四分卷八，六一八頁下開始。

〔二〕多論云　資持卷中二：「一、行濁招譏；二、因交致諍；三、增貪障道。制戒防約，滅惡生善故也。」（二九八頁下）

〔三〕為成聖種節儉行　鈔批卷一七：「立明：四依之法，乞食糞衣是聖種因也。今若畜寶，違斯四依，非聖種行也。」（七三七頁下）

〔四〕列數　資持卷中二：「第六正屬當戒，餘並附明。」（二九八頁下）

〔五〕象金飾牀及諸重物　資持卷中二：「疏云：佛不開物，如女人器仗之屬。」（二九八頁下）

〔六〕此之八名，經論及律，盛列通數，顯過不應　資持卷中二：「『此』下，結示。初明三藏所出，但云八不淨、八毒蛇、八穢等。涅槃雖列諸物，復無次第，故云通數，顯過不應。如下具引。」（二九八頁下）鈔批卷一七：「濟云：經律但通言『八不淨名』，而不別標，出其相貌也。言顯過不應者，立明：經律中，具顯其過，云不應畜也。」（七三七頁下）

〔七〕相承次比，如上具述，不出佛經　資持卷中二：「『相承』下，明依古列次。疏云：古來相傳，既有八名，須知八相，故言不出佛經。」（二九八頁下）鈔批卷一七：「相承次比者，謂如上列數八種名者，雖著在經律，但經律中通明，無有列名次第。但古來諸師，相承如是次第而列也。言不出佛經者，如前所列次第，非是佛經作此次第，且如涅槃中，雖說八不淨名，列之亦無次第。」（七三七頁下）簡正卷一一：「謂經律論文，雖則通云『八不淨財』，須其過患，不應受畜，無其一二之次第。」（七〇三頁上）

〔八〕諸戒不對俗制，唯此對之，令道俗通禁，見畜捉者，知非佛子　資持卷中二：「初明過重，前引制緣。毘尼祕勝，不許外聞，獨此對俗，（二九八頁下）意

如文顯。律云：佛告大臣，若見沙門釋子以我為師而受金銀錢寶者，則決定知
非釋子。」（二九九頁上）鈔批卷一七：「釋迦一化，凡所制戒，必絕俗前，唯
斯一戒，對俗而制。佛告大臣：若見受畜如此物者，當知非我弟子。」（七三
七頁下）

〔九〕故律、經中皆言「沙門四患」，即此戒是　資持卷中二：「『故』下，次示四患：
酒、婬、錢寶、邪命。此四不唯本律，故通指之。即此戒是者四患中一也。」
（二九九頁上）簡正卷一一：「經謂涅槃等，律乃諸律。佛造（原注：『造』疑
『告』。）大臣：日月有患，曰不明不淨，不能有所照，亦無威神。何等為日
（【案】『日』後疑脫『患』字。）？謂阿修羅、煙、雲、塵露，是日月大患。
沙門亦有四患，不明不淨，不能有所照，亦無威神。云何為四？謂不捨婬欲，
不捨金寶，不捨飲酒，不捨邪命自活，是名四大患也。所以大患准曰【案】
『准曰』疑『唯四』。）者，莊嚴論云：酒為放逸本，婬為生死原，金銀生患
重，邪命斷善根。今此四中，是其一患，故云即此戒是也。」（七○三頁上）
鈔批卷一七：「日月不明，由修羅、煙雲、塵、霧之四翳。佛法不明，由沙門
四患也。言四患者，首律師偈云：婬是生死源，酒開放逸門，金銀生患重，邪
命害戒根。此四過深，故稱患也。宣云：婬及生死之本，三聖絕其根源；酒為
昏醉之藥，四逆由之得遂；寶為起貪之緣，諸惑因之繁茂；邪命害戒之因，惡
道為之開坦。」（七三八頁上）

〔一○〕若有畜者，非我弟子　資持卷中二：「此即如來深切之誡。諸有畜者，當自深
思。」（二九九頁上）

〔一一〕必定不信我之法律　資持卷中二：「引五分，釋上非弟子之義。」（二九九頁
上）【案】五分卷三○，一九二頁下。

〔一二〕由此八種，皆長貪壞道，汙染梵行，有得穢果，故名「不淨」　資持卷中二：
「『由』下，次釋總名。長貪即心不淨，污行是業即因，不淨穢果即報不淨。」
（二九九頁下）鈔批卷一七：「由畜此物，長人貪結，（七三七頁下）染污梵
行。此是穢因，正報入地獄，後報作畜生等，名為穢果。」（七三八頁上）

〔一三〕經中禁重，如後所明　鈔科卷中二：「初，明二教緩急。」（六六頁上）簡正
卷一一：「禁重如後所明。如此文後，引涅槃十餘處文，皆極數破，不令畜
等。」（七○三頁上）鈔批卷一七：「立謂：楞伽、涅槃：僧坊無烟，禁斷酒、
肉、五辛，八不淨財，是經中禁重也。涅槃云：畜八不淨，言是佛聽，如何
是人舌不卷縮等。」（七三八頁上）資持卷中二：「上明大乘，機教俱急。經即

涅槃。」（二九九頁上）【案】「開畜」下分三：初，「經中」下；二、「第一」下；三、「涅槃」下。

〔一四〕律中在事，小機意狹，故多開畜　簡正卷一一：「住着小機，名為事在，未能無苦，故號小機。先須安身，然後進道，是意狹也。容有開文，意攝劣故。」（七〇三頁上）鈔批卷一七：「明其律中容有開文，意接小機力劣者也。然經中亦有開文，約儉時為欲建立正法，有篤信檀越、淨施等。」（七三八頁上）資持卷中二：「下明小乘，機教俱緩。律在事者，違事故輕，則顯經宗於理，違理故重。小機意狹，不堪故開。反上大機，堪任故重。世人反謂小乘須戒大教通方者，幾許誤哉！」（二九九頁上）

〔一五〕田是妨道，別人不開　鈔科卷中二：「初，田宅園林。」（六五頁中～下）資持卷中二：「上明田園。『由』字寫誤，古本作『田』。」（二九九頁上）簡正卷一一：「即顯僧得受也。」（七〇三頁下）鈔批卷一七：「立謂：一、田園重物，體是妨道也。沉累行人，不堪隨道，故曰也。此當第二開制不同門。礪疏：名為聽畜，不聽畜門，謂就八中，第一田宅園林，及第二種植根栽門。此二門，長貪妨道，無開畜義。就第一門中宅舍等，則開制不定。若廣畜莊宅，即不聽許。若一口小房，雖是重物，有資道義，聖亦聽畜，不須說淨。（鈔意同之。）」（七三八頁上）【案】「田」，底本為「由」，據敦煌甲本、敦煌乙本、敦煌丙本及資持釋文改。

〔一六〕一口小房，有資道要，依上開畜　資持卷中二：「下明房舍。房有碟量，故云小也。依上即前無主房。」（二九九頁上）簡正卷一一：「向下引文，證成一口小房，有資道要。容身小舍，別人許之，為有資身長道之要也。」（七〇三頁下）

〔一七〕毗尼母云　鈔科卷中二：「『毗』下，開為僧受。」（六五頁下）資持卷中二：「引文有六，並明重者，開僧禁別。」（二九九頁上）【案】毗尼母卷三，八一五頁下。

〔一八〕畢陵伽　資持卷中二：「母論：畢陵伽婆蹉，此云『餘習』。（五百：生惡性罵言，今得道果，餘習在故。）」（二九九頁上）

〔一九〕善見　資持卷中二：「兩引善見，田池別故。」（二九九頁上）【案】善見卷一五，七七六頁中。

〔二〇〕多論　資持卷中二：「多論：施別為容多人，即是僧故。」（二九九頁上）【案】多論卷三，五二一頁下。

〔二一〕**一切眾生聽飲用者，隨意得受** <u>鈔批</u>卷一七：「<u>立</u>謂：受施之時，當先要令。若通一切畜生隨意用者，得受。若局僧者，不須為受，恐後難護故也。」（七三八頁上）

〔二二〕**一切不合，除供養佛法僧** <u>資持</u>卷中二：「『即』下，次會本宗。一切不合即制。別除供養等，即開三寶。」（二九九頁上）

〔二三〕**雜法中說** <u>簡正</u>卷一一：「指下諸雜篇中，僧地上種菓，業得一然之類也。」（七〇三頁下）<u>鈔批</u>卷一七：「<u>深</u>云：如下諸雜要行篇，有五種僧物（七三八頁上）不可賣是也。覺恐指雜揵度也。」（七三八頁下）

〔二四〕**貯積穀帛** <u>資持</u>卷中二：「帛謂絹布。文所不明，準開淨施。」（二九九頁上）

〔二五〕**昔云「儉開三十六石」，出善生經，余自披撿真偽二本，並無** <u>資持</u>卷中二：「初文先示妄傳。『余』下，決波（【案】『波』疑『彼』。）不辨是非。」（二九九頁上）<u>鈔批</u>卷一七：「<u>立</u>明：人別各畜三十六石穀也。」（七三八頁下）

〔二六〕**舉世夢傳** <u>資持</u>卷中二：「罔然相授，故云夢傳。」（二九九頁上）

〔二七〕**所謂奴婢** <u>資持</u>卷中二：「『所』下，列相。正取穀米、麻豆等物，餘事相帶而引，非此科意。」（二九九頁上）

〔二八〕**準酌一夏之糧，亦隨時料其豐儉** <u>資持</u>卷中二：「一夏可一石許。或遇豐儉，用有寬窄，故令隨時。」（二九九頁上）

〔二九〕**鹽則準前穀量** <u>資持</u>卷中二：「亦計一夏，所須多少。」（二九九頁上）

〔三〇〕**盡形藥中，加法亦得** <u>鈔批</u>卷一七：「<u>立</u>謂：受取一夏之藥，加法竟，得一夏用，唯前穀、鹽也。」（七三八頁下）

〔三一〕**佛開受之，安置囊幞內盛之** <u>資持</u>卷中二：「初明開受，囊幞盛之，明非多故。」（二九九頁上）<u>簡正</u>卷一一：「意證上文三十六碩是虛說也。」（七〇三頁下）

〔三二〕**應合淨施** <u>資持</u>卷中二：「『應』下，引決。由非儉緣，不得自畜。」（二九九頁上）

〔三三〕**後卷具有說淨方法** <u>鈔批</u>卷一七：「四藥受淨篇中廣明四藥受捨方法。」（七三八頁下）<u>資持</u>卷中二：「『後卷』指二衣篇。」（二九九頁上）

〔三四〕**增一云** <u>鈔科</u>卷中二：「初，僧別開制。」（六六頁中～下）<u>鈔批</u>卷一七：「案<u>增一阿含</u>云：佛在<u>羅閱城迦蘭陀竹園</u>，與五百比丘俱。時城中有婆羅門名<u>摩醯提利</u>，其人有女名曰<u>意愛</u>，顏貌端政，世之希有。時婆羅門善達外道經書，靡不貫諫，自念言：『我等經藉所明，有二人出世，甚為難遇：一謂<u>如來</u>，二謂<u>轉輪聖王</u>。若<u>輪王</u>出世，七寶自然嚮應。我女顏貌殊特，玉女中第一。今既世

無<u>輪王</u>，可將此女奉上<u>如來</u>。』即將其女往至佛所。白言：『唯願沙門受此玉女。』佛言：『止！止！梵志，吾不須此著欲之人。』婆羅門再三白佛言：『願沙門受之，此女無比！』佛告梵志：『已受汝意，但吾以離家，不復習欲。』時有一長老比丘，在<u>如來</u>後，執扇扇佛，便語佛言：『唯願如來受此女人。若如來不須者，與我給使。』佛告長老比丘：『汝大愚惑，乃於<u>如來</u>前吐此惡言。汝云何繫念，在此女邊？（七三八頁下）夫為女人者，有九惡法：一者，女人臭穢不淨；二者，女人惡口；三、女人無反復；四、女人嫉妬；五、女人慳嫉；六、女人多言遊行；七、女人多嗔恚；八、女人多妄語；九、女人所言輕舉。是名女人九種弊惡之行。』佛即說偈言：『常喜笑啼哭，現親實非（【案】『非』增含合作『不』。）親，常求他方便，汝勿興亂念。』長老復言：『女人雖有此九弊惡之法，今觀此女，無此諸事。』佛復告言：『汝今愚人，不信<u>如來</u>神口所說，吾今當說。過去久遠，<u>波羅奈城</u>有商容，名曰<u>普富</u>，將五百價人入海探寶。』事餘因緣，廣如增一阿含抄及歷國傳抄可尋。」（七三九頁上）<u>簡正</u>卷一一：「譬如有人取羅剎女納為其婦，其羅剎女生得子，是還自食之。食子既盡，復食其夫，愛女亦爾。煞慧命，故終墮地獄也。』」（七〇三頁下）【案】增含卷四一，七六九頁。

〔三五〕若施別人，一切不得　<u>資持</u>卷中二：「『若施』下，明制別。下雖開受，還是為僧。」（二九九頁中）

〔三六〕若施尼僧，乃至別人，反前，唯言「女淨人」為異等　<u>資持</u>卷中二：「明尼開制。」（二九九頁中）【案】<u>大正藏</u>等本無「等」字。

〔三七〕豈唯犯淫，盜亦通犯　<u>鈔批</u>卷一七：「既畜，男女交雜，容壞梵行，名為犯婬。若後和僧，媒嫁淨人，用僧物供給婚具，即是犯盜，故曰也。」（七三九頁上）<u>資持</u>卷中二：「盜亦犯者，費損僧物故。」（二九九頁中）

〔三八〕<u>畢陵伽</u>在聚落自泥房，王與使人，三反不受　<u>鈔科</u>卷中二：「『僧』下，僧別開受。」（六六頁中）<u>鈔批</u>卷一七：「案<u>祇律</u>云，<u>畢陵伽</u>在聚落中住，自泥房舍。時<u>瓶沙王</u>來，見尊者自泥房。施與園民，比丘言：『不須。』如是至三，猶故不受。其聚落中人聞已，來到其所，求作園民供給。比丘語言：『汝能持五戒者，我當取汝。』答：『能。』便取，終身持五戒。」（七三九頁上）【案】<u>僧祇</u>卷二九，四六七頁中。

〔三九〕守竹園寺有五百人　<u>簡正</u>卷一一：「彼云：佛在<u>王舍城</u>。<u>萍沙王</u>往彼精舍禮（七〇三頁下）佛。因問：『<u>大迦葉</u>今何所在？』諸比丘答云：『在<u>耆闍崛山</u>上踏

泥。』王遂往問：『何故自作？』答曰：『誰當為我作。』第二度來，亦如是問。
迦葉云：『王頻有此言，但不見與。』時王慙恥，遂問左右：『先有此言否？』
答：『有。』王問：『是何時？』左右云：『經今五百日也。』王遂下山。時有
捕得五百群賊到，王問其罪至何？臣言：『其罪至死。』王問賊：『汝能隨我語
不？』賊言：『能。』王遂令與諸比丘作使，大臣白言：『此是賊，能偷比丘衣
鉢。』王言：『我有方便，多給田宅，倍與飲食，彼必不（【案】『不』下，疑
脫『偷』字。）比丘也。』『離竹園寺不遠，立為淨人聚落等。施非法語者，
即行主排（【案】『排』疑『俳』。）說之詞、花言艷語之類也。」（七〇四頁上）
鈔批卷一七：「有云：此五百人犯王刑法，比丘愍之乞得。立云：（七三九頁
上）西國多有識（原注：『識』疑『誠』。）信俗人，來寺供給比丘，總號淨人，
盡持五戒，非如此方僧家之奴。今諂『奴』為『淨人』者，謬也。有人云：言
淨人者，以此人能供給眾僧，知錢淨果、授食等，能令比丘離破戒之垢，令梵
行成立。『淨』由此人而成，故曰『淨人』。非望前人稱淨者也。准此，奴婢皆
得名淨人無妨。若喚奴者，增長口過。濟云：僧伽藍人者，定非今時奴婢也。
唐三藏云：西國國王名曰戒日王，敬信三寶，齊於菩提寺四邊，眼所及處，所
有土及民戶皆屬比丘，事同此方封戶之類。王若征時，菩提寺主即簡雄壯淨
人，領送與王，助王打賊。王後事了，亦送還僧。」（七三九頁下）

〔四〇〕**若云施乳酪等五味，得受**　資持卷中二：「引善見開受，施意別故。五味者，
乳、酪、生酥、熟酥、醍醐。文別舉牛，餘畜例準。但令可作，餘施者亦開。」
（二九九頁中）【案】善見卷一五，七七六頁下。

〔四一〕**為塔，故受駝、馬、驢**　資持卷中二：「論中得受。既屬佛塔，義不許賣。」
（二九九頁中）【案】伽論卷五，五九七頁上。

〔四二〕**若施四方僧物、田宅、淨人**　鈔科卷中二：「『十』下，能施非法。」（六六頁
下）資持卷中二：「經文不明畜獸，田宅淨人，合在前科。而僧物之語，亦
可通收。今此但明施者非法之相。」（二九九頁中）【案】十輪卷四，六九九
頁中。

〔四三〕**剎利、居士，皆入阿鼻**　簡正卷一一：「謂不能齋食常住物故。」（七〇四頁
上）鈔批卷一七：「案十輪經中廣明十善輪，次即明十惡輪。十惡輪中云，佛
言：未來當有剎利旃陀羅、居士旃陀羅，四方僧物、床敷臥具、田林屋舍、飲
食湯藥、資生雜物，不與持戒清淨有德比丘，辯才聰明。如是人悉不與之。見
破戒比丘作惡行者，給其所須床蓐敷具，自恣受用，并與白衣，同共食噉。以

是因緣，<u>剎利旃陀羅</u>、<u>居士旃陀羅</u>命終皆墮阿鼻地獄。」（七三九頁下）

〔四四〕於我法中，假令如法，始從一人，乃至四人　<u>鈔科</u>卷中二：「『日』下，聽僧限齊。」（六六頁下）<u>資持</u>卷中二：「彼取五人持律，能辦邊受，佛法住世，四人雖僧，未全大用，故不聽也。文中通舉諸物，馬當此攝，餘屬前章。」（二九九頁中）【案】<u>大集</u>卷三四，二三七頁上。

〔四五〕若滿五人，乃得受之　<u>簡正</u>卷一一：「謂五人能辦（【案】『辦』疑『辦』。）自恣，并<u>邊方</u>受戒，佛法根本，令三寶不斷也。」（七〇四頁上）

〔四六〕大集亦同　<u>簡正</u>卷一一：「彼云：若一村一林有法師等。如<u>僧網篇</u>說之。」（七〇四頁上）

〔四七〕乘乘戒　<u>資持</u>卷中二：「『乘乘戒』出雜犍度。彼因六群輒乘象馬、車乘，佛制不應。後諸老病比丘不能行，不敢乘騎，佛因開之。如文所引。上『乘』字，平呼；下，去呼。男乘立車，女乘坐車，尼騎即草馬。」（二九九頁中）【案】第一個「乘」字，音「成」；第二個「乘」字，音「勝」。

〔四八〕如瞻病法　<u>簡正</u>卷一一：「引<u>僧祇</u>，道逢病比丘，應求車乘，駄載令歸。若病篤，無所分別，不問牸牛、草馬等。故知，病輕能分別者，即不許也。」（七〇四頁上）

〔四九〕無病不合　<u>簡正</u>卷一一：「<u>遺教經</u>云：比丘騎（七〇四頁上）乘車馬一日，除五百日齊。<u>含利弗</u>（【案】『含』疑『舍』。）問：『何以故？』佛言：『比丘違禁法律，人見生謗，令他獲罪。老病即開。開船上不犯也。』」（七〇四頁下）<u>資持</u>卷中二：「<u>僧祇</u>無病通制，暫趁行船，有緣故也。」（二九九頁中）

〔五〇〕若元作自畜之意，不合　<u>鈔科</u>卷中二：「初，約義分。」（六六頁下）

〔五一〕若擬淨施與他，依律文開　<u>資持</u>卷中二：「以初受財，未容即淨，故約作意，以分開制。」（二九九頁下）

〔五二〕暗　【案】<u>底本</u>為「晴」，據<u>僧祇律</u>、<u>大正藏本</u>、<u>貞享本</u>、<u>敦煌甲本</u>、<u>敦煌乙本</u>、<u>敦煌丙本</u>及<u>弘一</u>校注改。

〔五三〕又云　<u>資持</u>卷中二：「『又』下二段，亦出<u>十誦</u>。初文但云聽受，理非捉、畜，故以義決之。」（二九九頁下）

〔五四〕末利夫人施僧布薩錢　<u>鈔批</u>卷一七：「案<u>十誦</u>云：（七三九頁下）佛在<u>舍衛國</u>時，<u>末利夫人</u>為聽法故，到<u>祇洹</u>中。問諸比丘：『此處有幾僧？』答言：『不知。』以是白佛。佛言：『應數。數時應行籌。』後於布薩時，<u>末利夫人</u>施僧錢，比丘不受：『佛未聽我受布薩錢。』佛言：『聽受。』又，居士持金銀與僧

作寺食堂、園田，比丘不得受，犯吉者，以是為僧受故，不犯捨墮。以不遣淨人受故，自口受之，故吉。若遣淨人受取，無罪。若受後作衣服用，得吉雖者。立謂：若令淨人受，不犯。若自受竟，後若服用、披著，得吉。」（七四〇頁上）資持卷中二：「末利：西域記云：此云『柰』，由昔施柰，得今報故。」（二九九頁下）【案】十誦卷三九，二八五頁下。「末」，底本為「未」，據大正藏本及十誦律文改。

〔五五〕居士持金銀與僧　資持卷中二：「『又居士』下，次段復二。初明園田是常住物，但有受犯。後明四事，即現前物，受用俱犯。文明用罪，受亦應同。由本施僧，故有輕降。準知僧物，亦不合畜。」（二九九頁下）

〔五六〕須木直索木　鈔科卷中二：「『雜』下，明制。」（六六頁下）簡正卷一一：「古云：此是資要無過，故聽受寶，但不應自為身受。若反前自為身，即不得。鈔鈔（【案】次『鈔』疑剩。）意不然。此云得受者，謂得受竹木，非謂錢寶等。」（七〇四頁下）【案】兩個「木」字，底本均為「水」，據大正藏本、貞享本、敦煌甲本、敦煌乙本、敦煌丙本及弘一校注改。

〔五七〕則破四分人解　資持卷中二：「初引經。『則』下，斥非。古記云即相部疏。彼據律文，謂言作屋，聽受金寶。以文不顯，須經決破，如註所明。然律得受，準須付他，如輕重儀中委破。」（二九九頁下）鈔批卷一七：「立謂，雜含中：須木但直索木，縱施木直，不得受也。四分，人解云：既開受木，今若施直，應得作淨受也。四分中，為作房事，有人施竹木聽受。人即解云：為作房故，聽受寶物。蓋以下律文中，開受房錢、藥錢，故作此釋。今鈔意云：文言求材木等得受者，得受材木也。不應自為身受寶物也。前聽受末利布薩錢者，蓋為僧故受。今詳文相，疏釋為勝。謂作受淨物意，不同七百結集，夏直受犯（原注：『犯』字原本不明。）非也。（賓述：）今雜含既不得受，則破四分家人語也。案雜含云：時佛在王舍城迦蘭陀竹園，時有摩尼珠髻聚落主來問佛言：『前日，國王（七四〇頁上）集諸大臣共議，沙門釋子自受金銀寶物，為是淨、為不淨？中有臣言：沙門釋子，不應受畜。復有臣言：應受畜也。我時聞已生疑：既言應畜，為是實說、為虛妄說，為是順法、為非順法？』佛告聚落主言：『此是妄說，非隨順法。若受沙門釋子自為畜金銀寶物者，不為清淨，非沙門法，非釋子種。若沙門釋子不畜金銀寶物，為清淨者，五欲功德，悉應清淨。』聚落主聞已，歡喜而去。去後，佛告阿難：『普命一切比丘皆集。』佛具陳向者聚落主之言竟：『汝諸比丘，從今日須木索木，須草索草，須車索

車，須作人索作人，慎勿為己受取金銀種種寶物。』佛說是已，諸比丘歡喜信樂奉持。」（七四〇頁下）

〔五八〕**正解** 資持卷中二：「正解，即下釋戒文中。」（二九九頁下）

〔五九〕**聽畜重物** 資持卷中二：「七、八標名，與前頗異。前據不淨，一向不聽。然此二物，各有開制，故此別標。七、約聽畜，八、是不開故，此二門互相通涉。七中，重者即入後八；八中，輕者卻在前七。尋文自見。」（二九九頁下）簡正卷一一：「重物者，或體用俱重，如床等二；體輕用重，如被褥等。」（七〇四頁下）鈔科卷中二：「氈褥釜鑊。」（六六頁中）

〔六〇〕**別人聽受刻鏤大牀，唯除金寶** 鈔批卷一七：「謂雖開受刻鏤床。若上有寶揲，不許受也。」（七四〇頁下）資持卷中二：「初，明床几。除金寶者，此屬後科。」（二九九頁下）

〔六一〕**若絲褥者，他施已成者，十誦開受** 資持卷中二：「『若』下，明氈褥。十誦開受，準長衣戒，不入淨限。」（二九九頁下）鈔批卷一七：「立謂：簡上乞蠶綿戒中，自乞蠶綿犯提。此中約他施已成者，得受也。」（七四〇頁下）

〔六二〕**氈毹等，他施聽受，廣三肘，長五肘** 資持卷中二：「取袈裟量，已外不合。」（二九九頁下）扶桑記引輕重儀：「氈毹，此土本無其物，皆從西北塞外而來，若叢毛紡織而出毛頭，兼有文像人獸等狀者，名曰氈毹。字書總云罽屬。」（二一二頁上）

〔六三〕**別人得受** 簡正卷一一：「過量、厚重者，即不開淨施。」（七〇四頁下）

〔六四〕**佛不開** 鈔科卷中二：「像金飾床。」（六六頁中）

〔六五〕**不得捉一切穀，除米** 鈔批卷一七：「不問自他穀，但是一切種子，比丘捉者皆吉。」（七四〇頁下）資持卷中二：「捉即貯畜。除米者，如上所開。此歸第三。」（二九九頁下）

〔六六〕**若施器仗者，僧應打壞，不得賣** 資持卷中二：「器仗殺害之具，故須壞之。」（二九九頁下）

〔六七〕**施樂器者，不得捉，得賣** 資持卷中二：「樂器逸蕩之物，猶可出賣。」（二九九頁下）

〔六八〕**若得金寶施，呪願已，還反施主** 簡正卷一一：「三解：一云，（七〇四頁下）呪願施主已，還付淨主；（此說今非。）二、搜玄云：還反本施主，為貿淨物，非為永還；法寶云：還反施主須得，不還不得。令他貿淨衣物，以文中一向不開故。（任情取捨。）」（七〇五頁上）鈔批卷一七：「立謂：比丘不得自受用，

但為施主得福，聽呪願已還主，任彼為貿淨物來，（七四〇頁下）比丘乃得受用，非謂永還主也。」（七四一頁上）資持卷中二：「增一：寶施復是第六。呪願還他，意表受故。已前列物，出沒不定，隨文辨相，各攝所歸，則無濫矣。」（二九九頁下）

〔六九〕**如來憐愍一切眾生**　鈔科卷中二：「初，引示開制。」（六六頁上）資持卷中二：「初，引開聽。即如來性品，辨定邪正。有作此說，乃可依行。或是異說，則不可依。故云有人言也。初，標示方便。『觀』下，舉事以釋。初釋說輕為重：體非性業故輕，受畜患多故重。」（二九九頁下）簡正卷一一：「說輕為重者，謂豐時禁約；說重為輕者，謂儉時開聽。『觀知我等弟子』下，但明一衣，是說輕為重義也。」（七〇五頁上）鈔批卷一七：「疏云：此上之文，明有檀越供給，則不得畜，無則得畜。（此是第一法竟。）」（七四一頁上）【案】「涅槃」下，引教通結，分二：初，「涅槃」下，次「士輪」下。涅槃引文，義分三段。涅槃卷六，四〇二頁。

〔七〇〕**若諸弟子無人供須**　資持卷中二：「『若諸』下，釋說重為輕。如上是重，資道故輕。文列四緣：無供須是一，饑饉是二，護法為三，（二九九頁下）及後淨施為四。『我聽』下，通列開物。是知縱無供須，豐時亦閉，縱兼儉世，非護不開。縱為護法，不淨亦制，必具四緣，方開受畜。」（三〇〇頁上）簡正卷一一：「鈔文從『若諸』已下至『依止』已來，此明四依也：初，據有人供給，則不聽畜；二、無人供給，饑饉時即聽，豐時不得；三、雖則饑饉，能護法者則聽，不護法亦不許；四、雖護法，淨施則聽，不淨施不許。」（七〇五頁上）鈔批卷一七：「說輕為重者，謂豐時禁約也；言說重為輕者，儉時開緣也。涅槃第六卷四依品云：善男子，若有人言：如來怜愍一切眾生，善知時宜，以知時故，說輕為重、說重為輕等者。榮疏云：謂國豐民治，有好檀越，則不得畜，爾時說輕為重。若國亂人儉，又無檀越，佛則聽畜，爾時說重為輕。又一解云：於四法中，如來所遮，名為說重，如來所聽，名為說輕。（『四法』如後所引，是也。）……時世饑饉飲食難得者。疏云：此明如來雖許，無檀越得畜，要儉時則得，豐時則不得。（此第二法也。）為欲護持建立正法，我聽弟子受畜奴婢，乃至賣易所須者。疏云：此明雖儉時得畜，要是建立正法則得，不建立則不得。（此三法也。）」（七四一頁上）

〔七一〕**雖聽受畜如是等物，要須淨施篤信檀越**　鈔批卷一七：「疏云：此明雖建立正法得畜，作淨施則得，不作則不得。（此第四法也。）」（七四一頁上）

〔七二〕如是四法，所應依止　鈔批卷一七：「疏云：一解言：是向四法，此是了義，故可依也。又解云：四謂四依，（七四一頁上）法謂向說。如是四依，向所法說（原注：『法說』疑『寫倒』。）了義故，可依也。（四依如經明。）」（七四一頁下）

〔七三〕我為肉眼諸眾生說是四依　簡正卷一一：「以肉眼不分別邪心，今為此輩說此四依，今驗邪正。若有慧眼，即月解分別（原注：『月』字未詳。下同。），何須用說？」（七〇五頁上）鈔批卷一七：「疏云：以肉眼者，不識於法。我為說人依，是故我今說是四依。故我於今為肉眼者，說人四依，聲聞肉眼，菩薩慧眼。私云：此上鈔所引經，一依經次第，相違如此也。又解：我為肉眼諸眾生說者，立謂：慧眼能分別邪正，不假佛說四依，但肉眼不能了達魔說、佛說，故須為說四依也。」（七四一頁下）資持卷中二：「『我為』等者，此即法四依。後文肉眼，不辨邪正，須說四依，慧眼了法，故不為說。經云：是諸比丘，當依四法。何等為四？一、依法不依人，〔法即法性，人即聲間（【案】『間』疑『聞』。），法性即如來，聲聞即有為。〕二、依義不依語，（義即常性，語謂綺飾文詞。）三、依智不依識，（智即如來，識謂聲聞，不能善知如來功德。）；四、依了義經不依不了義經，（了義即菩薩乘，不了義即聲聞乘。）謂前開四緣，乃是大乘了教，勸令依止。」（三〇〇頁上）

〔七四〕若有三藏反上說者　資持卷中二：「『若』下，決前不了教。」（三〇〇頁上）簡正卷一一：「謂毗奈耶等。」（七〇五頁上）

〔七五〕又說　資持卷中二：「『又』下，指禁斷文，多出第六。」（三〇〇頁上）簡正卷一一：「是和會二經相違文也。十輪云破戒比丘亦須禮敬，涅槃經文制令不許禮敬。二俱是大乘教文，因何相違！」（七〇五頁上）

〔七六〕十餘處文　鈔批卷一七：「謂八不淨，在（原注：『在』疑『罪』。）過既深，故使涅槃一部，說處過十，故曰十餘也。」（七四一頁下）

〔七七〕又不應以袈裟因緣，恭敬禮拜　鈔批卷一七：「雖著袈裟，由八不淨故，不堪加敬也。」（七四一頁下）

〔七八〕若共僧事，死墮地獄　資持卷中二：「『若』下，誡道眾。」（三〇〇頁上）

〔七九〕據不知持犯者，並須恭敬　鈔科卷中二：「『十』下，會通相違。」（六六頁上）鈔批卷一七：「據不分別淨穢故，使著敬也。」（七四一頁下）資持卷中二：「初指十輪，如僧網云：乃至畜妻挾子，恭敬如舍利弗不聽責罰等。」（三〇〇頁上）簡正卷一一：「說反顯涅槃約知故不禮也，亦不相違。」（七〇五頁上）

【案】十輪經卷三，六九四頁上。

〔八〇〕**窮終極教，不用亦得**　資持卷中二：「『又』下，決破。涅槃了義廢前不了，故云『不用』。」（三〇〇頁上）鈔批卷一七：「謂不用十輪亦得也。以涅槃是窮終極教，決了正義，理合依承也。」（七四一頁下）簡正卷一一：「以此經窮盡法（原注：『法』疑『源』。）厚、終極之教，令不禮敬、破戒之徒，可以依義用。不亦得者，謂不用依十輪經文，據不知持犯者說，（七〇五頁上）亦不因十輪，亦是經正翻實錄。何故不用依之亦得？可引鈔釋。」（七〇五頁下）

〔八一〕**以護法故，小小非要**　資持卷中二：「『以』下，出廢所以。涅槃護法事重，十輪為存俗信，故云小小。」（三〇〇頁上）鈔批卷一七：「但是護法小小之教，不如涅槃窮理盡性大要之典也。」（七四一頁下）簡正卷一一：「十輪經文但以袈裟因緣，故令禮敬，是小小之事，非要依也。（非，由不也。）」（七〇五頁下）

〔八二〕**金錢、縣褥，得墮**　鈔批卷一七：「就八不淨物中，前五并後一，但得吉羅。第六、第七錢寶并綿褥，得提。所以此二得罪重者，由違淨施故也。以此二物，若畜要須，對俗說淨。付淨人賞舉，物非己邊，方應聖教。礪云：八中，六、七二種，體是貴物，長貪處深，有淨施法，違教過畜，犯提。（七四一頁下）自餘六種，雖亦名不淨，體非貴物，生患處微，兼無淨法，無應說不說之過，畜之但輕。」（七四二頁上）資持卷中二：「結罪中。初明二重，綿不入淨，此據成衣相者。褥同重物，亦不入淨，應是小者。」（三〇〇頁上）

〔八三〕**餘則吉羅**　鈔批卷一七：「深云：言餘者，有二義，一謂八中，六種為餘；又解：只第七門中，除綿氈等已外，餘恢（【案】『恢』疑『輕』。）器得吉，故指恢器為餘也。」（七四二頁上）資持卷中二：「餘下明六輕。」（三〇〇頁上）

〔八四〕**畜者亦少**　鈔批卷一七：「綿寶二物，體是貴物，畜者故多，奴婢田宅等，畜者全少，故曰也。從此已下，正明第四交貿輕重義也。」（七四二頁上）資持卷中二：「資持卷中二：「謂事稀故。」（三〇〇頁上）

〔八五〕**交貿輕重**　資持卷中二：「交貿中有五：初二句以八易衣，犯販賣故。以下四句，以衣易八。」（三〇〇頁上）

〔八六〕**若以此八，貿衣，犯捨**　簡正卷一一：「鈔文全依首疏辨也。彼云：若以八不淨物貿十種衣，犯捨墮故。（搜玄對此廣明。古解與鈔全乖，略不敘之。或有於此，便論今義，亦未要預述，至下文自釋。）」（七〇五頁下）鈔批卷一七：「謂八不淨物貿得輕衣，如三衣及一切衣等犯捨故。前疏云：以此八種貿得十

種衣，皆犯捨墮。（礪同此解。）賓云：此謂容犯販賣捨也。五眾邊貿，即不犯販，停過十日，容犯長也。」（七四二頁上）

〔八七〕**以衣得寶、緜紵，亦捨**　資持卷中二：「『以』下四句，以衣易八。得寶即犯貿寶。綿紵俗邊，犯販賣。」（三〇〇頁上）簡正卷一一：「首疏云：以十種衣貿八中，六、七即殘，及氈毼犯捨，餘六但吉。若以衣寶相易，墮；皆以衣貿寶、寶貿衣，得墮；若將衣寶貿餘六種，吉羅。約此六種自相夫（原注：「夫」一作「二又」。）貿，得吉。若以此六貿衣寶二種，亦犯捨也。」（七〇五頁下）鈔批卷一七：「謂將三衣、五衣及一切衣，貿得八不淨中兩个重物也。（即是錢寶、綿氈也。）故首疏云：以十種衣貿得金銀錢、綿褥氈毼，得墮；得餘六種者，吉。（礪同。）賓曰：以衣得寶者，犯畜寶戒。綿氈者，犯長也。」（七四二頁上）

〔八八〕**若得餘六，並得吉羅**　鈔批卷一七：「立謂：將三衣、五衣，貿八不淨中六種物，得吉。無應說不說之過，故但吉也。」（七四二頁上）

〔八九〕**若以衣寶相易，皆墮**　鈔批卷一七：「首云：若以金銀綿褥等二種相易，提。立云：以綿氈將金寶二物自相交貿故，提也。」（七四二頁上）資持卷中二：「『若以』下，四句，上明二自相貿，衣易衣，犯販賣；寶易寶，犯貿寶。下明以二貿六，得輕可知。」（三〇〇頁上）

〔九〇〕**貿餘六種，吉羅**　鈔批卷一七：「立云：將八中綿寶二物貿餘六種，得吉。首疏同此解。此是定義。」（七四二頁下）

〔九一〕**六自相貿，皆吉**　鈔批卷一七：「立明：當六種中，一一自相貿，得吉也，如以穀貿穀等是也。首云：六六自相易，得小罪。」（七四二頁下）資持卷中二：「『六』下，四句，六種自貿，或對貿、或互易，並吉。又以六易二，販、貿二墮，準上可明。」（三〇〇頁上）

〔九二〕**得衣寶者，皆提**　鈔批卷一七：「立明：將餘六種，易得綿寶二物，皆提。（首疏亦同。）」（七四二頁下）

〔九三〕**增減與五眾，得小罪**　簡正卷一一：「正明結罪之由也。謂指適來提、吉二罪，皆約比丘，亦不合與俗人，爭價增減以結。此合（原注：『合』疑『今』。）師正解也。問：『八種俱是爭價增減，何故結犯有於重輕？』答：『田園、奴婢、畜生等，不應捨法，體又微，但吉；二寶應於捨法，體復貴重，（七〇五頁下）故不犯提也。若五眾但吉，亦據爭價說。此釋不違鈔文，不同古記繁雜。思之。」（七〇六頁上）鈔批卷一七：「立明：與俗人爭價上下，故提。若與出家

五眾相貿易，雖爭價上下，但吉羅也。」（七四三頁上）資持卷中二：「『此』下，點上販賣，對人輕重。上云犯捨，且據俗論。」（三〇〇頁上）

〔九四〕**若說淨錢寶，後貿衣財**　簡正卷一一：「<u>玄</u>云：此文因便故有。謂犯捨錢寶貿得新衣，不知此衣犯不。故引多論，說淨錢寶，與犯捨錢寶，貿得新衣，作三衣，百一物，並不須說淨。月、百一外，成衣不成衣，並說淨，新得過無。」（七〇六頁上）鈔批卷一七：「<u>立</u>云：先說淨錢，易得衣物。」（七四三頁上）【案】多論卷四，五二七頁下。

〔九五〕**作三衣鉢器，入百一物數，不須說淨**　資持卷中二：「初明淨財易物，衣鉢、百一入受持故。」（三〇〇頁上）鈔批卷一七：「將此說淨寶，貿得衣來。不得作百一者，即是其長，要須說淨。故言已外須說，謂三衣、百一之外名為已外也。問：『百一本不須說，何須言錢若說淨？』『貿得百一物，不須說淨。』『若爾，本錢不說，貿得百一物，亦應用說？』答：『百一體不須說，無問本錢說與不說，貿得百一物來，皆不須說。今所明者，欲顯本錢雖說，貿得衣來。若是畜長之人，須更將衣說淨也。恐人情意，謂本錢既說，雖貿得衣，衣不離錢，何須更說也！』<u>景</u>云：以寶作淨，還用此寶，貿得此衣，衣不離寶。（恐景解非。）」（七四二頁下）

〔九六〕**已外須說**　鈔批卷一七：「<u>立</u>明：謂是長衣須說。以此長衣，非是百一之內，故曰已外。」（七四二頁下）資持卷中二：「若準業疏，並不須說，即入淨故。」（三〇〇頁上）

〔九七〕**若犯罪者，悔於僧中**　簡正卷一一：「應僧中悔已，貿財作百一物，不須復捨，已入淨故。若百一物外，法衣一切說淨。」（七〇六頁上）鈔批卷一七：「<u>立</u>謂：此是生起下文也。謂錢寶雖先不淨，已犯捨墮，後將貿得，受持及說淨並成。但悔前墮，故言僧中悔也。其後來衣財，不須捨之，以貿得來，即入淨故，但悔先畜寶罪。」（七四三頁上）資持卷中二：「『若』下，明犯長。錢寶未懺，先用易物，後但悔罪，物不須捨，準有輒用吉羅。」（三〇〇頁上）

〔九八〕**已外成衣、不成衣，一切說淨，無罪**　鈔批卷一七：「<u>景</u>云：以將犯畜寶之錢，貿得衣，衣是即（【案】『是即』疑『即是』。）染，但悔先畜寶之罪，衣不須捨，以無染犯故。言已外成衣不成衣，則無染過，不妨說淨也。有人云：此是定義，前『長衣戒』中，多云犯捨衣，貿得餘衣，尚不犯捨，故此亦然。」（七四三頁上）

〔九九〕**正解本戒**　鈔批卷一七：「夫論解義，有本宗、有傍說。今此本宗，正是解其

畜寶戒。自此已前，但說明八不淨物，盡是傍說。從今已下，正釋此戒之相也。」（七四三頁上）

〔一〇〇〕「九十」是捉寶戒　資持卷中二：「以舊戒本云：若自手捉錢，若金銀等，語濫後戒，故須簡之。刪定戒中，改『捉』為『受』，則無濫矣。」（三〇〇頁中）【案】指「九十僧殘」中之第八十二之「捉寶戒」。

〔一〇一〕文言「手捉」，別時意　簡正卷一一：「古師云：此戒為畜，故提。後九十中，約直爾提，是別時意也。今云：此戒准約畜。後九十中，但據提，不論為畜及爾提等。此戒文中言提者，自是犯後『九十』中捉寶戒，云別時意也。」（七〇六頁上）鈔批卷一七：「立云：文謂戒本之文也。明『九十』中得手捉者，謂同藍中及寄宿處。由斯二處，見寶不收，致失招譏，聖開暫捉。非為永許，但為守護也。此戒同畜，故捉即犯。指『九十』同捉者，是別緣開，故言別時意。」（七四三頁上）資持卷中二：「別時意者，畜中言捉犯後戒故。準作四句：一、是畜非捉，唯犯前戒，（教人口受；）二、是捉非畜，但犯後戒，（觸自淨寶及他人寶，捉金像等；）三、亦畜亦捉，前後俱犯，（手受而畜；）四、二非無犯，（如法受淨。）」（三〇〇頁中）

〔一〇二〕內無高節，外成鄙穢　資持卷中二：「斥濫中。先敘貪畜之意，內即是志，外謂為行。」（三〇〇頁中）【案】「此之一戒」下文分為二：初，「此之」下；次，「四分」下。

〔一〇三〕不思聖誡嚴猛，唯縱無始貪癡　資持卷中二：「不思聖誡即慢法，縱貪癡是自任。」（三〇〇頁中）

〔一〇四〕失戒　簡正卷一一：「玄云：失受體也。謂順敬即是佛子。今違教即捨法，佛既非師則捨佛，乖六和義則捨僧。既捨三寶，身則無戒。（此持大過分也。）今云失者（【案】『者』疑剩。）戒者，但據一戒，無表不清。舉例，如畜貓狗，一眾無戒。不可眾僧盡捨受體耶。思之。」（七〇六頁上）鈔批卷一七：「立謂：畜惡律儀，即失善戒寶，是破戒之因，亦惡律儀所攝，故失善戒也。亦可由佛證非我子，聖師不攝，約此義邊，應失淨戒。」（七四三頁上）資持卷中二：「初引本律，準明失戒。非弟子者，不稟師教故。非沙門者，不修淨行故。非釋子者，不係聖族故。今多受畜，為教所揀，雖自剃染，即魔外之徒。」（三〇〇頁中）

〔一〇五〕決定知非沙門釋子　簡正卷一一：「雜含云：時（七〇六頁上）有珠髻大臣問佛言：『前日王集諸大臣共議，沙門釋子受金銀等，為是淨、為是不淨？

於中有言，沙門不應受畜，有言應受畜，我時聞已，生疑不知，此事云何？』
佛言：『若沙門釋子受畜金銀，謂世間五欲之境，眼、意、色、耳、意、聲
等，此五因貪故生，本是煩惱結意，不為清淨，不名功德。』」（七〇六頁下）

〔一〇六〕雜含云　資持卷中二：「以五欲法非善功德，復非清淨。今畜財寶，正是順
　　欲。若許受畜，反成功德，亦應清淨。此顯出家絕欲求道，反為欲縛，深非
　　所宜。」（三〇〇頁上）

〔一〇七〕當知五欲功德，悉應清淨　鈔批卷一七：「立謂：沙門釋子受金寶者，則謂
　　穢行，五欲之法亦是穢行。若畜金寶，言是淨者，亦可五欲之法亦應是淨。
　　五欲是穢，不名淨，畜寶如何不是穢？言功德者，謂五欲既非清淨，亦非功
　　德也。」（七四三頁下）簡正卷一一：「上之五欲，亦是清淨，五欲既非清淨，
　　反顯沙門畜寶，實為不淨，理非功德也。」（七〇七頁上）

〔一〇八〕梵志書述　資持卷中二：「後引增一。彼云：梵志超術欲以金錢奉定光佛。自
　　念：『我有書名禮記，云：若是如來，必不受金寶。』遂易蓮華五莖，用上彼
　　佛。（釋迦因行，從此獲記。）」（三〇〇頁中）鈔批卷一七：「案增一阿含第六
　　卷善知識品云：昔有梵志名靁雲，事一梵志為師，名耶若達。其靁雲聰明，學
　　一切伎，皆悉通達。欲報師恩，然復貧乏，欲詣國界求財供養於師。師曰：『我
　　愛惜汝，設吾死者，尚不欲離，何況今日欲捨我去？今有婆羅門法，汝尚未
　　學，今應教汝。』即教五百言誦，誦既通達，即為立名，名為超術。超術後時，
　　又白師欲去，師不能留。時鉢摩大國，去城不遠，有眾多梵志，普集一家，大
　　祠講論。時彼有第一上座，善達天文地理。眾中要令拇試，勝者與五百兩金、
　　金杖一枚、金澡罐一口、大牛千頭。超術聞之念言：『我家家乞求，不如往彼
　　眾中共其拇試。』便往其眾中。時諸梵志，遙見超術來，各各高聲喚言：『善
　　哉大利！』乃使梵天躬自下降。超術報曰：『我非梵天。我是雪山北耶若達梵
　　志弟子耳。』即與第一上座拇試。超術即誦一句五言，上座等並不識，歎言甚
　　奇。（七四三頁下）即推超術坐第一座。彼舊上座即懷嗔恚：『設我有功德，皆
　　作誓願，願使其人所生之處，凡所作事，我則敗壞其功。』彼時大祠施主，即
　　將五百兩金、金杖金澡罐各一、大牛千頭、好女一人，用奉超術，令使呪願。
　　超術告主人曰：『我受五百金錢、金杖澡罐，擬供養其師，牛及女人，我所不
　　用，吾不習欲，亦不積財。』既受金等物已，欲還奉師，詣鉢摩大國，其王名
　　光明，勅令掃洒街巷，并勅國內，不許賣華。超術見已，問道行人：『王欲娉
　　娶耶？』行人報曰：『王請金光明如來耳。』梵志禮記亦有此語：『如來出世，

甚難得遇。』又梵志書亦有此語：『二人出世，甚難得，但（原注：『但』疑
『謂』。）佛及輪王。』心即念言：『且未報師恩，今將此五百兩金奉上定光如
來。』復作是念：『書記所載，如來不受金銀珍寶，可持此五百兩金，買華散
佛。』即入城內，求買香華。城內眾人報曰：『王有教令，有賣香華者，當重
罰之。』即逢一女，捉五莖華，就其買得，供養如來，用散佛上，并解髮以布
淤泥：『若如來授我記者，當蹈我髮上。』佛即蹈上而過，語云：『汝當來世成
佛，號釋迦文。』」（七四四頁上）【案】增一卷六，五九七～五九八頁。

〔一〇九〕**自畜自捉，劇城市之商賈**　簡正卷一一：「劇者，甚也。行商坐賈，纔見少
利，便博易之。沙門貯畜，要侍商價，更甚於彼也。」（七〇七頁上）鈔批
卷一七：「立云：賈客商人，東西馳騁，販博求利。今乃僧之居穀估易，志
專財物，故曰劇城市之商賈也。」（七四四頁下）資持卷中二：「行商坐賈，
皆求利者。今僧貪積，往往過之，故云甚也。」（三〇〇頁中）

〔一一〇〕**信佛法之煙雲**　資持卷中二：「律云：日月有四患，故不明不淨，不能有所
照，亦無威神，謂：阿修羅、煙雲、塵、霧。沙門有四大患：飲酒、婬欲、
持金銀、邪命。能令沙門不明不淨，不能有所照，亦無威神。今謂沙門行
淨，則佛法光輝，行既鄙穢，則能障蔽，故如煙雲。」（三〇〇頁中）

〔一一一〕**不思位是下凡，輕撥大聖**　資持卷中二：「善戒經云：菩薩為利眾生故，
聽畜憍奢耶、金銀等。愚人據此，輒擬同倫，是不思也。況菩薩語通在家、
出家。如涅槃經中，出家菩薩遮性等持。縱云開畜，涅槃、地持，俱令淨
施，縱依善戒。本為利生，今乃順己，貪愛諂詐，追求為聚積，則多索無
厭。見貧病則一毫不給，豈與夫大士不分高下耶？輕謂侮聖，撥謂無法。」
（三〇〇頁下）

〔一一二〕**一分之利尚計，不及俗士高逸**　資持卷中二：「舉少況多。不及俗士者，引
俗誠道，原憲（【案】即孔門弟子子思。見莊子雜篇）居于環堵，蓬戶不掩；
顏淵處於陋巷，簞食瓢飲。晉、宋高賢、齊、梁達士，視富貴如糞土，慕儉
約為高尚，遍于史藉，豈不聞乎？」（三〇〇頁下）簡正卷一一：「謂分毫之
利，心亦計之。舉少況多也。不及俗士高逸者，漢末魏初，青州管宰（原注：
『宰』字原本不明。【案】『宰』疑『寧』。）鋤圃見金，揮鋤與瓦石不異，
王夷甫一生不言錢等。儒士尚爾，豈況高僧，而耽俗利？」（七〇七頁上）

〔一一三〕**何異螳蜋拒輪之智，不殊飛蛾赴火之能**　資持卷中二：「『何』下，喻其無
智。螳蜋、飛蛾，皆喻愚人。輪喻律教，火喻惡道。上喻現因，下喻來果。」

（三〇〇頁下）鈔批卷一七：「螳蜋雖有拒輪之智，寧免碎質於輪間？類今妄斥小乘，生報必委於湯炭。螳蜋（一名『莫貉』，『何各』反。）又名蚚（音『牟』），見爾疋。莊子云：螳蜋怒臂，以當車轍也。飛蛾赴火者，（七四五頁上）雖有智欲投明，反遭明之喪體。喻今雖言不著，坐此還墜狂（原注：『狂』字原本明不）坑。即如經言，或有服甘露傷命而早夭者，是也。」（七四五頁下）

〔一一四〕豈唯畜捉長貪，方生重盜之始　資持卷中二：「『豈』下，顯其增過。以制畜捉，遠防盜故。」（三〇〇頁下）鈔批卷一七：「立明：由與生販賣，爭價高低，容有犯重之過。」（七四五頁下）

〔一一五〕故略述誡勸，有智者臨境深思　資持卷中二：「『故』下，結勸。雜心云：未來捨輪王位，易；現在不取一錢，難。故令臨境深思，未知何人能稟斯囑？」（三〇〇頁下）

〔一一六〕若能遠離八毒蛇法，是名清淨聖眾福田　鈔科卷中二：「『涅』下，引文證成。」（六六頁下）鈔批卷一七：「八毒蛇者，即八不淨也。如昔比丘見金唱言：沙門毒蛇，沙門毒蛇等。」（七四五頁下）資持卷中二：「涅槃、智論者，由是大乘了教意絕愚者，濫託餘文。涅槃中，初令遠離，由能害人，是可怖畏，故喻毒蛇。」（三〇〇頁下）

〔一一七〕應為人天供養，清淨果報非肉眼所能分別　資持卷中二：「『應』下，明現、當二報。以離八穢，行業果報，凡愚莫識，故云非肉眼等。」（三〇〇頁下）

〔一一八〕祇桓比丘，不與受金銀者共住、說戒、自恣、一河飲水　資持卷中二：「『又』下，舉佛世現事。以清淨僧恥與共事，污辱淨僧故」（三〇〇頁下）

〔一一九〕若有共僧事者，命終墮大地獄　鈔批卷一七：「立明：僧與此人，同住同僧事，作羯磨法，並不成就，則是違佛教故，故入地獄。」（七四五頁下）

〔一二〇〕以戒之功德，勝於布施　資持卷中二：「業疏云：不盜即施法界有情之財，不殺即施法界有情無畏。即用此法，行己化他，即名法施，遍眾生界。財是局狹，集散之法，能開煩惑惱害之門。戒法清澄，故絕斯事。」（三〇一頁上）

〔一二一〕菩薩持息世譏嫌戒，與性重無別　資持卷中二：「重引涅槃。準經分二種戒：一、性重戒，謂四重禁；二、息世譏嫌戒，謂不作販賣、小斗、欺誑、田宅、種植、象馬、車乘、僮僕、七寶等，（三〇〇頁下）即遮性等持，故云無別。」（三〇一頁上）【案】北本涅槃卷一一，四三二頁下。

〔一二二〕息世戒　鈔批卷一七：「立謂：掘地壞生，非時食等，此是遮戒，故曰息世
譏也。性重者，如殺、婬等，以是性戒，有業道故，名性重也。以遮戒要由
羯磨方有此戒，故曰白四所得。若性戒，不問羯磨，不羯磨常有，故曰也。」
（七四五頁下）資持卷中二：「『息』下，示上戒相。經云：菩薩摩訶薩復有
一（【案】『一』疑『二』）種戒：一者受世教戒，（遮譏生善，故云世教；）
二者得正法戒，（翻惡順理，故云正法，即十善業。）菩薩若受正法戒者，
終不為惡。（以十善業，並禁性惡，準知十善，須從人受。）受世教戒，白
四羯磨，然後乃得。（白四雖通遮性，性惡本業，重增制罪，遮非本有。必
受者，具故偏指，遮為白四得。）」（三〇一頁上）

〔一二三〕錢者，有八種，金、銀等，上有文像　鈔科卷中二：「釋第一。」（六七頁上
～中）鈔批卷一七：「八種錢者，案四分云：一、金，二、銀，三、銅，四、
鐵，五、白鑞，六、鉛錫，七、木，八、胡膠錢也。」（七四五頁下）資持
卷中二：「四分八種錢，文標二種，等取銅、鐵、白鑞、鉛、錫、木、胡膠。
隨國所用，受畜皆犯。」（三〇一頁上）

〔一二四〕生色似色，皆提；生色者金，似色者銀　簡正卷一一：「生色者，天生自然
金，不假因緣，名生色也。似色者，『似』猶『像』，似金之類，則（【案】
『則』疑『緣』。）生。『似』是梵言，金銀是漢語。或云金銀生緣（原注：
『緣』疑『像』。）者，梵、漢雙舉也。」（七〇七頁上）資持卷中二：「僧
祇文初示金銀。上句列名，下二句釋相。生色，金者，天生黃故；似色，銀
者，可用塗染，像於金故。」（三〇一頁上）【案】僧祇卷一〇，三一一頁中。

〔一二五〕「似」，猶「像」　鈔批卷一七：「謂即釋上似色也。若言金銀生像者，此梵、
漢雙舉，梵言『生』，此曰『金』。梵言『像』，此言『銀』。」（七四五頁下）

〔一二六〕隨國用　資持卷中二：「隨國用者，體通八種。」（三〇一頁上）

〔一二七〕捉，得提　簡正卷一一：「亦是犯捉寶也。」（七〇七頁上）資持卷中二：「捉
犯後戒。然畜必由捉，故多標之。」（三〇一頁上）

〔一二八〕七寶　簡正卷一一：「寶，珍美也。一、金者，說文云：金有五色，黃為其
長。百練不變，久埋不生，從芊不改，西方所出也。二、銀者，白金謂之銀。
摩尼者，謂如意珠也，亦云無價。（廣如卷初。）真珠者，亦云赤珠，謂赤
虫所出，即蜯蛛是也。珊瑚者，紅赤色，說文云：石脂，似樹形，出海中。
車渠者，青白間色也。馬腦者，此寶形似馬腦，亦云玉石。上之所引，依多
論。若准諸經論說七寶，大同小異。第三是瑠璃，碧色寶。第四頗梨，即水

玉是。」（七〇七頁下）資持卷中二：「初，明重寶。『摩尼』此翻『離垢』，言不為垢染故。真珠即蚌珠。珊瑚，智論云：海中石樹。車渠，尚書大傳云：大貝如大車之渠。（『渠』即車輞。）馬瑙，石類，應法師云：此寶色如馬之腦。」（三〇一頁上）【案】多論四節：一者，「七寶者」下；二者，「若似寶」下；三者，「若捉金」下；四者，「若似寶」下。

〔一二九〕**當取** 資持卷中二：「示開遮法。」（三〇一頁）

〔一三〇〕**琥珀** 資持卷中二：「『若』下，次，明似寶。琥珀者，博物志云：松脂入地千年，化為茯苓。茯苓千年，化為琥珀。水精千年，寒谷中冰凌所變。」（三〇一頁）

〔一三一〕**偽珠** 資持卷中二：「世中以藥石燒者。」（三〇一頁）

〔一三二〕**鍮石等** 資持卷中二：「準論更列銅錢、白鑞、鉛、錫。（論約錢體，故入似寶，捉但（【案】『但』疑『但』。）犯吉，今所不取。僧祇、四分，八種錢並入正寶）。」（三〇一頁）

〔一三三〕**以五種取為畜，故者吉羅** 簡正卷一一：「五種受，即是也。」（七〇七頁下）鈔批卷一七：「立謂：其偽寶。若準下文，五種受：器受、身受等受已畜，故得吉。」（七四五頁下）資持卷中二：「五取如後引。為畜吉者，則知不畜，捉亦無過。」（三〇一頁上）

〔一三四〕**若捉金薄金像，藏舉自他寶，並墮** 鈔批卷一七：「若捉金薄等並墮。不犯此戒者，謂犯後『九十』捉寶戒也。」（七四六頁上）資持卷中二：「『若捉』下，三、明捉寶。文舉金寶，理通前七。金薄謂裏貼之物，金像如鑄成聖像。（四分不犯。）自寶者，論作自說淨寶。」（三〇一頁上）

〔一三五〕**若似寶，入百一物數** 資持卷中二：「『若似』下，四、簡似寶。百一受持，故不假淨。」（三〇一頁上）

〔一三六〕**僧祇云** 鈔科卷中二：「『僧』下，釋第四。」（六七頁中）

〔一三七〕**不淨物者，金、銀、錢，不得觸** 鈔科卷中二：初，受取可否。」（六六頁下）鈔批卷一七：「立謂：其金銀，以不得觸，乃名不淨。」（七四五頁下）資持卷中二：「初科，三段，前定名體，彼以金銀錢為重寶，名不淨物。餘寶名淨不淨物。初，明重寶，止列三種。多論七寶俱制，與此不同。不得觸者，示不淨義。」（三〇一頁上）【案】此為初科三段之一，先明重寶，下明餘寶。

〔一三八〕**餘寶得觸，故名淨** 鈔批卷一七：「立謂：即似寶也。如銅、鐵等得觸，故異於錢等，此則名淨，仍不得著，又名不淨。此謂似寶之中，名淨不淨。若

望得觸邊名淨，望不應著，又名不淨。案祇云：金銀及錢，是名不淨物也。言餘寶者，是淨不淨物也，謂真珠、瑠璃、珂貝、玉等是也。」（七四六頁上）資持卷中二：「釋餘寶。除上三物，通（三〇一頁上）收一切。言得觸者，不制捉故。」（三〇一頁中）

〔一三九〕不得著　資持卷中二：「不得著者，同制畜故。著即貪畜畜，犯吉罪。」（三〇一頁中）

〔一四〇〕若不淨者，自捉使人，一切皆提　資持卷中二：「『若』下，次，明犯相。初，通明重寶。」（三〇一頁中）

〔一四一〕若相成就　鈔批卷一七：「謂文字分明，但時所不用，即古錢是也。」（七四六頁上）資持卷中二：「『若相』等者，別顯錢體。言相成者，如胡膠、皮、木等錢，及此間鑞、錫之類，必國土尚用，亦應提罪。」（三〇一頁中）

〔一四二〕若凡得錢，及安居衣直，不得手取，使淨人知　資持卷中二：「『若凡』下，三、示受法。使淨人知者，或且令受，或即作法。」（三〇一頁中）

〔一四三〕無者，指腳邊地語言「是中知」　資持卷中二：「無者，謂無淨人。暫安地處，言是中知，即淨語也。」（三〇一頁中）

〔一四四〕後將淨人令知持去　資持卷中二：「若不可信，令持付他，但云知是。若可信人，即令掌舉，須作淨法。詞見次科。」（三〇一頁中）

〔一四五〕四分　鈔科卷中二：「『四』下，作淨之法。」（六六頁下）資持卷中二：「作淨中。四分即已犯財，對俗捨文。準疏分四節。」（三〇一頁中）【案】四分引文分為四節，見下資持釋文。

〔一四六〕是中捨者　資持卷中二：「初句，牒前制過。」（三〇一頁中）簡正卷一一：「戒疏云：明捨錢方便，付淨主也。鈔文稍難曉，須細尋之。」（七〇八頁上）

〔一四七〕告可信人來已云，此是我所不應，汝當知之　資持卷中二：「『告』下，二、明捨錢方便，覓淨主付也。」（三〇一頁中）

〔一四八〕若彼人取還與比丘者，當為彼人物故受，敕淨人掌之　資持卷中二：「『若彼』下，三、謂不達施意，佛為淨故，令彼受之。彼不解故，不敢即受，乖淨施法，當為彼物。受者，既捨與彼，即屬彼故。若為貿衣，須易受者，以先淨法不成故。」（三〇一頁中）簡正卷一一：「齊此已來，據彼人不會比丘之意，謂言將物與他，不取順受，卻還比丘。彼既內心不解，即乖淨施之法。故律云：即作彼人迷故，所以不成。物既現在，即作他物收取，令淨人常（原注：『常』疑『掌』。）護也。」（七〇八頁上）

〔一四九〕若彼為比丘貿衣鉢等，應持貿易，受持之　資持卷中二：「『若彼』下，四、此約解意。即取迴淨，不須轉易。」（三〇一頁中）簡正卷一一：「齊此已來，此約彼人心中，卻順解前來比丘之意。再來取此物，即令淨人持與貿易衣鉢受持之。」（七〇七頁下）鈔批卷一七：「立云：自此已下，有兩節文。此謂有錢寶，對淨人作淨。淨人不解，作法不成，便犯捨墮。雖令貿得衣鉢，此衣鉢要更須貿易，由本說淨不成故。若淨人當時解比丘說淨法者，則不犯墮。後若貿得衣來，得加法，故云應取持之。上雖相承此解，覺意之所不然。今言：上既云對淨人說淨竟，若淨人取還與比丘者，當為彼人物，故受勅淨人賞之。又解：若彼為比丘貿衣鉢等，應持貿易受持之者，此謂前說淨竟，錢既在比丘邊，今淨人欲將此錢為比丘貿衣鉢，比丘須持此錢與淨人貿衣鉢，故曰應持貿易受持之。謂是應持錢與淨人，貿衣來，自受持也。」（七四六頁下）

〔一五〇〕若不語彼人「知是看是」，突吉羅　資持卷中二：「『若』下，別明淨語。疏云：『看是』謂看於錢寶，『知是』謂非我所作。為淨與爾，何得不道，失法故吉。」（三〇一頁中）簡正卷一一：「此約彼人為比丘持物貿易得衣鉢將來。比丘即將新貿之衣，依法加受也。不作（七〇七頁下）淨語得者。」（七〇八頁上）鈔批卷一七：「『若彼優婆塞』下，此明淨人既將錢去，（七四六頁上）貿得衣來，應須加法持也。（作此解者，文極調直。）立云：『若彼憂婆』下，此謂先對淨人說淨成句也，前文則是將淨人說淨不成句也。二者，淨人言易淨物畜者，此謂淨人令比丘易取淨物而畜，即當說淨。此上二法，皆約破此知法也。案多論第四云：錢寶說淨有二種。若白衣持錢寶來與比丘，比丘但言『此不淨物我不應畜，若淨當受』，即是淨法。若白衣言與比丘寶，比丘言『我不應畜』，淨人言『易淨物畜』，即是作淨。若白衣不言『易淨物畜』，比丘自不說淨，直置地去。若有比丘，應從說淨，隨久近畜。若無比丘，不得取，取得捨墮。又云：錢寶淨施法者，應先求一知法白衣淨人，語意令解我比丘之法，不畜錢寶。今以檀越為淨主，後得錢寶，盡施檀越，得淨主已，後得錢寶。盡比丘邊說淨，不須說淨主名。說淨已，隨久近畜。若淨主死，出異國，應更求淨主。除錢及寶，餘一切長財，盡五眾邊作法。（尋斯文意，錢寶說淨，亦對比丘。）」（七四六頁下）

〔一五一〕僧祇　資持卷中二：「初，明知事藏取法。」（三〇一頁中）【案】僧祇初明事取法，次明受寶器法。

〔一五二〕裹眼三旋　簡正卷一一：「遶也。欲令彼迷，方不記處故。」（七〇八頁上）
資持卷中二：「意令迷處，防盜損故。」（三〇一頁中）

〔一五三〕掘　【案】底本為「堀」，據敦煌甲本、敦煌乙本、敦煌丙本、僧祇律改。

〔一五四〕若散落者，得以甎、瓦擲入　鈔批卷一七：「謂旋淨人，令下錢時，錢有散落者，比丘手不得觸，亦許將瓦石打其錢，令轉墮入坑中也。」（七四六頁下）

〔一五五〕若施主作金椀　資持卷中二：「『若施主』下，次，明受用寶器法。」（三〇一頁中）

〔一五六〕應言「受受受」　資持卷中二：「『若施主』下，次，明受用寶器法。『應言』等者，謂有緣，開口受。」（三〇一頁中）

〔一五七〕不得觸器四邊、讚歎、手捉　資持卷中二：「『不得』字，貫下三相。不讚歎者，表非所好，抑彼貪故。」（三〇一頁下）鈔批卷一七：「如諸王公主、貴勝俗人，（七四六頁下）多有斯事，以將金椀，貯食施僧，比丘則不得手受，令置面前。正下之時，口云『受受受』，即成受也。但食器中之食，不得手觸內外四邊。言讚歎、手捉者，既是金椀等器，則不得口贊，譽言『大好器具』等，亦不許手捉也。」（七四七頁上）

〔一五八〕此是後「九十」中　資持卷中二：「『此』下，總點二段皆非己物。欲顯受畜三寶物法，故連引之。仍恐參涉，故特點示。」（三〇一頁中）

〔一五九〕多論五種受　鈔科卷中二：「『多』下，領受之相。」（六七頁下）資持卷中二：「領受中。多論初列五法，前三身業，後二口業。下明三眾，制同罪異。」（三〇一頁中）【案】多論卷四，五二六頁中；卷五，五三六頁上。

〔一六〇〕若言「與是淨人」，皆犯捨　鈔批卷一七：「自受交（原注：『交』疑『令』。）人受，同犯提故。」（七四七頁上）

〔一六一〕若身相續者，謂繫三衣紐，乃至鉢盂中，皆捨墮　資持卷中二：「僧祇兩相，並是身業。世有奉戒，以袖接嚫，或令人受不作淨法，此由不學，致茲委濫。」（三〇一頁中）

〔一六二〕五種長物　鈔科卷中二：「『多』下，開畜諸長。」（六七頁下）資持卷中二：「初，通列長相，『五』總為三：上二並寶，中二皆衣。（三〇一頁中）」（三〇一頁下）【案】多論卷四，五二六頁中。

〔一六三〕衣　【案】底本無，據大正藏本、敦煌甲本、敦煌乙本、敦煌丙本及弘一校注加。

〔一六四〕**重寶捨與同意淨人，罪僧中悔**　資持卷中二：「『重寶』下，別釋二寶。初，釋重寶，即上七種，此約犯捨，故云罪悔。」（三〇一頁下）

〔一六五〕**若錢寶，比丘不得畜**　資持卷中二：「『若錢』下，次，釋似寶。」（三〇一頁下）

〔一六六〕**若僧中次行者，說淨**　簡正卷一一：「謂如今時，齋家行錢，即須言此不淨財等。正明捨懺，法則可委。」（七〇八頁上）鈔批卷一七：「立謂：僧中依次得分也。」（七四七頁上）

〔一六七〕**餘似寶及百一物數**　鈔批卷一七：「偽珠等物，名為似寶，畜之不作淨故，犯吉，令悔也。深云：此言百一物者，非中品受持百一物人也。畜百一物，既加受法，一向無長過也。今言捨者，還是畜長之人，有此物也。謂隨物一一之中，名百一也。」（七四七頁上）資持卷中二：「『及』字寫誤，準論是『除』字。以百一不須捨故。」（三〇一頁下）

〔一六八〕**錢寶說淨有二**　資持卷中二：「『錢寶』下，示二種淨法。」（三〇一頁下）簡正卷一一：「若內衣持錢寶來與比丘，比丘但言『此不淨物，我不應畜，若淨常（原注：『常』疑『當』。）受』，即是淨法。若白衣不言，此比丘不語取，犯也。」（七〇八頁上）鈔批卷一七：「景云：一、僧，二、俗。如前引多論文是也。」（七四七頁上）

〔一六九〕**此不淨物，我不應畜，若淨當受**　資持卷中二：「初，是比丘對施主語，為將付淨人也。若淨當受者，謂易淨物也。」（三〇一頁下）

〔一七〇〕**淨人言「易淨物畜」，即當說淨**　資持卷中二：「二、淨人持物對比丘語。據此言論，本非淨法，故並云『當』。若作此已，不勞更說。『當』字去呼。」（三〇一頁下）

〔一七一〕**若彼此不語，取得，捨墮**　鈔批卷一七：「謂比丘與淨人俱不言也。上明或比丘言，或淨人出言，皆名說淨。今則二彼俱不言，故不成淨也。景云：此舉有受畜心也。」（七四七頁上）

〔一七二〕**若捨與白衣，不得與沙彌**　資持卷中二：「『若捨』下，簡淨主。」（三〇一頁上）鈔批卷一七：「謂是法同沙彌，不得捉寶也。故下引僧祇證也。」（七四七頁上）

〔一七三〕**僧祇云**　鈔科卷中二：「『僧』下，下眾同制。」（六七頁下）資持卷中二：「下眾中。上云不得與沙彌故，續引示之。」（三〇一頁下）

〔一七四〕**目連將專頭沙彌往阿耨達池**　鈔批卷一七：「案祇云：佛在舍衛城。時目連

共專頭沙彌食後，到阿耨達池上坐禪。時沙彌見河邊金沙，便念：『今當盛取此沙，著世尊澡罐下。』目連從禪覺已，神足乘空而還。沙彌為非人所持。目連迴見，喚沙彌來。答言：『我不得往。』問言：『汝有所持耶？』答：『持是金沙。』『汝應捨棄！』捨也，即乘空而去。」（七四七頁下）資持卷中二：「初，別舉兩緣。專頭即目連弟子，亦云均提。」（三○一頁下）【案】僧祇律卷二九，四六一頁。資持釋文中「別舉兩緣」，即「目連共專頭沙彌」和「老比丘將沙彌還村」。

〔一七五〕老比丘將沙彌還本村　簡正卷一一：「祇云：有比丘將一沙彌看親里，路經曠野，中道有非人化作龍，右達（【案】『達』疑『遶』。）沙彌，以花散上，讚言：『善哉，大得善利，捨家不捉金銀及錢。』比丘到親里家，相看已，欲還。時親里言：『汝今還去，道中之食，可持錢去市，易所須。』沙彌受已，緊著不（【案】『不』疑『衣』。）帶而去。至中道，而非人見沙彌在比丘後行，又化作龍來，左遶沙彌，以土坌之，言：（七○八頁上）『汝失善利。出家修道，與捉錢行。』沙彌便啼。比丘顧問，具述上緣。師令除錢，非（原注：『非』疑『龍』。【案】『非』後疑脫『人』字。）仍舊右遶。以此緣白佛。言（原注：『言』上疑脫『佛』字。）：『自今不聽沙彌持金銀錢。』用此文證上，故不許捨與沙彌也。」（七○八頁下）【案】僧祇卷二九，四六一頁。

〔一七六〕並為非人左遶，以土坌之　資持卷中二：「『並為』下，合示幽責，以事同故。左遶，西土以為不祥。」（三○一頁下）

〔一七七〕此不吉利　資持卷中二：「所遇不清淨故。」（三○一頁下）

〔一七八〕各以事白，便俱令棄之　資持卷中二：「即二沙彌各白師也。」（三○一頁下）

〔一七九〕非人並為作禮，右遶而過　資持卷中二：「捨穢還淨，是可敬故。」（三○一頁下）

〔一八○〕此猶可治，故逢幽責　資持卷中二：「『此猶』下，追古傷今。言可治者，即前二沙彌。」（三○一頁下）鈔批卷一七：「謂上來二沙彌之過，此過可治，故逢幽冥之責也。若現在不可治者，則未來重受，必入地獄。於今現在，不逢此輕責也。如下池神譏者，亦是可治也。」（七四七頁下）

〔一八一〕池神譏類　鈔批卷一七：「案智論第十七云：有一比丘，在林中蓮華池邊經行，聞蓮華香，鼻受心著，池神語言：『汝何故捨彼林中禪淨坐處，而偷我香？以著香故，諸煩惱結。使臥者，今皆覺起。』于時，更有一人來入河

中，多取其華，掘挽根莖，狼藉而去。池神嘿無所言。比丘言：『此人破汝池，取汝華，汝都無言。我但河岸邊行，便見呵罵，云我偷香。』池神言：『世間惡人，常在罪垢糞中，不淨沒頭，我不共語也。汝是禪行好人，而著此香，破汝好事，是故呵汝。譬如白氎鮮淨，而有黑物點污，眾人皆見。彼惡人者，譬如黑衣點墨，人所不見。誰問之者？』（七四七頁下）【案】智論卷一七，一八一頁下。

〔一八二〕**餘有未懺，必遭顯戮** 鈔批卷一七：「慈云：如作偷盜等事，必被他人刑戮不疑。即是刑戮，亦可作過不懺罪。於現在，日夜增長。又解：如暫嗅香，尚遭神責，況更非法犯重？必被滅擯，故言顯戮。」（七四八頁上）資持卷中二：「未懺，即今捉畜不可責者。顯戮，即現報惡疾卒終，多由毀戒。母論所謂腹則破裂、袈裟離身是也。」（三〇一頁下）

〔一八三〕**煩腫之儔** 鈔批卷一七：「案百喻經云：昔有一人，至婦家舍，見其擣米，便往其所，偷米唵之。婦來見夫，欲共其語。滿口中米，都不應和。羞其婦故，不肯棄之，是以不語。婦恠不語，以手摸看，謂其口腫。語其父言：『我夫始來，卒得口腫，都不能語。』其父即便喚醫治之。時醫言曰：『此病最重，以刀決之，可得差耳。』即便以刀決破其口，米從中而出，其事彰露。世間之人，亦復如是。作諸惡行，犯於淨戒，覆藏其過，不肯發露，墮於地獄、畜生、餓鬼。如彼愚人，以小羞故，不肯吐米。以刀決口，乃顯其過。」（七四七頁下）【案】百喻經卷四，大正藏第四冊，五五四頁中。

〔一八四〕**開緣如上** 鈔批卷一七：「謂此一戒上文，並自有開通文也。」（七四八頁下）資持卷中二：「謂作淨語，及前捨法。但前是犯已捨悔，此明得物即捨。」（三〇一頁下）

〔一八五〕**若彼人不肯與衣者，餘比丘當語言** 資持卷中二：「『若』下，明淨主不還，往索之法。先令他索。」（三〇一頁下）

〔一八六〕**若又不與，自往語言** 資持卷中二：「『若又』下，後明自索。」（三〇一頁下）

〔一八七〕**此物應與僧** 資持卷中二：「以彼可索，故此動之。」（三〇一頁下）

　　貿寶戒〔一〕十九

　　多論云〔二〕：**此以說淨寶，轉易與他求利**〔三〕。**當與他時，得捨墮**〔四〕。**此與貿衣五種不同**〔五〕，**如戒疏說。律中，以財物易錢寶故犯，但無衣食為異**〔六〕。

　　五緣成：一、是錢寶〔七〕，二、互相易〔八〕，三、決價，四、為己，五、受，犯。

　　五分：應對僧悔，不得向二、三人前〔九〕。

　　律不犯中。若以錢貿瓔珞具為佛、法、僧，若以錢易錢亦為佛、法、僧者，得。

【校釋】

〔一〕**貿寶戒**　資持卷中二：「（佛在羅閱祇。跋難陀往市津（【案】『津』疑『肆』。）上，以錢易錢，居士譏嫌。因制。）」（三〇一頁下）簡正卷一一：「貴物相易，名為貿寶。」（七〇八頁下）【案】四分卷八，六一九頁下開始。

〔二〕**多論云**　資持卷中二：「初，引論簡畜寶。不說淨財，已犯前戒，無重犯故。若以（三〇一頁下）錢買金而畜，緣相是異，則容兩犯，如戒疏中。又，疏有四句：一、是畜非貿，俗施錢寶也；二、是貿非畜，用衣易錢寶也；（準此，但令所貿，是錢寶犯，不論能貿。）三、俱是，以錢買金畜之；四、俱非，即衣物相易也。」（三〇二頁上）簡正卷一一：「玄云：此律不云求利，但言出家人不應。故古師云：多論與律不同。律：貿得寶，入手即犯。若用寶時，則得；不應，寶體既無，將何以捨？故疏破云：昔人不立，以財無再捨，罪不雙結。今不同之。見金以錢買金而畜。初易貿後畜，緣相是異，何不雙結？」（七〇九頁上）【案】多論卷五，五三五頁下。

〔三〕**此以說淨寶，轉易與他求利**　鈔批卷一七：「深云：若非說淨寶，已犯前戒，捨墮竟。今若更貿餘物，但得吉，以無重犯故。」（七四八頁下）

〔四〕**當與他時，得捨墮**　鈔批卷一七：「雖爭價上下，若結犯時，正是約與他時，得提也。」（七四八頁下）

〔五〕**此與貿衣，五種不同**　鈔批卷一七：「戒疏云：一、對人不同，貿寶七眾俱犯，貿衣唯二俗犯。二、貿寶自作、教人，為己同犯；除為三寶。貿衣使人，不犯。三、貿寶一制，不開自為；貿衣則開蘇油相易。四、衣寶捨則道俗不同。五、還財本非本別，故謂貿衣，捨懺還本衣，更得卻受；貿寶捨懺，財捨與俗人已後，還財惡（原注：『惡』疑『要』。）須貿得淨物，方得受。若本財不合受也。今言貿衣戒者，只是下販賣戒也。緣起是跋難陀與外道貿衣為緣起故。諮此『貿衣』，為販賣戒也。又，對上『畜寶戒』，四句分別：一、是畜非貿，俗施錢金也。二、是貿非畜，（七四八頁下）衣易錢寶也。三、俱是，以錢買金畜之。四、俱非，即衣物相易也。」（七四九頁上）資持卷中二：「『此』下，

簡販賣。五異指如疏者,彼云:初,對人不同,貿寶七眾俱犯,貿衣唯二俗犯。(在家二眾。)二、貿寶自作,教他為己,同犯;除為三寶貿衣使人,不犯。三、貿寶一制不開,貿衣則開酥油相易。四、衣寶捨則道俗不同,(衣對道捨,寶對俗捨。)。五、還財本非本別。(衣捨還元物,故云本;寶捨易淨物,故非本)。」(三〇二頁上)

〔六〕**以財物易錢寶故犯,但無衣食為異** 簡正卷一一:「謂此戒但論金銀錢。已下販賣戒,衣食相易為異。」(七〇九頁上)鈔批卷一七:「立明:此戒直論金銀錢相貿,不論衣食。下戒則論衣食,故簡異之。」(七四九頁上)資持卷中二:「『律』下,準律顯異。律有七物,交互並犯。金有三品:一、『已成金』,(華敘莊嚴具是;)二、『未成金』,(即金鋌也;)三、『已成未成金』,(鎔瀉成器,未鋌治者。)銀亦三種,錢唯一品,總為七也。『但』下簡異,則知此戒,唯約寶論。」(三〇二頁上)

〔七〕**錢寶** 簡正卷一一:「金銀各三,錢唯一品。金有三種:一、『已成金』,二、『未成金』,三、『已成未成金』。『已成金』者,釵、釧等也;『未成』者,金梃是,〔不同有(原注:『有』一作『甫』。)云『金鑛』也。〕『已成未成』者,鑄寫作器,未鋌治者。銀亦三品,例此可知。錢若據理,亦令有三。未成,據未有文象者以說。既未具足,世所不行,即非貴物,故唯一種,不同金、銀,三品俱貴,世所用也。」(七〇九頁上)鈔批卷一七:「簡餘衣物非犯也。」(七四九頁上)資持卷中二:「局所貿也。能貿則通,衣寶餘物。」(三〇二頁上)

〔八〕**互相易** 鈔批卷一七:「互相易者,皆提。互相貿易,總有四十九句,其中錢與金銀開之為七,即金三、銀三、錢一也。金有三者:一、『已成金』,謂已成器,釵、釧等也。二、『未成金』,即金梃等也。有人解云:『未成金』者,是金屮也。今不同之,朴既雜石,未得名金。三、『已成未成金』,謂鑄打竟,仍未摩治也。高云:『已成』者,環、珮器具也;『未成』,雜屮者也;『已成未成』者,梃等。銀中三句,亦爾。并錢是七。其七中,更互相易,一句有七,以成四十九。七(【案】『七』疑剩。),初七者:一、『已成金』貿『已成金』;二、『已成金』貿『未成金』;三、『已成金』貿『已成未成金』;四、『已成金』貿『已成銀』;五、『已成金』貿『未成銀』;六、『已成金』貿『已成未成銀』;七、『已成金』貿錢。此七句,純將『已成金』為頭,後個七句,還如上次第,即將『求成』(原注:『求』疑『未』。)為頭,貿餘六,乃至將『銀』及『錢』

作頭,亦爾。次,將『未成金』為頭,應言『未成金』貿『未成金』,二、『未成金』貿『已成』等金(云云)。次,將『已成未成金』為頭,應言『已成未成金』貿『已成金』,(七四九頁上)二、『已成未成金』貿『已成金』等(云云)。若將『已成未成銀』貿『已成未成銀』者,先且對牒。次,則從前與謂從金為首也。若將銀為頭,亦且相對牒,謂錢貿。次從金起。」(七四九頁下)

〔九〕應對僧悔,不得向二、三人前 鈔批卷一七:「立云:此戒罪重,要僧中悔。」(七四九頁下)資持卷中二:「此戒不對僧捨,恐隨別悔,故特遮之,以過重故。」(三〇二頁上)【案】五分卷五,三七頁上。

販賣戒〔一〕二十。

多論四義制:一、為佛法增尚故;二、為止鬪諍故;三、為成四聖種〔二〕故;四、為長信敬,不生誹謗故。

論,犯六緣成:一、在家二眾〔三〕,二、共同交貿,三、決價,四、為己,五、自貿易,六、領受,犯。

律令淨人貿,準餘部雙開〔四〕。四分:衣藥交貿,爭價高下,數數上下,皆犯〔五〕。

多云〔六〕:此販賣墮,一切墮中最重;寧作屠兒〔七〕。何以故?屠兒止害一生,販賣一切俱害:不問道俗、賢愚、持戒、破戒,無往不欺,常懷惡心。設若居穀,恆希天下荒餓,霜雹災變;若居鹽積貯,恆願四遠反亂,王路隔塞〔八〕。多有此過故。此販賣物作塔像,不得向禮〔九〕。又云:但作佛意禮之。設與僧作食,及四方僧房,一切不得住中。持戒比丘,不應受用,得罪;若死,得羯磨分之。所以爾者?以此販賣業,罪過深重。若生存時,僧得用者,此比丘言「雖販賣有罪,猶得作福」,續作無已。今不聽僧食用,無供僧福,後得重罪。以此因緣,不敢更作。比丘既死,無更作理,故得分之。若販賣食,咽咽墮;作衣者,著著墮;作臥具,隨轉轉墮。故重結〔一〇〕。

五百問云:治生得物施人,犯捨〔一一〕。若窮厄無食處〔一二〕,使白衣作食。治生道人白眾言「此非我物」,得食,不者犯墮。若施俗人,俗人與僧,不犯〔一三〕。

僧祇:若糴穀時,此後當貴〔一四〕;糴時越,糶時墮。若恐後貴,擬自食行道〔一五〕。到後穀貴,食長,或與師僧,作功德;餘者出糶得利,無罪。諸藥草等亦爾。衣鉢不為利,後賣不犯〔一六〕。

十誦：若相似貿似相〔一七〕，如衣、鉢、澡鑵、瓶、戶鉤、四藥交貿；不相似者，以衣易鉢。一切墮。若可捨物，金、銀、錢、糴粟〔一八〕，或用粟買物，若可食啖，口口吉〔一九〕；可作衣，著著提。

五百問云：有求利販賣作福，無罪耶？答：此人尚不免地獄，何況得福！由不隨佛語，故非供養〔二〇〕。

四分中：販、賣、買三事，但為利故，買、賣俱墮〔二一〕。十誦中：據一物為語〔二二〕。

多論：若眾僧衣未三唱，得益價〔二三〕。若三唱已，不應益，以屬他故。若眾中三唱得衣，設悔，不應還〔二四〕。十誦：若買賣，前人悔，七日內者，還之〔二五〕；若過，不應。四分文不了〔二六〕。此是私賣買也。

五分：使淨人易時，應心念：「寧使彼得我利，我不得彼利〔二七〕。」比丘共僧貿易，應倍者，當使價均，然後交博〔二八〕。若貧無可倍，僧必知賢善知足，聽直與〔二九〕。

四分衣法中，有貴價衣，令淨人貿易〔三〇〕。無淨人者，乃至遣比丘貿易。準此開之。必有淨人，亦制與罪〔三一〕。

僧祇〔三二〕：若自問價，若使人問價，作不淨語，爭價高下，皆越；得物，墮。四藥、隨輕物、重物〔三三〕、淨不淨物〔三四〕，一切相貿，得提。肆上有衣，其價已定，比丘齎直來與物主。雖搖頭作與相〔三五〕者，比丘亦須語言「此直知是物」也。若估客物直五十，而索百錢，比丘以五十知之〔三六〕，如是求者，不名為「下」。若前人欲買此物，比丘不得抄市〔三七〕。當問言「汝止未」，若報云「我休」者，比丘方云：「我以是價知是物，好不？」比丘自貿，抄市者，越。若僧中買物，得上價取。若和尚闍梨取，不得抄上〔三八〕。若營事比丘雇匠作不淨語，乃至為僧月直，市油麵等〔三九〕，不淨語者，越。自為得物入手，犯墮。淨語者，「以是物價，知是好不」；不淨語分別價者，「索幾許」〔四〇〕等。若市買物，得嫌訶說實前人物〔四一〕「此好、此惡、麤細、斗秤大小、香臭」者，無罪。五百問：若自舉物價，前人信之，貴取故，犯盜罪〔四二〕。僧祇：若食殘持博穌、油等，作不淨語，犯捨；雇治革屣，作不淨語，越〔四三〕。若前與食後治，前治後與食，無罪〔四四〕；乃至殘食，雇治草土等，準前。多論〔四五〕：如「販賣戒」中物，或方便有罪、果頭無罪〔四六〕，如為利，居鹽、穀，後得好心，即施僧作福；或果頭有罪，

如為福，糴米不賣，後見利便賣，以利自入，即是方便無罪〔四七〕。言「得施」者，謂一切俱捨懺〔四八〕也。

律不犯者。

聽五眾出家人共交貿，應自審定〔四九〕，不應共相高下，如市道法〔五〇〕。不得與餘人貿易〔五一〕，令淨人貿。若悔聽還〔五二〕。若穌油相易者，無犯〔五三〕。準上「衣法」〔五四〕，「得令淨人作」者，謂據有者言之〔五五〕。十誦：三度語索不得〔五六〕者，覓淨人使買。淨人不知市易，當教「以爾所物買是物，應知好惡思量〔五七〕，」得者，不犯。此賤彼貴，有利不犯〔五八〕。

【校釋】

〔一〕販賣戒　資持卷中二：「（佛在舍衛。跋難陀往無住處村，以生薑易食。又共外道博衣，悔而不還。譏訶。因制。）戒名，準疏分三：為利故收，為利故出，諍語而高，為販。為利而取故，減前價名買也；為利故出，強增價而高，曰賣也。（販但先收，犯還同賣。）」（三〇二頁上）簡正卷一一：「為利賣買，稱之曰販。」（七〇九頁下）【案】鈔文分二：「多論」下明意；二、「論犯六」下明犯相，又分二：犯與不犯。犯文先列緣，「律令」下釋。四分卷八，六二〇頁中開始。

〔二〕四聖種　資持卷中二：「四聖種即四依行，制斷賣買，令修四法。」（三〇二頁上）

〔三〕在家二眾　鈔批卷一七：「簡其出家五眾不犯也。」（七四九頁下）

〔四〕律令淨人貿，準餘部雙開　鈔科卷中二：「初，略示結犯。」（六七頁中）資持卷中二：「初，示開貿。上句指律，文見不犯。次句準餘部，如下僧祇、十誦。若據下引四分衣法亦開比丘，不獨他部。」（三〇二頁上）簡正卷一一：「據四分，此戒准約教淨人易貿是一開。若准僧祇、十誦，俱開日（原注：『日』一作『自』。）貿，反與淨人，但作知淨語，當於價直，即道俗雙開。又，下四分衣法，亦開無淨人時自貿等。」（七〇九頁下）鈔批卷一七：「立謂：四分中，唯得教淨人貿。若准他部，應令淨人貿，是一開也。如無淨人，比丘亦得自貿，又是一開，故曰雙開。然比丘自貿，要須知淨語也。」（七四九頁下）【案】「律令」下分二：初，「律令」下，次，「多云此販」下。

〔五〕衣藥交貿，爭價高下，數數上下，皆犯　資持卷中二：「『四分』下，示犯相。律云：以時藥易時非時、七日、盡形、波利迦羅衣，如是互易。（隨一一物為

頭，以歷諸物。）疏云：此指緣起說。若以錢買衣，屬此戒攝，反則前戒。（准知，販買兩戒，但據所買以分。）」（三〇二頁上）簡正卷一一：「謂四分律文但有四藥及衣相貿六餘物也。准此有二十五句，初有之（原注：『之』疑『五』）句：一、時藥易時藥；二、時藥易非時藥；三、時藥易七日藥；四、時藥易盡形藥；五、時藥易波邦迦羅衣。以（原注：『以』疑『次』。）將『非時』為頭，亦准此所解。問：『既云准約衣藥於易，已外應無犯。若無犯者，何故文中言種種販賣（原注：『賣』疑『賣』。下同）』？答：『只向適來句數之中，亦得名為種種，何必約一切物為種種也。』數數上下者，增賣者，本賤賣貴，買亦如是，本貴買賤，本增直五錢，減買言直三錢。重減（七〇九頁下）買者，本直五錢，言直一錢等。」（七〇九頁下）

〔六〕多云　鈔科卷中二：「『多』下，廣明業相。」（六七頁中）【案】多論下分十。多論引文字分三：一者，初，「此販」下，明業重；二、「此販賣」下，明施物；三、「若販賣」下，結犯相。

〔七〕寧作屠兒　鈔批卷一七：「屠兒則普願天下人皆不殺，我得獨賣。」（七四九頁下）資持卷中二：「前明業重，甚於屠者，以心普故。」（三〇二頁上）

〔八〕若居鹽積貯，恒願四遠反亂，王路隔塞　鈔批卷一七：「謂如長安城中居，得十石、五石鹽已。忽王路塞，車乘不通，四方路斷，其此鹽貴，豈有價耶？」（七四九頁下）

〔九〕此販賣物作塔像，不得向禮　資持卷中二：「『此販賣』下，次明施物。營福不開用者，物體穢故。初，示制約。」（三〇二頁中）

〔一〇〕故重結　資持卷中二：「物唯一捨，罪則合懺。」（三〇二頁中）【案】多論卷五，五三六頁中。

〔一一〕治生得物施人，犯捨　鈔科卷中二：「『五』下，治生施物。」（六七頁下）資持卷中二：「初明受施，經營活業，名為治生。言犯捨者，謂受施人。」（三〇二頁中）鈔批卷一七：「曇云：此舉受者，犯墮，以治生罪故。下句亦然。」（七四九頁下）【案】五百問，九七七頁上。

〔一二〕若窮厄無食處　鈔批卷一七：「立謂：若飢時無食處，此治生道人，使白衣將此物作食，亦開得食。其治生比丘，要須對眾中白云：『此非我物，方得食之也。』若治生比丘，不作此言，僧食犯墮。若將此物施俗人，（七四九頁下）彼俗迴施僧得食，為主別故。」（七五〇頁上）資持卷中二：「『若』下，示儉開。須彼告白，僧作白衣物受，即是開法。」（三〇二頁中）

〔一三〕若施俗人，俗人與僧，不犯　資持卷中二：「『若施』下，明轉施得受。彼既決捨，即是淨物。」（三〇二頁中）

〔一四〕若糶穀時，此後當貴　鈔科卷中二：「『僧』下，糶糴開制。」（六七頁下）資持卷中二：「初，明結罪，即犯販也。」（三〇二頁中）【案】僧祇卷一〇，三一三頁上。

〔一五〕若恐後貴，擬自食行道　資持卷中二：「『若』下，明開。自食興福。」（三〇二頁中）

〔一六〕衣鉢不為利，後賣不犯　資持卷中二：「因出所餘非本意，故衣鉢義同，故注示之。」（三〇二頁中）

〔一七〕若相似貿似相　鈔科卷中二：「『十』下，對易同異。」（六七頁下）資持卷中二：「初，明對易，相似謂以九物相易。不相似者，即互易。二種俱犯。」（三〇二頁中）簡正卷一一：「玄云：謂瓶（原注：『瓶』下疑脫『賀瓶』二字。【案】『賀』疑應作『貿』。），犯墮，此名相似也。若鉢貿瓶亦墮，名不相似也。」（七一〇頁上）鈔批卷一七：「立云：相似不相似皆墮。如鉢貿鉢、瓶貿瓶，犯墮，此名相似。若盝、瓶等亦墮，名不相似。」（七五〇頁上）【案】十誦卷七，五三頁上。

〔一八〕若可捨物，金、銀、錢、糶粟　資持卷中二：「『若』下，可捨。物即已犯金寶，用此糶粟，以粟易物。」（三〇二頁中）鈔批卷一七：「此明畜穀粟，但吉，畜衣得提，故今輕重不同。亦如前明八不淨中，輕重有異。今明用錢或粟，貿得物來。若得衣是提，若得食是吉。」（七五〇頁上）

〔一九〕若可食啖，口口吉　資持卷中二：「『若』下，可捨。物即已犯金寶，用此糶粟，以粟易物。雖復轉易，亦不合用，食但犯吉，異上多論。」（三〇二頁中）簡正卷一一：「外難：『十誦、多論，同是一宗，何故十誦啖口口吉，前多論咽提？』答：『多論：為利故，販賣得提。此十誦將上犯捨物金，未不為利，故新易物來，知降違法。食體無捨，故口口吉。衣違捨法故提。四分：販、賣（【案】『賣』疑『貿』。次同。）、買三，但為利，俱墮者。舉價金高曰賣，抑價令低曰買，買已規利更賣曰販。此三事但爭價上下，不作知淨語，各得提也。』」（七一〇頁上）

〔二〇〕由不隨佛語，故非供養　資持卷中二：「『由』下，釋所以。涅槃云：隨順佛語，名供養佛。」（三〇二頁中）

〔二一〕販賣買三事，但為利故，買、賣俱墮　鈔科卷中二：「『四』下，結犯不同。」

（六七頁下）資持卷中二：「前明四分。上標三事，下略販者，以收時名買，出即名賣。但云買賣，即攝販也。隨事皆墮，故言俱也。」（三〇二頁中）鈔批卷一七：「立謂：買賣之中，或含其販，或時直買，而不為利曰買；或時但賣，而非販也。若為利故買，擬後貴賣名販，一一皆提。擡價就高曰賣，抑價歸下稱買，買已規利而賣復曰販。此三皆提。然販者，約當時收取，有心規利之時即犯。未待出時，抑揚物價，方始結罪。縱臨時，依平價賣者，亦得販罪。」（七五〇頁上）

〔二二〕**據一物為語**　簡正卷一一：「謂一物上販賣訖，方結一罪。故彼文云：若比丘為利故，買而不賣，吉。若為利故，賣而不買，吉。若為利故買，買還已責（【案】『責』疑『賣』。次同。），提。約第三句賣買二業，故云據一物為語也。」（七一〇頁上）鈔批卷一七：「慈云：納一衣上有賣買，同生犯，四分約一一物各得罪。立謂：彼律，販中含賣買也。私云：謂賣與買於一物上生犯也。（七五〇頁上）案，十律有三句。初句云，貪賊（原注：『賊』疑『賤』。次同。）故買，吉羅，謂直爾見賊即買，不擬後賣。二者，貪貴故賣，謂有衣鉢，本無賣心，忽見時貴，即將賣者，亦吉。三、買已擬賣時，犯尼薩耆。今詳。第三句是於一物上生犯也。（七五〇頁上）四分則不爾，但使買時雖不擬販，若不作知淨語，爭價高下，即得提。或賣時，雖非貪貴，若不作知淨語，亦提；為販而賣買，固是提罪。今詳。四分於一物上及異物上，俱有犯義也。」（七五〇頁下）資持卷中二：「十誦云：為利故賣而不賣，吉；為利故買已還賣，提。故知一物兩事方犯，不同四分。」（三〇二頁中）【案】十誦卷七，五三頁上。

〔二三〕**若眾僧衣未三唱，得益價**　鈔科卷中二：「七、『多』下，唱買是非。」（六七頁下）資持卷中二：「初明益價分齊，如僧中買物，一人還價，知事三唱，告眾為限，不可復益。」（三〇二頁中）

〔二四〕**若眾中三唱得衣，設悔，不應還**　資持卷中二：「『若眾』下，明悔還可否。論據僧物，故不聽還。」（三〇二頁中）【案】多論卷五，五三六頁上。

〔二五〕**若買賣，前人悔，七日內者，還之**　資持卷中二：「十誦：私物乃制日限。彼律『若』下，本有『私』字。疑在下示，故前略之。」（三〇二頁中）

〔二六〕**四分文不了**　簡正卷一一：「謂上多論約僧中悔不應還。十誦約別人私責（【案】『責』疑『貿』。），買聽七日。當部但云『若悔聽還』，無斯兩判，故云不了也。」（七一〇頁上）鈔批卷一七：「立謂：十誦七日內得還，四分但言不得還，仍不明日數，故曰不了。然復須知，皆約比丘私賣買也。」（七五〇頁下）

資持卷中二：「即下不犯云：若悔聽還，不明僧私，復無限齊，故言不了。」（三〇二頁中）

〔二七〕**寧使彼得我利，我不得彼利**　鈔科卷中二：「『五』下，遂貿陪（【案】『陪』疑『倍』。）直。」（六七頁下）資持卷中二：「初，明遣貿方便。」（三〇二頁中）【案】五分卷五，三六頁下。

〔二八〕**比丘共僧貿易，應倍者，當使價均，然後交博**　資持卷中二：「『比丘』下，次明僧別對易。陪謂以物陪償。均，平也。」（三〇二頁中）簡正卷一一：「准五分云：時有比丘有拘執衣，四方僧有僧伽梨，欲貿之。諸比丘不與。白佛，佛言：『聽易。若拘執價多，（七一〇頁上）應治（原注：『治』一作『活』。）與比丘；若僧伽梨價多，應治（原注：『治』作『倍』。）與僧；若貧無物，即如文中所說。（餘一切物，並准此也。）」（七一〇頁下）【案】「倍」，底本為「陪」，據敦煌甲本、敦煌乙本、敦煌丙本、五分律及義改。

〔二九〕**若貧無可倍，僧必知賢善知足，聽直與**　資持卷中二：「此約十方現前物，和僧得與，如賞知事瞻待法師之例。四方常住，必無開理。」（三〇二頁中）鈔批卷一七：「立云：汎爾比丘，共僧交貿，當須價均。今此比丘，少欲賢良，又是貧乏，故聽將僧物直與，不須交博。案五分云：時有比丘拘執衣，四方僧有僧伽梨，欲貿之。諸比丘不散（原注：『散』疑『敢』。）與，即白佛。佛言：『聽易。若拘執價多，應陪（【案】『陪』疑『倍』。次同。）與比丘。若僧伽梨價多，比丘應陪與僧。若貧無物，可陪與僧者，而必是少欲知足，亦聽與之。餘衣亦如是。』」（七五〇頁下）【案】【案】「倍」，底本為「陪」，據敦煌甲本、敦煌乙本、敦煌丙本、五分律及義改。五分卷二一，一四三頁。

〔三〇〕**四分衣法中，有貴價衣，令淨人貿易**　鈔科卷中二：「『四』下，準律雙開。」（六七頁下）資持卷中二：「初引緣。衣法即衣犍度。」（三〇二頁中）鈔批卷一七：「深謂，犍度中云：若有淨人，令淨人貿易。若無淨人，遣比丘貿，不犯。若有淨人不遣貿，仍使比丘貿者，提。（未詳。待撿四分文看。）」（七五〇頁下）【案】四分卷四〇，八五七頁上。

〔三一〕**必有淨人，亦制與罪**　資持卷中二：「『準』下，義決。則知彼此俱開，有人制罪，理應得吉。」（三〇二頁中）

〔三二〕**僧祇**　鈔科卷中二：「『僧』下，犯相差別（四）。」（六七頁下）資持卷中二：「僧祇有三：初，略示結犯；『四藥』下，二、明八物相貿……『肆』下，三、明比丘自貿法。」（三〇二頁下）【案】僧祇卷一〇，三一二頁下。

〔三三〕**四藥、隨輕物、重物** 資持卷中二：「『四藥』下，二、明八物相貿。彼云：若以時物（此即能貿下皆所貿）買時物、夜分物、七日物、終身物（上即四藥。）、隨身物（三衣六物，即鈔隨輕物。）、重物（木床、褥等。）、不淨物（金、銀等，鈔闕此句，恐是寫脫。或是所貿落前戒，故此略之。）、淨不淨物，（即似寶等，隨一為頭，互易準上。）」（三〇二頁下）鈔批卷一七：「案祇云：一、時藥，二、夜分藥，三、七日藥，四、盡壽藥，五者隨物，六者重物，七者不淨物，八者淨不淨物也。四藥義可知。言第五隨物者，三衣六物：（七五〇頁下）覆瘡衣、雨衣、鍵鎈、漉水囊、錫杖、草屣等，種種所應畜物，皆名隨物也。首云：祇疏解言，隨有二種：一可隨身，二可隨道。三衣六物不畜，得罪，違道不隨故也。重名二種，反上可知。言重物者，床臥具：坐褥枕、一切銅器、一切木器、瓦器等是也。」（七五一頁上）

〔三四〕**淨不淨物** 鈔批卷一七：「錢金銀等，比丘不得觸，故名不淨物也。言淨不淨物者，真珠、瑠璃、珂貝、頗梨玉等，是諸寶物，得觸不得著，故名淨不淨物也。若將時藥買時，若將時藥買非時、七日藥，乃至隨物重物，作不淨語時吉，得物犯提。若將隨物、重物、淨不淨物作，皆亦如是。」（七五一頁上）簡正卷一一：「淨不淨物，謂真珠等，得觸名淨，不得著，名不淨。此八相貿，語時越，得物提。」（七一〇頁下）

〔三五〕**雖搖頭作與相** 資持卷中二：「『肆』下，三、明比丘自貿法。復有五種，初，明須淨語，即開中制法齎持也。搖即是動。」（三〇二頁下）【案】「肆上有衣」之句意又分五，如下資持所示。

〔三六〕**若估客物直五十，而索百錢，比丘以五十知之** 資持卷中二：「『若估』下，二、明斟量。事雖似減，據實無過。此約市價常定，或是可斟酌者為言。然心事難明，理如五分，寧使彼得我利，多與為善。」（三〇二頁下）

〔三七〕**若前人欲買此物，比丘不得抄市** 資持卷中二：「『若前』下，三、明抄市。初明入市易物，下明僧中唱買。」（三〇二頁下）

〔三八〕**若和尚闍梨取，不得抄上** 資持卷中二：「從少增多，名為抄上。二師不得奉尊上故。」（三〇二頁下）

〔三九〕**若營事比丘雇匠作不淨語，乃至為僧月直，市油麵等** 資持卷中二：「『若營』下，四、明淨不淨語。初，明結犯，上是為眾，故越。下明自為，故提。」（三〇二頁下）鈔批卷一七：「案祇云：若為僧月直，市油、蘇米、豆、麵，作不淨語，吉。此約為僧故，但吉。若自為己者，作不淨語時吉，得物犯提。」

（七五一頁上）

〔四〇〕不淨語分別價者，「索幾許」　資持卷中二：「次，出二種，語相可知。分別是心業。索即口業。」（三〇二頁下）

〔四一〕若市買物，得嫌訶說實前人物　資持卷中二：「『若市』下，五、明嫌訶。然須據實，實好言惡，即名下價，亦兼誑妄。」（三〇二頁下）

〔四二〕若自舉物價，前人信之，貴取故，犯盜罪　資持卷中二：「五百問中，此約比丘賣物索價。過五得物成盜，不妨自賣有本提罪。」（三〇二頁下）鈔批卷一七：「立謂：比丘賣物，前人問覓幾錢，比丘若長索價，前人若依口與直，得剎（【案】『剎』疑『利』。）犯盜。」（七五一頁上）【案】五百問，九八一頁上。

〔四三〕若食殘持博穌油等，作不淨語，犯捨；雇治革屣，作不淨語，越　資持卷中二：「僧祇中。初是時藥易七日，下明以食雇作，非貿物故，止犯越罪。」（三〇二頁下）簡正卷一一：「此約自乞向食，非常住鉢中之餘也。」（七一〇頁下）鈔批卷一七：「立謂：此且約貿易之罪。若論將僧食還房，復得蘭也。但非此所明。」（七五一頁上）【案】僧祇卷一〇，三一三頁中。

〔四四〕若前與食後治，前治後與食，無罪　資持卷中二：「非對貿故。」（三〇二頁下）

〔四五〕多論　簡正卷一一：「謂是方便有罪，果頭無罪之物，要須物捨與僧，斷相續心，更不取。作懺已還來，方聽僧作福等用。不爾，直施自得不應，僧不合受。」（七一〇頁下）

〔四六〕如「販賣戒」中物，或方便有罪、果頭無罪　資持卷中二：「多論初句指戒，『或』下正明。初明有因無果。」（三〇二頁下）

〔四七〕或果頭有罪，如為福，糴米不賣，後見利便賣，以利自入，即是方便無罪　資持卷中二：「明無因有果。」（三〇二頁下）

〔四八〕謂一切俱捨懺　鈔批卷一七：「濟云：販賣之物，既犯捨墮，不合施，即得吉羅。今若欲將施人，要捨懺。從僧得還已，然後方得布施人也。」（七五一頁上）資持卷中二：「『言』下，釋前施僧文。以物體穢，不開僧受，故約捨懺通之。」（三〇二頁下）

〔四九〕聽五眾出家人共交貿，應自審定　資持卷中二：「初，明本眾不犯。」（三〇二頁下）

〔五〇〕不應共相高下，如市道法　資持卷中二：「準知高下亦應犯吉。」（三〇二頁下）

〔五一〕**不得與餘人貿易**　資持卷中二：「『不得』下，次明對俗遣人不犯。」（三○二頁下）鈔批卷一七：「餘人謂是俗人也。但開與五眾貿易耳。」（七五一頁下）

〔五二〕**若悔聽還**　資持卷中二：「謂不當己意。律作應還，應準十誦，七日已內。」（三○二頁下）

〔五三〕**若酥油相易者，無犯**　簡正卷一一：「外難：『何故前來引律文，以七日易七日，犯提，此更開無過？』答：『戒疏云：酥油相易不犯者，開外資也。前言犯，得內資說也。』」（七一○頁下）資持卷中二：「『若』下，三、明輕物不犯。戒疏約外用者，前引諸文，四藥皆犯。據內資也。」（三○二頁下）

〔五四〕**準上「衣法」**　資持卷中二：「『準』下，約義明不犯。上衣法者，即雙開中。」（三○二頁下）簡正卷一一：「謂上四分文云：貴價衣，令淨人貿。據有淨人，言之。若無淨人，開比丘自貿。准此文意，不得與餘貿。若無淨人，理亦開許。」（七一○頁下）

〔五五〕**謂據有者言之**　資持卷中二：「文言據有者，意顯無人，即在開限。」（三○二頁下）

〔五六〕**三度語索不得**　鈔批卷一七：「深謂：與俗人交貿時，論價高下，開三度問，未犯，過三方犯。至第四度，應使淨人問。」（七五一頁下）資持卷中二：「初，明比丘淨語自貿，以不得故，方覓淨人。」（三○二頁下）【案】十誦卷七，五三頁上。

〔五七〕**以爾所物買是物，應知好惡**　鈔批卷一七：「立謂：此是教淨人貿易，方法如此，故非犯也。」（七五一頁下）資持卷中二：「『以爾所』下，教人淨語也。」（三○二頁下）

〔五八〕**此賤彼貴，有利不犯**　資持卷中二：「上明開買。『此』下，明開賣。」（三○三頁上）

　　畜長缽過限戒〔一〕**二十一**

　　五緣成：一、先有受持缽；二、更得；三、如法缽〔二〕，非餘油瓨等〔三〕；四、不淨施。善見：買缽未還直，不成受〔四〕；主言「但受」，亦不成受，不犯長；若度價已，熏訖，報令取，過限者，犯。五、過十日。便犯。

　　餘如「長衣戒〔五〕」。

【校釋】

〔一〕**畜長缽過限戒**　資持卷中二：「（佛在舍衛。六群畜缽多故，招譏。因制。）」

（三〇三頁上）簡正卷一一：「受持之外名『畜長鉢』，越於分齊故云『過限』。此是所防。」（七一一頁上）鈔批卷一七：「僧尼犯同緣異。以不作淨，同犯提罪，故曰犯同。僧開十日，尼當日說，以開緣不同故，故曰緣異。」（七五一頁下）【案】本戒鈔科簡稱為「長鉢戒」。四分卷九，六二一頁下開始。

〔二〕**如法鉢** 資持卷中二：「體、色、量三，皆須應教。」（三〇三頁上）鈔批卷一七：「礪問：『衣量若過，減皆成受持，鉢何不爾，要須如量者？』答：『衣有截續，鉢無延促，故使過減，不成受持。』」（七五一頁下）

〔三〕**非餘油瓲** 簡正卷一一：「『油』即燒後用荏子油之。並不應教也。」（七一一頁上）鈔批卷一七：「言掍油者，立謂：掍者，作鉢坯已，掍使有光，即用燒之，更不重也。如北地多見掍瓦狀同也。油者，荏子為之，古師多將油鐵鉢，此全受膩，用必獲罪。畜此鉢者，過限不犯，由屬非法，不犯長故。」（七五一頁下）資持卷中二：「『油』字去呼。瓲，『古鈍』反。等取白鉢，並是非法。準多論，畜但犯吉。」（三〇三頁上）

〔四〕**買鉢未還直，不成受** 資持卷中二：「若未還直，不成受犯者，猶屬他故。若度價己，他邊亦犯，即己物故。」（三〇三頁上）【案】善見卷一五，七七八頁中。

〔五〕**長衣戒** 資持卷中二：「即前八門轉降，相染等義，同故不出。廣在疏中。」（三〇三頁上）簡正卷一一：「今指同彼。戒疏，問：『白色衣過限犯，白色鉢何不犯？』答：『衣染必成壞色，故犯。鉢再熏，多損壞故，所以不犯。』問：『衣過減成受持，盋過減何不成受持？』答：『衣可截漬（原注：『漬』疑『續』。下同。）故成，盋無此義故不許。疏中，『減』有數重問答，恐繁不錄也。」（七一一頁上）鈔批卷一七：「謂彼廣有八句，數論犯、不犯，一如長衣戒釋也。礪云：第五緣云，五無因緣，謂失奪等四想之緣，非迦提一月五月緣。知之。若得鉢五日，已被三舉被治，設經多日，亦無長過。若解舉後，更得五日。（七五一頁下）首疏問：『衣中所以有勸增價縷，鉢無增價者？』答：『衣資身寬，多喜勸增，故聖制犯重。鉢唯一用，資身義狹，勸增義希，故得小罪，所以不制。』礪問云：『所以不受迦絺那鉢者？』答：『衣有三領，為持重故，開受功德衣，得離衣宿。鉢唯有一，常須受用，何得受迦絺那鉢？以蔭持鉢事不可也。』礪意也（【案】『也』疑『云』）：絺五利不該於鉢，謂不得離鉢宿。又復，若有長鉢時，亦須作淨也。」（七五二頁上）

乞鉢戒〔一〕二十二

六緣：一、先有受持鉢，二、減五綴不漏〔二〕，三、從非親乞，四、

為己，五、乞如法鉢〔三〕，六、領受，便犯。五綴滿不漏，吉，事希少故。廣如戒疏中〔四〕。

律不犯者。五綴漏〔五〕，若減漏，更求新〔六〕；若從親里索；從出家人索；若為他；他為己；不求而得；自有買畜〔七〕。皆不犯。

【校釋】

〔一〕乞鉢戒　資持卷中二：「（佛在舍衛。跋難陀鉢破，求眾多畜，招譏。故制。）」（三〇三頁上）鈔批卷一七：「從非親乞，故犯。若從親乞，若自買得，無過。」（七五二頁上）【案】四分卷九，六二三頁上開始。

〔二〕減五綴不漏　資持卷中二：「律云：相去兩指間一綴。（中人一指面一寸，即取痕脈長二寸許，即為一綴。五綴共一尺也。）綴者，即以鉛錫等補。今時鉢損，未必待綴，但約破脈滿尺，即開他求。不漏，吉者，緣不具故。」（三〇三頁上）

〔三〕乞如法鉢　鈔批卷一七：「簡餘不應量非法之鉢，不犯。」（七五二頁上）

〔四〕事希少故，廣如戒疏中　資持卷中二：「『事』下，指疏。彼文廣明捨法，鈔本行事，時既不行，不復多引。但知一鉢，趣養餘生，勿事多求，則符聖教矣。」（三〇三頁上）鈔批卷一七：「謂若論行懺等法，具如律文。然行懺時，要局大界。礪云：若有乞得眾多鉢者，盡須奪取。好者，追入僧庫。簡餘惡者，僧中行之。」（七五二頁上）

〔五〕五綴漏　資持卷中二：「此開吉罪。」（三〇三頁上）【案】「不犯」，八緣，即後文八句所明。「五綴漏」和「若減五綴漏」為不犯二相，余六如文。

〔六〕若減漏，更求新　鈔批卷一七：「立謂：減謂減量也，漏謂破漏也。若先減量之鉢，及雖應量而漏，更乞不犯。又，深云：若減五緣而漏，及過五綴不漏，更乞並不犯。不必具二，方開乞也。故前立緣中云『減五綴不漏』，合為一緣。」（七五二頁上）

〔七〕自有買畜　資持卷中二：「注戒作『若自有價買畜』者，文相方顯，謂不從他乞也。」（三〇三頁上）

自乞縷使非親織戒〔一〕二十三

多云，有三義制：一、為除惡法〔二〕故，二、為止誹謗故，三、為成四聖種故。

四緣：一、自乞縷，二、使非親織，三、不與價〔三〕，四、織，成犯。

十誦：若為無衣故，從非親乞縷欲作衣，亦吉〔四〕。若少衣止得乞衣，少縷止得乞縷。五分：自行求縷，雇人作衣，亦墮〔五〕。

四分：若織師、與線者俱親，不犯〔六〕；與線者，非親，看織、作維，一切吉羅〔七〕。

不犯者。若自織作鉢囊〔八〕、革屣囊、針氈、禪帶、腰帶，作帽，作襪、攝熱巾、革屣巾，一切不犯。

【校釋】

〔一〕自乞縷使非親織戒　資持卷中二：「（佛在舍衛。難陀縫衣乞線，多持線使織自作維招譏。因制。）」（三〇三頁上）鈔批卷一七：「濟云：此戒是損織師，故制。前第八勸增衣價戒，是損縷主，故制。」（七五二頁上）【案】本戒鈔科簡稱為「乞縷戒」。四分卷九，六二四頁上開始。

〔二〕為除惡法　資持卷中二：「馳求涉俗、長貪壞行故。」（三〇三頁上）

〔三〕不與價　資持卷中二：「反知雇人不犯正罪，與下五分不同。」（三〇三頁上）

〔四〕若為無衣故，從非親乞縷欲作衣，亦吉　簡正卷一一：「戒疏云：十誦乞縷，犯古，豈非防道？四分開親以離，指謗之緣也。」（七一一頁上）資持卷中二：「十誦無衣乞縷，情諂故吉。隨缺直乞，如下所開。」（三〇三頁上）【案】十誦卷五三，三八九頁上。

〔五〕自行求縷，雇人作衣，亦墮　資持卷中二：「五分：雇人酌情結墮。準緣不具，今宗應吉。」（三〇三頁上）【案】五分卷四，二九頁中。

〔六〕若織師、與線者俱親，不犯　資持卷中二：「上明開親。疏云：以離損謗之緣故。義準四句，初，二俱是親，（不犯如上；）二、二俱非親；三、與線者親，織師非親，（二句並墮；）四、與線非親，織師是親，（如下結吉。）」（三〇三頁上）

〔七〕看織、作維，一切吉羅　資持卷中二：「『與』下，明輕犯。『看織』下，準律合有自織。維，『蘇內』反，謂著絲於車也。」（三〇三頁上）簡正卷一一：「既云自作等，非出家人之儀，犯者。『若爾，下不犯文中，何言自織不犯？』答：『上據織作三衣，故自亦犯。下約小小物，故不犯也。』」（七一一頁下）鈔批卷一七：「作維一切吉者，應師云：『蘇對』反，方言『維車』，趙、魏同，謂之『歷鹿』也。江東人曰『緯車』。今明吉者，即是從非親得縷，使親作維，故得吉也。」（七五二頁下）扶桑記引行宗釋「維」：「著絲於笋草。」（二一八頁下）

〔八〕若自織作鉢囊　資持卷中二：「疏云：但為小細，過非深故。至於妨道，非不
　　是損。」（三〇三頁上）

　勸織師增衣縷戒〔一〕二十四

　論犯六緣：一、非親居士虛心辦縷遣織；二、本期有限；三、知有
限；四、勸讚好織，許直〔二〕；五、彼為增縷；六、領受〔三〕。便犯。

　四分：若求衣不得，吉羅〔四〕。

　不犯者。減少求，從親里索，出家人索〔五〕，他為己者。

【校釋】

〔一〕勸織師增衣縷戒　資持卷中二：「（佛在舍衛。居士出線與跋難陀。作衣乃往
　　彼家。擇取好線與織師織。又許與價。因譏而制。）」（三〇三頁上）鈔批卷一
　　七：「如僧祇緣起極要，可尋祇、抄。（云云。）對此須明跋難陀為二老叟分衣
　　事。如僧祇及十誦抄可尋。」（七五二頁下）【案】本戒鈔科簡稱為「勸織戒」。
　　四分卷九，六二四頁下開始。

〔二〕勸讚好織，許直　資持卷中二：「正是業本。許直者，戒本云乃至『一食』直。」
　　（三〇三頁中）

〔三〕領受　簡正卷一一：「問：『前戒何以織成便犯，此戒順受方犯？』答：『前戒
　　道迴織師作成即犯，此戒自求，順受始終。』問：『前後兩戒皆由織師，如何
　　取別？』答：『有四不同。一、前戒損織師，自得縷故，此損縷主。二、前戒
　　損織師，不與價犯，此損縷主，與價便犯。三、前戒親不犯，後戒俱犯，損義
　　通故。四、前是己物成即犯，此本屬他，入手方犯。』」（七一一頁下）

〔四〕若求衣不得，吉羅　資持卷中二：「別釋第六。此結方便。多論云：前戒憑勢
　　遣織，作成即犯。此戒自求，領受便結。疏問：『此戒損縷，與前一二居士何
　　異？』答：『前面對縷主，此屏勸織師，故兩制也。』」（三〇三頁中）

〔五〕從親里索，出家人索　資持卷中二：「親里及出家人皆約縷主。若勸織師，豈
　　無小過？」（三〇三頁中）

　奪衣戒〔一〕二十五

　五緣：一、是大比丘，甄下眾非行類故〔二〕。二、本規同行。三者，
不定「與」，前人決定取，多生惱故，四句中二句〔三〕：初，「受」「與」
俱決定；二、決定「與」，而「受」者不定〔四〕，奪取重犯〔五〕；若「與」
「受」，俱不定者，吉。四、瞋奪〔六〕；五、得屬己〔七〕。

四分不犯〔八〕者。

不瞋恚，言「我悔，不與汝衣，還我衣來」；若彼知悔，即還〔九〕；若餘人語，便還；若借他衣著，他著無道理，還奪取，不犯；若恐失，恐壞；若彼人破見、戒、威儀；若被舉，滅擯，應滅擯；若為此事故，有命、梵難〔一〇〕。一切奪舉不藏者〔一一〕。

【校釋】

〔一〕奪衣戒　資持卷中二：「（佛在舍衛。跋離陀欲與難陀弟子共行。先與衣後，不隨彼意，即奪衣。因制。）」（三〇三頁中）鈔批卷一七：「光統律師云：先與衣不分，明強奪戒。」（七五二頁下）【案】四分卷九，六二六頁上開始。

〔二〕大比丘，甄下眾非行類故　資持卷中二：「緣簡下位。準疏云，奪但犯吉。」（三〇三頁中）鈔批卷一七：「甄，由簡也。以緣起中，本規同行，今下眾位卑，即非比丘同行類也。礪問：『若沙彌言不犯者，何故隨順被擯與大僧同犯？』答：『與衣共行，沙彌非類，與之義希，奪亦不數。隨順解義，同違僧法，損壞無殊，為是同犯。』」（七五二頁下）簡正卷一一：「甄下眾者，戒疏云：簡下四眾，本非同行伴類，假奪但者。」（七一一頁下）

〔三〕四句中二句　資持卷中二：「總有四句：初句，此戒正緣；『四』下二句，歸前盜攝；『若』下一句，緣闕故輕。」（三〇三頁中）簡正卷一一：「二句者，因此一句，便作四句簡之。戒疏云：義加四句。初是向列四句之中，有二句犯重標出。初，受與俱決之，至重也。（七一一頁下）疏云：此二則犯重罪，由初決捨，屬他已定。故文云：施已還取，是重攝故。」（七一二頁上）鈔批卷一七：「此謂與取俱，決定奪犯夷。二、若與定、取不定，奪得夷。三、與不定、取定，奪犯此戒。令（【案】『令』疑『今』。）據此文。前『盜戒』中，奪賊物云：失者不決捨，賊已作決得想，奪犯重，與此文相違也。今既言：與者不決定、取者決定，但提。明知失物未作捨心。賊雖決屬，奪不犯重也。四、取與俱不定，奪，吉。」（七五二頁下）

〔四〕決定「與」，而「受」者不定　簡正卷一一：「正犯此戒。戒疏云：生爭故犯，本作得心，今奪生惱也。」（七一一頁下）

〔五〕犯重　【案】底本為「重犯」，據敦煌甲本、敦煌乙本、敦煌丙本、四分戒本疏改。

〔六〕瞋奪　簡正卷一一：「戒疏云：自奪使人，祇中自與使奪，四句皆墮，謂三衣也。若減量衣，但犯吉。」（七一二頁上）

〔七〕**得屬己** 簡正卷一一：「僧祇四句。初，合與別奪，謂一時與三衣。後隨衣奪，犯三提。」（七一二頁上）資持卷中二：「準律奪而藏者犯，奪未藏者吉，謂對面奪。若非對奪，離處即犯。」（三〇三頁中）

〔八〕**不犯** 資持卷中二：「不犯有八。初開善取，餘七並以『若』字分之。」（三〇三頁中）

〔九〕**若彼知悔，即還** 資持卷中二：「謂自知即還，不待他索。」（三〇三頁中）

〔一〇〕**有命、梵難** 資持卷中二：「命、梵者，因與致難，奪取則免。」（三〇三頁中）

〔一一〕**一切奪舉不藏者** 資持卷中二：「『一』下，總結。傳文訛脫，古今疑之。準注戒云：一切奪取不藏舉者，皆不犯。以律面奪，藏舉方結。今明不犯，意顯諸緣並是可奪，不必須藏。即以此語，通結上緣，故云『一切』。或可無緣面奪不藏，但吉。不結正罪，故入不犯，則足前八為九，開也。」（三〇三頁中）簡正卷一一：「不藏者，猶面現前不藏舉未犯，但不對面移物即犯，不假載舉。戒疏云：謂對面奪也。未藏情疑屬己不顯，故約藏相，結成墮罪。文云：若著樹上者，謂非對面，隨舉離處，則犯正罪。以無人可爭，故結。（已上疏文。）」（七一二頁上）鈔批卷一七：「立謂：為舉藏故奪，非是奪歸屬己，故不犯也。」（七五二頁下）勝云：一切奪舉不藏者，此不藏者（原注：『此不藏者』疑衍文。）此不藏舉，由對面現前，不藏舉未犯。若不對面，但移物即犯，不假藏舉者也。」（七五三頁上）

畜七日藥過限戒〔一〕二十六

辨明四藥體狀，立義加法是非，廣如下卷及戒本疏〔二〕。

五緣成犯：一、是七日藥體，若直手受，不加口法，亦無長罪〔三〕；二、明作二受竟〔四〕；三、不說淨；四、畜過七日〔五〕；五、無緣〔六〕。犯。

律不犯〔七〕者。若過七日藥〔八〕，穌油塗戶嚮〔九〕，蜜、石蜜與守園人。第七日藥〔一〇〕，捨與餘比丘食。若未滿七日〔一一〕，還彼比丘，用塗腳、然燈也。

【校釋】

〔一〕**畜七日藥過限戒** 資持卷中二：「（佛在羅閱祇。先開服七日藥，畢陵伽徒眾大畜流漫，故制。）」（三〇三頁中）簡正卷一一：「貯用屬己之名，為簡餘三，故標七日。療患有功，稱之為藥，越日期分，故言過限。此是所防。」（七一二頁上）【案】本戒鈔科簡稱為「長藥戒」。四分卷一〇，六二六頁下開始。

〔二〕辨明四藥體狀，立義加法是非，廣如下卷及戒本疏　資持卷中二：「立義即義門，簡辨加法可否之相。四藥篇及戒疏文義最廣，今釋此戒，略示名體，使知犯相。」（三〇三頁中）簡正卷一一：「初一行鈔文，是相略意也。」（七一二頁上）

〔三〕是七日藥體，若直手受，不加口法，亦無長罪　資持卷中二：「約能就法，盡其分齊，從日限為名。其藥體者，本宗五藥，謂酥、油、生酥、蜜、石蜜。僧祇開脂，並七日體，是今犯相。犯緣第一，以手法過中即失，非延久故。」（三〇三頁中）

〔四〕明作二受竟　資持卷中二：「由先手受口法方成，故兼二受。」（三〇三頁中）

〔五〕畜過七日　資持卷中二：「藥取治病，勢分為期，限外無功，故至七日，應說淨畜。故違不說，八日結犯。」（三〇三頁中）

〔六〕無緣　鈔批卷一七：「立謂：迦提一月、五月也。覺意謂之不然。迦提五利，未聞開畜長藥。勝云：同長衣，八門開緣，故曰也。戒疏云：五無遮難，即是淨廚中，往取不得。或以八難，不得入手取說等。又，失奪及藥壞等，是因緣也。」（七五三頁上）資持卷中二：「律中遣與人失壞。作非藥、親厚、意忘去等緣，皆無犯。」（三〇三頁下）

〔七〕不犯　簡正卷一一：「此約過七日犯捨與僧，後處判依教不犯。」（七一二頁上）資持卷中二：「初是能染，下二所染，故分三別。據此，犯懺捨藥之法，而入開通者，以捨用乖法，皆有吉羅。此開小罪，故入不犯。」（三〇三頁下）

〔八〕若過七日藥　簡正卷一一：「戒疏云：初日過限，具兼諸失，主不合受，故與俗人。第七日者，疏云：既無宿觸，口法尚存，聽與僧食。」（七一二頁上）鈔批卷一七：「謂比丘初日受藥竟，次二、三日，更受別藥，還是七日藥。至第八日，相從犯捨。由初日藥，既不說淨，便犯捨墮。其二日已後受者，復被他染。今文中有三例。言『初』者，是過七日；『次』者，正明七日；『後』者，未滿七日，是六日已來乃至一日也。今若捨懺，俱捨此三與僧。僧後還時，其過七日者，與園人。若正七日者，得與餘比丘。未滿七日者，還此比丘塗腳等。」（七五三頁上）資持卷中二：「即初日受藥至八日也。具兼諸過，僧不合食，故與園人。」（三〇三頁中）

〔九〕酥油塗戶嚮　鈔批卷一七：「濟云：將蘇油塗窗上紙，令明也。如今時將臘紙黏窗是也。有人云：此七日藥，若乃擬服故畜，可有長過。不為服而畜者，雖過日，無長罪也。又復，若受七日藥，經五日已來，遇緣被觸，更得加七日

法。若入六日已去，雖被觸者，不更許加法也。」（七五三頁下）扶桑記引搜玄：「嚮者，三蒼曰：北面窗名嚮也，戶臼中鳴，以蘇油塗使不鳴。」（二一八頁下）

〔一〇〕第七日藥　鈔批卷一七：「立云：是次日受得者也。前藥八日犯長，此藥雖始得七日未犯，由被染故，捨懺還來。須捨與他比丘食，自不得食也。」（七五三頁上）資持卷中二：「即二日受者。既無宿觸，口法尚存，故聽僧食。」（三〇三頁下）

〔一一〕若未滿七日　簡正卷一一：「疏云：限法不過明日，白二還主，理合說淨。已越七日，無（七一二頁上）眼義，制身外用。文中，約第八日時三種處分。若至九日捨者，初二日是過七日藥，次一滿正七日，後四未滿者。若至十日捨者，初三日是過七日藥，第四日是正滿七日，後三是未滿者。若至十一日作法者，初四日是過七日藥，初五日是滿七日者，後二日是未滿者。若至十二日捨者，初五是過七日藥，第六日正滿者，第七日是未滿者。（上皆三種處分。）若至十三日捨者，前六日是過七日藥，後一日正滿者。（但二種處分）。若至十四日捨者，於七日中得者，總名過七日藥。（准一種處分。）」（七一二頁下）鈔批卷一七：「若未滿七日者，立云：此藥始得五六日已來，亦由被染，以其近故，得還本主。」（七五三頁下）資持卷中二：「即三日受，始得六日，限法不過，理合說淨。但隨染犯，無更服義，止得外用。」（三〇三頁下）

過前求雨衣、過前用戒〔一〕二十七二戒並由過前，故合制〔二〕。

過前求，五緣成〔三〕：一、是雨衣〔四〕，二、過前求，三、自為己，四、彼與，五、領受，犯。

過前用，四緣：一、是雨衣，二、時中得〔五〕，三、過前受〔六〕，四、過前用，犯。

四分：十種衣中〔七〕，比丘取雨中浴。彼應三月十六日求〔八〕，四月一日用〔九〕。若二過前求用，犯捨。

僧祇：此衣不得受當三衣〔一〇〕；不得淨施〔一一〕；不得著入河池中浴〔一二〕；小小雨時不得用〔一三〕；不得裸身，當著舍勒〔一四〕，若著餘故衣〔一五〕，不得著種種作事〔一六〕。若露地食，應持作障幕〔一七〕。

諸師不曾見此衣，謂如傀儡子戲圍之類〔一八〕。今不同之，猶如三衣披用〔一九〕。

僧祇：常須大雨時披浴；若雨早止，垢液〔二〇〕者，得著入餘水中

洗。多論云：三月十六日，應求應作，乃至四月十五日亦爾〔二一〕。畜法者，得用浴，擔持行來〔二二〕。長丈二尺，廣六尺〔二三〕。以夏多雨故，為護三衣〔二四〕。若行路覺欲雨，取此衣覆身上。若大雨在路，須脫三衣襞舉，著此衣行雨中。於露〔二五〕浴亦著此衣。此浴衣語通〔二六〕，以受濕故，名「浴」，非唯著洗浴也。若著餘衣浴，須以水薄灑此衣令濕〔二七〕；不得燥置，得吉。由此是浴衣故。

僧祇：四月一日用，八月十五日當捨〔二八〕。五分：若過限不作餘衣、受持、淨施〔二九〕，不施人者，吉。僧祇：至時唱言：「大德僧聽：今僧捨雨衣。」三說已。不得至十六日〔三〇〕。準此，受時亦應通唱〔三一〕。

律不犯者。若捨作餘用〔三二〕，若著浴，若浣，若舉者〔三三〕。

【校釋】

〔一〕過前求雨衣、過前用戒　資持卷中二：「（佛在舍衛。毘舍佉母施浴衣，為佛所贊。六群常求，故制。）名中，求用有限，二並預前，俱名過也。」（三〇三頁下）簡正卷一一：「佛開浴服，預乞前用，此是所防。」（七一二頁下）鈔批卷一七：「立謂：此戒衣狀，大同縵安陀會也。首問曰：『過前求，與乞衣戒何異？』答：『有三種異：一、衣體不同，此是雨衣，彼非雨衣；二、開緣有別，此約時而乞，過時便犯，彼無時限，唯除四緣；三、親非親別，彼親不犯，此二俱犯。過前用中，列四緣成犯。」（七五三頁下）【案】本戒鈔科簡稱為「雨浴衣戒」。四分卷一〇，六二八頁下開始。

〔二〕二戒並由過前，故合制　簡正卷一一：「若據理，過前求雨衣是一戒，過前用是二戒，然是一衣，復同過前，故合一也。」（七一二頁下）

〔三〕過前求，五緣成　資持卷中二：「犯相既異，故須各列。」（三〇三頁下）【案】本句下釋相，犯與不犯兩種。初，犯文列二緣；二、「四分」下辨犯相，分四。

〔四〕雨衣　簡正卷一一：「此衣狀似漫安陀會也。」（七一二頁下）

〔五〕時中得　資持卷中二：「準此，若犯過前求，則不犯過前用。（多論止犯吉羅。）」（三〇三頁下）簡正卷一一：「三月十六日已去得者，皆名時中也。要是時中得，方有犯過前用。若非時得，如三月十五日前求，後若過前用，但犯吉。以衣無再捨，此戒言一衣上重（七一二頁下）犯者，無重犯墮也。」（七一三頁上）鈔批卷一七：「深云：三月十六日已去得者，皆名時中也。過此前受，即犯前戒，非此所明。」（七五三頁下）

〔六〕過前受　簡正卷一一：「謂未至四月一日即加法，然又非過前求也，但是過前

用而受也。」（七一三頁上）資持卷中二：「或但受畜或同眾受，如下注顯。」
（三〇三頁下）鈔批卷一七：「謂中唱令加法受，非謂從俗邊受得也。立云：
要是時中得，方有過前用。若是過前求，得已犯前戒，不更犯後戒也。和上
云：過前受者，謂未至四月一日即受，然又非過前求也，但是過明前而受
也。」（七五三頁下）

〔七〕**十種衣中** 資持卷中二：「初示衣體。……十種衣，如『二衣』中。」（三〇三
頁下）簡正卷一一：「辨衣體，即憍奢耶等。」（七一三頁上）

〔八〕**彼應三月十六日求** 資持卷中二：「『彼』下，明兩限。」（三〇三頁下）簡正
卷一一：「戒本云：春殘一月在，應求雨浴衣。（七五三頁下）即三月十六日已
後，至四月十六日，是春殘一月也。」（七一三頁上）鈔批卷一七：「深云：戒
本云：春殘一月在，應求雨浴衣。今三月十六日已後，至四月十五日，是春殘
一月也。」（七五四頁上）

〔九〕**四月一日用** 鈔批卷一七：「戒本云：半月應用浴，即四月一日去夏首，正有
半月也，皆謂夏前半月開用也。礪引多論云：若閏三月，前三月十六日不應
求，後三月十六日應求。不知有閏者，無犯。若閏四月，前十六日安居者，即
日受雨衣用，乃至七月十六日，百二十日，以夏雨濕熱故，求有所總（原注：
『總』疑『惱』。次同。）故，不得含閏前求用，無貪總故，聽含閏前用。立
云：若過此前一（日中），用則犯提。若已過先求，雖更過先用，但犯吉。一
衣之體，不重犯故。」（七五四頁上）

〔一〇〕**此衣不得受當三衣** 資持卷中二：「本非法衣故。（急緣應得。）」（三〇三頁
下）鈔批卷一七：「明不得將此衣，准三衣用也。」（七五四頁上）【案】僧祇
卷一一，三二〇頁上。

〔一一〕**不得淨施** 鈔批卷一七：「正受用時，不須說淨也。言不得作三衣及淨施者，
此皆約正受用時也。必限滿已，住自轉易。」（七五四頁上）資持卷中二：「復
非長故。（上二並約時內，如下五分，『過時須受』說。）」（三〇三頁下）

〔一二〕**不得著入河池中浴** 資持卷中二：「恐易壞故。（下云垢液，亦開。）」（三〇三
頁下）

〔一三〕**小小雨時不得用** 資持卷中二：「不成浴故。」（三〇三頁下）

〔一四〕**不得裸身，當著舍勒** 鈔批卷一七：「立謂：當著舍勒及餘故衣襯裏也。」（七
五四頁上）資持卷中二：「恐污觸故。『舍勒』，梵語，舊記云短裙之類。鼻奈
耶云泥洹僧也。」（三〇三頁下）

〔一五〕若著餘故衣　資持卷中二：「餘故衣，如襯內圍巾之類。」（三〇三頁下）

〔一六〕不得著種種作事　資持卷中二：「非本開故。」（三〇三頁下）

〔一七〕應持作障幕　資持卷中二：「聽作障者，無所損故。」（三〇三頁下）【案】僧祇卷二〇，三九四頁上。

〔一八〕諸師不曾見此衣，謂如傀儡子戲圍之類　鈔科卷中二：「『諸』下，衣相。」（六八頁下）【案】「衣相」分二：此為初；「僧祇常」下為二。

〔一九〕今不同之，猶如三衣披用　資持卷中二：「『今』下，顯非。」（三〇三頁下）簡正卷一一：「今云：如三衣披用，則不同古人言是戲圍（原注：『圖』字不明。【案】『圖』疑『圍』。）也。」（七一三頁上）

〔二〇〕垢液　簡正卷一一：「謂浴未了，其雨則止，垢液未盡，更得著，亦著入河中浴也。上言不得著入河池者，為無此緣，則不許也。」（七一三頁上）鈔批卷一七：「立明：著此衣，在雨中浴。浴既未了，其雨則止。身上垢若未盡，更得著入河水中洗。上言不得著入水者，由無此緣故也。」（七五四頁上）

〔二一〕三月十六日，應求應作，乃至四月十五日亦爾　資持卷中二：「初明求作。彼云：從三月半至三月盡應作。若得成衣，四月一日應畜。（畜即用也。）若不成衣，乃至四月半，聽求聽作，故云『乃至』、『亦爾』等。又云：設三月十六日得，一、二日即成者，亦得畜用。約準今宗，正犯後戒部計之異，（三〇三頁下）不可和會。須知，求通一月，用限半月，不可濫也。」（三〇四頁上）簡正卷一一：「彼論從三月十六日至盡，應求作。若得成衣，四月一日應畜。若不成衣，四月十五日聽求作。若前安居人，至四月十六日應加法。若同三月，要後三月求作。若同四月，則前四月應用。今同得百二十日，彼同安居日受也。若准四分，四月一日畜用，不同十六日。若求未得，應用此文也。畜法如文。」（七一三頁上）【案】多論卷六，五三八頁～五三九頁。

〔二二〕畜法者，得用浴，擔持行來　資持卷中二：「次，明畜法。初，明本開。」（三〇四頁上）

〔二三〕長丈二尺，廣六尺　資持卷中二：「『長』下，明衣量。四分長六搩手，則同彼論。廣二磔手，半則廣五尺。」（三〇四頁上）

〔二四〕以夏多雨故，為護三衣　資持卷中二：「『以夏』下，明開意。既為護衣，故得覆雨，不唯著浴也。」（三〇四頁上）

〔二五〕露　扶桑記：「東野云：『露』合作『路』，疑寫誤。濟覽云：今謂非也。今案後意為定。」（二一九頁上）

〔二六〕**此浴衣語通** 鈔批卷一七：「立云：此衣謂得兩用也，謂著浴，并雨時護三衣，俱受濕故。又曰：語通者，以名雨衣，須濕故也。」（七五四頁上）資持卷中二：「『此浴』下，釋妨。恐謂浴衣那將覆雨，故此釋之。若據今戒名雨浴衣，謂著雨中浴，是則戒本，名兼用局。多論名局用通也。僧祇不通餘用，與論小異。」（三〇四頁上）

〔二七〕**若著餘衣浴，須以水薄灑此衣令濕** 鈔批卷一七：「謂浴時必須著也。今既著餘衣而浴，癈其浴衣，當須水洒令濕。所以爾者，浴衣本擬用浴，浴時不用，故得吉羅。以水洒濕，義同用竟也。」（七五四頁下）資持卷中二：「『若著』下，以不用正衣，方便免過也。」（三〇四頁上）

〔二八〕**四月一日用，八月十五日當捨** 鈔科卷中二：「『僧』下，捨法。」（六八頁下）資持卷中二：「前引二律明制捨。」（三〇四頁上）簡正卷一一：「若至八月十五日，限滿不作。」（七一三頁下）鈔批卷一七：「立謂：捨已須說，不者犯長。此衣從三月十六日後，四月十六日來，日日得受。准此，受時亦通唱者，捨時有文，對僧唱捨。受時既無其文，然義合有。今准理，須通唱告知，未必對首而秉。已下，明不犯法。」（七五四頁下）【案】資持解注中，「前引二律」即僧祇、五分。僧祇卷一一，三二〇頁上。

〔二九〕**若過限不作餘衣，受持、淨施** 簡正卷一一：「謂捨了須說淨也。」（七一三頁下）【案】五分卷五，三三頁中。

〔三〇〕**不得至十六日** 資持卷中二：「以入冬分故。」（三〇四頁上）

〔三一〕**準此，受時亦應通唱** 簡正卷一一：「准此，捨時通唱之文。初受之，亦應通唱。今僧受雨衣，不須對首秉也。」（七一三頁下）資持卷中二：「文無受法，故注準之。但改『受』字為『異』。」（三〇四頁上）

〔三二〕**若捨作餘用** 資持卷中二：「不犯有四。初，開限滿，不捨吉。」（三〇四頁上）簡正卷一一：「謂時中求捨作，餘三衣等雜用，不犯。」（七一三頁下）

〔三三〕**若著浴，若浣、若舉者** 資持卷中二：「著浴者，此約無犯明不犯。浣、舉二緣，開不用吉。」（三〇四頁上）簡正卷一一：「浣舉者，謂時中求，而用時未至。浣舉不犯，過前用也。」（七一三頁下）

過前受急施衣、過後畜戒〔一〕**二十八**是亦二戒合制，不同一衣〔二〕。

過前五緣〔三〕**：一、是急施**〔四〕**。律云：本是夏竟衣，為緣開前受，若受便得，不受便失**〔五〕**。二、知是急施；三、過前**〔六〕**；四、無緣**〔七〕**；五、受。便犯。**

　　過後五緣〔八〕：一二同上緣，三、是十日內〔九〕，四、不作淨〔一〇〕，五、過限〔一一〕，便犯。

　　事希法隱〔一二〕，略知大途。餘如疏本中，廣明「時非時法」〔一三〕。

【校釋】

〔一〕**過前受急施衣、過後畜戒**　資持卷中二：「（佛在毘蘭若。聽受夏衣，六群多受。後於舍衛安居中，大臣為安居施，因開而制。）戒名中，施主本為安居故施，忽有急緣，不及夏竟，預先持施。佛開安居未竟，十日內受。故有二過。」（三〇四頁上）簡正卷一一：「十誦云：今日不取，明日則無，是名急施。七月六日已前受者，名曰過前。至八月十五，若不淨施，故云過後畜。此是所防。」（七一三頁下）鈔批卷一七：「五分第五云：急施衣者，若軍行，若垂產婦，如是等，急時施，過時不復施也。祇十一云：急施衣者，若男、若女，在家、出家，欲征時、征還時，死時，女人歸時，商人去時，施主語比丘言『若今日不取，明日即無』，是名急施。七月六日已前受，名過前也。若七月六日得衣，至八月十五日不淨施，名過後畜也。」（七五四頁下）【案】本戒鈔科簡稱為「急施衣戒」。四分卷一〇，六三〇頁中開始。

〔二〕**是亦二戒合制，不同一衣**　簡正卷一一：「戒疏云：此亦兩戒共制，非是一衣。不同雨衣，一事生二也。前一衣上，有受用二罪。今此兩衣，合為一戒。若有過前取，則無過後畜。若有過後畜，定無過前受。謂前是順受故生，後是違淨故犯。」（七一三頁下）鈔批卷一七：「立謂：若過前受犯，理無重犯，則無過後畜罪。若後畜罪，定非過則受。若不過前受，而過後畜，則是有罪。不是一衣，體上有兩犯，故言不同一衣也。此是雨衣合為一戒，一是過前受，一是過後畜，故言二戒。」（七五四頁下）資持卷中二：「疏云：不同雨衣，一事生二，以受用雖異，同是雨衣。此戒過前，犯由受施；過後，罪據畜長。故云不同也。」（三〇四頁上）

〔三〕**過前五緣**　鈔科卷中二：「初，雙列犯緣。」（六八頁中）簡正卷一一：「七月五日已前是也。」（七一三頁下）

〔四〕**急施**　資持卷中二：「初緣，引律釋急施開意。」（三〇四頁上）

〔五〕**若受便得，不受便失**　鈔批卷一七：「立謂：施主既欲遠行，逆將奉施，對此之時，若受則得，若不受永失也。謂施時不取，後須難得。」（七五五頁上）

〔六〕**過前**　資持卷中二：「自恣十日在，即七月初六已後得受。爾前輒受，名過前。」（三〇四頁上）

〔七〕**無緣** 鈔批卷一七：「案四分云：謂有失、奪、燒、漂等緣，闕無三衣，得過前而受用作三衣，今無此緣，故曰無緣。」（七五五頁下）資持卷中二：「若奪衣、失衣過，前取無犯。」（三〇四頁上）

〔八〕**過後五緣** 簡正卷一一：「標過後畜，五緣犯也。」（七一三頁下）

〔九〕**是十日內** 資持卷中二：「準知前後無互犯也。」（三〇四頁上）簡正卷一一：「如七月六日受衣不便說淨，至八月十五日，即須說不說，至十六日是過後畜也。乃至十五日受衣，八月二十四日須說不說，至二十五日是過後畜。中（七一三頁下）間比知，文中正是指此十日內也。」（七一四頁上）鈔批卷一七：「若是七月六日已後受，即是十日內成急施衣，有過限畜罪。若七月五日受，即是過前受，已犯前罪，更無過後畜罪，以罪不重犯故。問：『何故佛開去自恣十日內受，不許過前受者？』答：『約施主無心，本為夏勞故施，正合時中而受。今有急難緣故，預將奉僧，故十日內，與時分相接，還同本施，故開十日內受。若過前受，則不與時分相接，不稱本施心，故不許也。如七月六日得衣，至七月十五日正滿十日，合說淨。至七月十六日得，十一日即入迦提月，不須說淨。至八月十五日，是假滿，即須說淨，若不說是過後畜也。如是七月七日、八日、九日已去，得衣。驀過迦提月數日，足前得十日，即說淨，若不說即犯。今言十日內者，正是指此十日內也。」（七五五頁上）

〔一〇〕**不作淨** 資持卷中二：「律云：若寄衣比丘遠行，水陸道斷，過後不犯。」（三〇四頁上）

〔一一〕**過限** 資持卷中二：「若七月六日，受至八月十五，即說不說，十六日犯。（若受德衣至十二月十五說淨，下增準說。）初七受者，前減一日，後增一日。（八月十六說，淨。不說，十七犯。）如是乃至十五日受，前減九日，後增九日。（八月二十四說淨，不說明日犯。）是名次第增（【案】『增』疑『增』。）也。」（三〇四頁上）

〔一二〕**事希法隱** 鈔科卷中二：「『事』下，示略指廣。」（六八頁中）簡正卷一一：「急施衣事是希，其法亦隱。」（七一四頁上）

〔一三〕**餘如疏本中，廣明「時非時法」** 資持卷中二：「今且撮示時非時相。夏竟，一月、五月名時，餘則非時。初，明本是時衣非時而受，故於時外更開十日。（即急施也。）時中受衣，本非急施故，不外開。（十六已去，所得夏衣。）二、非時受衣，跨入時中十日須說。（夏未竟，得非時衣入時中，限滿須說。）三、時內得衣，非安居施，衣利寬故，亦同一月、五月開之。四、明絺那，五

月可攝一月，同是時故。五、一月中不攝十日，時非時異故，略知如此」（三〇四頁中）簡正卷一一：「疏問云：『何以非時受衣，一月五月外，更增九日？時中受衣，所以不增者，此約七月六日受急施衣，對時中受衣論也？』答曰：『此中本是時衣，以急緣故，開非時受。所以時外開之，餘衣本無時限，隨受隨說故也。』問：『如長衣七月十六日受，十五日前開位，十六日接，是時分，何為不同急施衣？』答：『受長無時節，隨受名非時，急施必接取，所以前後開。相疏亦云：長衣不與時衣相接者，但有前開，是以便犯。急施衣十日受者，前開入十六日，須是後開，兩開相接，越此分齊，是以無罪。又，戒疏云：七月十五日長衣時內，九日足須說淨。更有餘義，非急不敘。』」（七一四頁上）鈔批卷一七：「深云：迦提一月、五月，名曰時。（七五五頁上）除此已外，皆名非時。急施衣，據本心為安居故施。今去時分，十日內，與時分相接，是名時衣也。以七月六日受得，過迦提月，方須說淨。餘非急施衣，即如長衣等則不爾。若時中得長衣，則際迦提月滿，即須說淨。若迦提月之前得長，則名非時，得衣則不得騫迦提月。要將時中日，足前非時之日，滿十日須說。迦提五利不說淨者，據時中得長衣故，開未用說也。若時前得衣者，唯許急施一色，得騫迦提也。故戒疏云：七月十五日得長衣，時中九日須說。如是例之。首疏問：『何以非時受衣，過一月五日外更增九日？時中受，所以不增日者？』答：『非時受衣，還得非時開。今既時受，何得非時開。』『若爾，我非時受，亦應不得時中開？』又解：『要是急施，非時受時，外更增九日。時中受者，既非急施衣，受無時限，何須更開九日！』礪問：『汎爾長衣，十日不說，越十一日明相出便犯。此急施衣，七月六日受，十日竟，入十六日，明相應犯。何故乃言一月五月應畜不犯？』答：『長衣不與時分相接者，但有前開，無其後開，是以便犯。此急施衣，十日受者，是其前開。入十六日，復是後開。（七五五頁下）兩相接，越此分齊，是以無罪。』『若爾，七月十五日，離衣及安居，明相未出，未成破夏，離衣入十六日，復是令去之限，應無破離之罪？』答：『夏與離衣者，但有後開，無其前聽。以十五日夜，猶須界內守夏護衣，是故不類也。私解云：言夏衣但有後開者，謂自恣後，方開出界、方開離衣也。自恣前，無開出離文也。長衣若與時分相接者，則前後俱開。自恣前，則有平常十日之開；自恣後，復有迦提開也。』」（七五六頁上）

有難蘭若離衣戒〔一〕二十九

六緣：一、是受持三衣，二、冬分非時〔二〕，三、有疑怖處，四、置

衣在村，五、無因緣〔三〕，六、過七夜，犯。

四分：疑者，畏有賊盜〔四〕。十誦：疑失一水器〔五〕；怖畏者，乃至
惡比丘畏。言村內者，僧祇：寄著可疑俗人家〔六〕。以不良家知此比丘無衣
隨身。五分：上二衣中，隨所重者，聽寄一衣〔七〕。不得寄下衣，以隨身
故。禮拜入寺乞食，不得單著〔八〕，但得寄一衣。

明兩緣〔九〕者。

僧祇〔一〇〕：夏三月，在蘭若恐怖處，開置一衣村內，不作日限。五
分〔一一〕：夏中不許離衣，要待後安居竟〔一二〕。賊難恐怖因緣，得寄白
衣家，不作日限，唯須十日一度往看〔一三〕，恐有濕爛、蟲齧等過。善見：
蘭若處僧坊堅密，不須寄衣〔一四〕。無者得寄，六夜一看；見衣已，還蘭
若所。上來諸部，恐有急難賊怖，則開寄衣，不作日限〔一五〕。必有他緣，
方制六夜〔一六〕。四分初緣。因蘭若賊劫，佛令置一一衣村內，不制日限
〔一七〕。後因聚落比丘起過〔一八〕，更開緣至六夜，而不顯緣相，致令古
師妄執〔一九〕。

今準諸部明文，有緣皆開〔二〇〕。五分：有恐怖者，不限多日〔二一〕，
如上。更開塔、僧事，和尚、闍梨事，及他事〔二二〕。皆聽六夜留一一衣
白衣處。明了論中〔二三〕：蘭若比丘夏安居中，須往餘處聽法，不可恒將
三衣聽留寄餘處。六宿不失，至第七日還取衣〔二四〕。過第七夜已，如前
寄之。事若未竟，中間恒許。

律不犯中。已寄六宿，至第七夜明相未出前〔二五〕，若到衣所〔二六〕，
若手捉衣，謂蘭若、俗人家女人處，必捉衣〔二七〕。若至擲石所及處〔二八〕，若
捨衣〔二九〕。餘同聚落離衣戒說〔三〇〕。

【校釋】

〔一〕有難蘭若離衣戒　資持卷中二：「（佛在舍衛。蘭若比丘為賊打奪什物，佛令
　　留寄村舍。六群寄衣遊行。因制。）名中：有難，簡非安靜；蘭若，標異前戒。
　　此謂空野比丘慮賊奪衣，佛開寄於村聚，身在蘭若，無慮奪、失故也。」（三
　　〇四頁中）簡正卷一一：「恐怖迥遠，名『有難蘭若』；開寄法服，故曰『離
　　衣』。此是所防。」（七一四頁上）鈔批卷一七：「疏問：『此戒與前離衣戒有何
　　異，所以更制者？』答：『但前戒聚落清夷，一宿即犯，此則若險怖，過六夜
　　犯。前是常流人，有功德衣開。此是有難，又兼勝行。勝行者，即頭陀行也。
　　不受德衣，但有迦提，以非作故，故有異也。佛有教網，六宵一會，越此期

限，乖違聖旨，故制提罪。』」（七五六頁上）扶桑記：「疏曰：打奪什物者，有人數衣鉢滿十，非也。什謂物之總號，不局衣裳。又，史記注：人家常用之器非一，故曰什物。」（二二〇頁下）【案】本戒鈔科簡稱為「蘭若離衣」。鈔中，犯相文為分三：初，「六緣」下；二、「四分」下；三、「明兩」下。四分卷一〇，六三二頁上開始。

〔二〕**冬分非時** 資持卷中二：「律云八月半後。」（三〇四頁中）簡正卷一一：「從八月十六日後，即是冬分。又非迦提月，時名非時。何以得知？故律云：諸比丘夏安居竟，後迦提一月滿，在阿蘭若處住，有賊劫奪衣鉢坐具等。諸（七一四頁上）比丘畏賊，皆來趣祇洹住。謂夏中不許離衣，迦提一月，任運許之。又復滿已，今從冬分起首，至明季四月十六日已前，並是非時。蘭若有難，並開離也，故云冬分非時。」（七一四頁下）鈔批卷一七：「即八月十六日後，至十二月半來是冬分，非以其夏中不許離衣也。亮云：疏主及南山并古師，並判夏衣冬分開離也。由四分文隱，古來錯判。據其諸部，咸約夏中。（如後引五分、祇律、士誦。）如何四分獨違難通？律云：若比丘夏三月竟，（七五六頁上）後迦提一月滿。（已上依律文。）有人出本云：若比丘夏三月安居竟，至八月十五日滿。疏主則云：是前安、後安俱滿，故曰也。南山輒足『已』字，云『至八月十五日滿已』。今詳，俱非得意。若言夏三月安居竟，是前安者，合得迦提五利，理合得離。何假有難，方開離衣？遂即解云：此蘭若六夜，是上行人，不取五利故也。今詳不然，文無此相，又乖餘部，故今正解。言夏三月安居者，謂前安結法竟也。至八月十五日滿者，謂齊後夏滿際已來，則是約夏四月內也。昔師意謂：八月十五日已後，今須定約；八月十五日已前，須引諸部證成。如下當述。（云云。）賓云：古來共傳，謂迦提月滿足已後，非時分中，開離六夜。今淨三藏云：此戒本為後安居人開其六夜，由前安人夏滿出去，後人須至迦提滿，來此處護衣。此月多賊，又為獨居，故開六夜。非關上行，但有迦提。今觀此律，不局後安。故緣起云：夏安居訖，然後雖安訖，猶居蘭若，亦得說為迦提滿來，在阿蘭若故。釋前戒文，應言滿來，理非滿外。南山輒改戒本云：夏三月安居竟，至八月十五日滿已，若逈遠有疑恐怖處者。（七五六頁下）太成疏失。准驗餘律，皆是滿來，非是滿外。且五分第五、僧祇第十一，並悉大同。五分戒本云：若比丘，住阿練若，安居三月，未滿八月。釋中云：安居三月者，前安居未滿八月者後安居，祇律開緣，非唯為難。彼云，佛告憂波離：『往沙祇國與僧滅諍。』憂波離言：『我僧伽梨重，而今半

安居中留衣犯捨。」佛問：『幾日可得往還？』憂波離言：『計去二日、來二日，都計六日，可得往還。』因開六夜。彼戒本云：夏三月未滿，比丘在阿練若等。釋中云：安居三月者，復四月十六日至七月十五日。未滿者，未至八月十五日。比丘未至末月中，阿練若處住。（上來諸文，皆是『滿來』。古人何因謬解也。）五分云：爾時有八月賊，常伺捕人，殺以祠天。多論第五：始過十五日，未滿八月十六日。（謂前安居人，始過七月十五日。）外國賊盜有時，此次六夜中間，是賊發時。案十誦第八卷云：若比丘三月過，未至八月未滿歲。若阿練兒比丘，在阿練兒處住，有疑怖畏。是比丘欲三衣中，隨一一衣。若界內家中，此比丘有因緣，出界外、離衣宿、齊六夜。過是宿者，尼薩耆波逸提。（律自解云：）未滿歲者，後安居已下文。又子注解云：（七五七頁上）三月過者，謂夏有四月，三月雖過，而後安居人，日猶未滿，故言未滿八月也。」（七五七頁下）

〔三〕**無因緣** 資持卷中二：「即奪、失等想，水陸、命、梵等礙，會衣不及，大同前戒。」（三〇四頁中）鈔批卷一七：「謂無水陸、道斷難緣也。又解，迦提一月緣也。此上行人，不受迦絺那衣，無五月也。」（七五七頁下）

〔四〕**疑者，畏有賊盜** 鈔科卷中二：「『初，釋第三。」（六八頁下）【案】「四分」下分三：初，「四分」下；二、「言村」下；三、「五分」下。

〔五〕**疑失一水器** 資持卷中二：「十誦明疑怖，皆謂舉輕以況重也。」（三〇四頁中）鈔批卷一七：「立謂：處所有疑盜賊，下至恐失一盛水器具等也。」（七五七頁下）【案】十誦卷八，五七頁中。

〔六〕**僧祇寄著可疑俗人家** 鈔科卷中二：「『言』下，釋第四。」（六八頁下）資持卷中二：「可疑家者，即盜竊者。」（三〇四頁中）鈔批卷一七：「為不良是賊，故以寄之。則知比丘空身在蘭若，不來作盜也。」（七五七頁下）

〔七〕**上二衣中，隨所重者，聽寄一衣** 鈔科卷中二：「『五』下，釋第一。」（六八頁下）資持卷中二：「五分初明開制。」（三〇四頁中）【案】五分卷五，三二頁上。

〔八〕**不得單著** 資持卷中二：「『以』下，顯制意。」（三〇四頁中）鈔批卷一七：「不得單著者，立謂：三衣合常隨身。今既聽留一個，餘二必須相隨入聚等。若重著是如法。今時單披一衣，大非法用，習俗生常耳。」（七五七頁下）

〔九〕**明兩緣** 鈔科卷中二：「『明』下，明兩緣。」（六八頁中）簡正卷一一：「對古師，但亦一緣，故今標兩緣也。古云：蘭若六夜許離衣者，只為恐怖之緣。今

云准外部五分、明了之文，別緣亦許。又准戒本語勢云：「諸比丘有緣離衣宿，乃至六夜。」既曰『有緣』，凡是因緣，總開六夜，何為恐怖難緣獨開？所以鈔亦兩緣：一是恐怖不作日限；二者別緣開六夜。（別緣，鈔文同說。）」（七一四頁下）鈔批卷一七：「景云：一謂有疑恐怖處，聽離衣，不限日數，隨難賒促也；二為佛法等事，聽六夜一會，不限冬夏。故曰兩緣。此並五分明文，而古師妄執：『蘭若恐怖，但得六夜，六夜一會，不限時節。』良以不見五分明文。又四分戒本但云有疑恐怊（原注：『怊』疑『怖』），得離一一衣，未云更有緣得離，而不出緣相也。今准五分，並有兩緣。（前言明兩緣者，五分文也。）」（七五七頁下）

〔一〇〕**僧祇**　資持卷中二：「僧祇開夏，不同四分。」（三〇四頁中）鈔批卷一七：「案祇云是憂波離。佛令往餘處和僧滅諍，僧伽梨重，佛開離之。問往彼滅諍，幾日得來，計用六宿，因此開六宿也。後因滿足，戒本中乃云：（七五七頁下）蘭若比丘，夏三月中，有恐怖疑難，得寄一衣，著聚落中不良家。若無此難，但為餘佛、法、僧事等，但得依前六宿耳。祇云：夏中有難，還許離者，即如上引祇文是也。」（七五八頁上）簡正卷一一：「謂祇、五、見三文，皆不作日限。然祇許夏內離衣，五分不許。前言冬分非時，即同五分制。令（原注：『令』疑『今』。）十日一度結者，與今見論少異。祇律：比丘蘭若處安居，出外乞食，被採薪人偷衣去，且聽寄衣，不作日限。」（七一四頁下）

【案】「僧祇」下分二：初，「僧祇」下；次，「今準諸」下。僧祇卷一一，三二三頁上。

〔一一〕**五分**　資持卷中二：「五分後安居竟，則同今宗。十日一看，開中制也。」（三〇四頁中）

〔一二〕**夏中不許離衣，要待後安居竟**　鈔批卷一七：「案五分云：佛在舍衛城，時有八月賊，常伺捕人，殺以祠天，至蘭若處欲殺。比丘聞之，各各迸走。賊即欲散餘處別求。賊中有一先出家罷道者，語眾人言：『我聞佛教不聽比丘離衣一宿，但共守之，問（原注：『問』字疑剩。）向曉必還。』時，諸比丘懼犯離衣，雖知賊未去，至後夜悉還，為賊所殺。中有不死者，念言：『佛若聽我滿八月日，寄一一衣，著白衣家，不遭此難。』以是白佛。佛言：『聽諸練若處比丘，安居三月，未滿八月，寄一一夜（原注：『夜』疑『衣』），著白衣家。』既寄衣他家，都不往看，又濕穢虫嚙。諸比丘以是白佛。佛言：『應往視。』諸比丘數數往視，居士厭惡。諸比丘白佛。佛言：『聽十日一視。』又諸比丘有塔事、僧事、和上

闍梨事及己事、他事，須出界，為衣故不敢出。白佛。佛言：『聽為是事，離一宿。』諸比丘出界一宿，其事未畢。復還，白佛。佛言：『聽六夜。若過六夜，犯尼薩耆罪。』（七五八頁上）上言安居三月未滿八月者，下文解云：安居三月者，前安居也。未滿八月者，後安居也。餘義如上釋訖。必有他緣，方制六夜者。如上引五分有難不作日限，今非有難，但是為塔事、僧事、和上事等之緣，開離衣六夜。」（七五八頁下）【案】五分卷五，三一頁下。

〔一三〕十日一度往看　簡正卷一一：「見論：六夜一看衣，亦爾。」（七一四頁下）

〔一四〕蘭若處僧坊堅密，不須寄衣　資持卷中二：「善見：僧坊不須，非蘭若故。無者得寄，正開緣故，六夜一看。異上五分。」（三〇四頁中）【案】善見卷一五，七七九頁上。

〔一五〕上來諸部，恐有急難賊怖，則開寄衣，不作日限　簡正卷一一：「結前第一緣。」（七一五頁上）資持卷中二：「『上來』下，總結。初，示怖緣無限，三部所同。」（三〇四頁中）

〔一六〕必有他緣，方制六夜　資持卷中二：「『必』下，明別開六夜，如後所引。」（三〇四頁中）簡正卷一一：「『必有』已下，明第二緣也。」（七一五頁上）

〔一七〕因蘭若賊劫，佛令置一一衣村內，不制日限　鈔科卷中二：「『四』下，引本宗斥古非。」（六八頁下）資持卷中二：「初示開緣，即前注引初是本開，不作日限，同上諸部。」（三〇四頁中）

〔一八〕後因聚落比丘起過　資持卷中二：「『後』下，即是重開。聽至六夜，同後諸文。聚落比丘即是六群。」（三〇四頁中）簡正卷一一：「鏡水大德云：此言似倒。涉於聚落一宿戒，今可迴又（【案】『又』疑『文』。）：蘭若比丘寄衣，在聚落中起過。准戒疏及鈔意，謂制緣許蘭若，置衣村中，不作日限。後因蘭若比丘別事，寄衣聚落一寄（原注：『寄』疑『宿』）不還，因茲起過，更約緣開至六夜。（古師所釋，與鈔全乖。不更敘也。）」（七一五頁上）鈔批卷一七：「立謂：諸比丘留衣在村，身在蘭若頭陀。村中失火，比丘走來，恐火燒衣，俗人譏言：『沙門釋子，見他失火，走來劫物。』以是白佛。佛言：『開六夜一看，得知在無，不致忙懅也。』」（七五八頁下）

〔一九〕開緣至六夜，而不顯緣相，致令古師妄執　簡正卷一一：「謂四分文中，但云寄衣在聚落不還，並不說是何等緣。不顯此之緣相，致使古人云是恐怖，制六夜故。」（七一五頁上）鈔批卷一七：「立明：但云得離六夜，不云有難，不作日限，不言餘緣，開六夜等。勝云：古師執言，有疑恐怖，但開六夜，過則結犯。

既同過生，制限六夜已定，何得更開？文但言恐怖等緣，不開餘緣也。古師雖有此執，違他五分明文。」（七五八頁下）資持卷中二：「雖開六夜，不言僧、塔等緣。古師妄執者，疏云：古來諸師，尋文不了，謂是恐怖，故開六夜。今約戒本，文相自分，前是難緣，（戒本從初至『置村舍內』，是恐怖緣。）後是別緣，（及有緣事，開六夜緣。）問：『今恐怖處，若無日限，與上列緣，如何通會？』答：『今明蘭若賊怖，亦止六夜。』『若爾，何以鈔云蘭若賊劫不制日限？』答：『此是本開，後因（三〇四頁中）起過，兩緣同制。』『若爾，與古師何別？』答：『古師不明，戒本雙列二緣，故斥之耳。』」（三〇四頁下）

〔二〇〕**今準諸部明文，有緣皆開**　鈔科卷中二：「『今』下，顯今準決。」（六八頁下）簡正卷一一：「謂四分別，雖無此諸緣，今准諸部而用，故云有緣皆開。不同古師，唯執四分，恐怖開於六夜。故戒疏引僧祇，因往斷事衣重，故開六夜。」（七一五頁上）

〔二一〕**有恐怖者，不限多日**　資持卷中二：「五分初指怖緣。」（三〇四頁下）【案】五分卷五，三二頁中。

〔二二〕**更開塔、僧事，和尚、闍梨事，及他事**　簡正卷一一：「皆聽六夜留衣俗家。故今鈔文引五、了論，皆有六夜別緣，證其四分，雖不顯緣相，可同諸部，有緣皆開。」（七一五頁上）資持卷中二：「『更』下，示別緣。即三寶、二師及他事者，謂道俗命召等。疏引僧祇：因往斷事，亦開六宿。」（三〇四頁下）

〔二三〕**明了論中**　資持卷中二：「了論聽法故開。」（三〇四頁下）

〔二四〕**至第七日還取衣**　資持卷中二：「謂持還蘭若，或止村中，以一宿間之。問：『前聚落比丘起過故開，為開聚落不？』答：『緣因聚落，開唯蘭若。了論明證，豈復疑乎？』」（三〇四頁下）

〔二五〕**已寄六宿，至第七夜，明相未出前**　資持卷中二：「初，示日限。」（三〇四頁下）

〔二六〕**若到衣所**　資持卷中二：「『若』下，明來會，有四：初，約容緩；二、有染情兩礙；……三、謂奔赴纔及勢分，必約界無三礙；四、即隔礙。餘失受失衣、有罪無罪，並同前釋，故總指之。問：『此與前戒幾別？』答：『一、聚蘭二處；二、有疑無疑；三、一宿六夜；四、前因病緣，此唯賊難；五、前通三時，此除夏分；六、前開羯磨，此但直離。如是簡之。」（三〇四頁下）

〔二七〕**謂蘭若、俗人家女人處，必捉衣**　資持卷中二：「示染礙，準前兼之。」（三〇四頁下）

〔二八〕**擲石所及處**　簡正卷一一：「謂入勢分，由則不失也。若有情、染二礙，必須

手捉衣。若捨者，謂不會開對首、心念遙捨。餘同『離衣戒』說，謂失、奪、燒、漂，四想。不捨衣不捉，不至擲石及處不犯。若船濟不通、道路險難、盜賊惡獸、河水瀑長（七一五頁上）、強力所執、禁（原注：『禁』疑『梵』。）命二難等，同前。」（七一五頁下）鈔批卷一七：「謂入勢分內，則得不失。若有三礙，當須入手捉也。」（七五八頁下）

〔二九〕若捨衣　鈔批卷一七：「立謂：若不得會，開對首、心念遙捨。」

〔三〇〕餘同聚落離衣戒說　鈔批卷一七：「立謂：若論開文，劫奪想、燒漂等想，水陸道斷等緣，明失不失，大同前『離衣戒』也。」（七五八頁下）

迴僧物入已戒〔一〕三十

具四緣〔二〕：一、是通許僧物〔三〕，二、作許想，三、迴向己，四、入手，便犯。

律云〔四〕，僧物有三種〔五〕：一、是已許僧〔六〕；謂通明施僧，而未分僧、別二異。此迴犯捨也。二、為僧故作，未許僧〔七〕；謂俗家為僧作牀褥、器具，供僧之物，此迴得吉羅也。三、已與僧者，已許僧，已捨與僧〔八〕。此決施於僧，不許別屬，迴犯棄。

僧祇〔九〕：若人持物來問僧「何處布施」，答言「隨汝所敬處與」。若言「何處果報多」，答言「施僧」。若言「何者持戒清淨」，答言「僧無犯戒不清淨」。若言「我已施僧，今施尊者〔一〇〕」，得受，無罪。若言：「此物置何處，使我常見受用？」答：「某甲比丘，坐禪、誦經、持戒，若施彼者，長見受用〔一一〕。」

四分〔一二〕：若物許僧轉與塔，許四方僧迴與見前僧，許比丘僧迴與尼僧，許異處迴與異處，乃至許異處迴與此處，一切吉羅。並謂未決定〔一三〕。若決別施，隨前犯〔一四〕。僧祇：迴此、彼畜生物，越心悔〔一五〕。

十誦、多論〔一六〕：若檀越施此自恣僧物，迴與彼自恣僧者，物應還，此比丘作吉悔〔一七〕。若不還此僧，計錢成重，乃至此、彼一人物，迴亦成重〔一八〕。準此，定屬僧次，迴與他人，成重〔一九〕。

律不犯〔二〇〕中。若不知，若已許作不許想，若許惡勸與好者〔二一〕，一切不犯。

　　　　　四分律刪繁補闕行事鈔卷中之二

【校釋】

〔一〕迴僧物入已戒　資持卷中二：「（佛在舍衛。居士飯僧施衣，跋難陀聞語，言施

僧者：『多，今可施我。』舉過。因制。）戒名疏云：許僧物者，次己有濫，迴容稱心，喜為故制。佛法之物無濫，義稀難迴制輕。」（三〇四頁下）【案】本戒鈔科簡稱為「迴僧物戒」。四分卷一〇，六三三頁上開始。

〔二〕**具四緣**　簡正卷一一：「問：『何以但言迴僧，而不言迴佛、法物？』答：『或云許僧物者，於己有濫，迴容稱心，意為制重。佛法之物，濫義是希，雖迴制輕也。』」（七一五頁下）

〔三〕**通許僧物**　鈔批卷一七：「汎爾許僧（七五八頁下），未分彼此常住、現前之別迴之，正犯此戒。立云：此約輕物，然須作許想想心，謂未許僧，迴亦不犯。」（七五九頁上）

〔四〕**律云**　鈔科卷中二：「初，第一。」（六九頁中）

〔五〕**僧物有三種**　資持卷中二：「前二當戒，重輕分異。」（三〇四頁下）

〔六〕**已許僧**　簡正卷一一：「初，已許僧者，決非屬己，定僧為作，眾多別少，心未決故，迴犯墮也。」（七一五頁下）

〔七〕**為僧故作，未許僧**　簡正卷一一：「雖非屬己，眾別未分，若迴犯吉。」（七一五頁下）鈔批卷一七：「立謂：此句是重物，以施主心未決施，僧別故，廻得吉，前句是提。然古來諸師，諍此二句不同。有云俱是提，宣判第二句吉。由是重迴，故犯吉也。」（七五九頁上）

〔八〕**已與僧者，已許僧，已捨與僧**　資持卷中二：「第三，盜攝。上句牒示，下二句顯相。」（三〇四頁下）簡正卷一一：「定屬有主，迴犯重罪，以同盜常住也。」（七一五頁下）

〔九〕**僧祇**　鈔科卷中二：「『僧』下，第三。」（六九頁下）資持卷中二：「僧祇五種對答，學者宜依。豈唯離罪，頗彰大度。凡愚睹施，誰不動懷？不知教制，多迴入己，貪婪鄙吝，不異下流。惡業積深，終歸異趣，覿此聖訓，豈不介懷。文中得受無罪者，非曲迴也。」（三〇四頁下）【案】僧祇卷一一，三二四頁中。

〔一〇〕**我已施僧，今施尊者**　簡正卷一一：「謂能施者，自是非法，受施者無過。如從賊受施之例，但不得乞，乞成迴僧物也。」（七一五頁下）鈔批卷一七：「如從賊受施，即以賊為物主也。」（七五九頁上）

〔一一〕**若施彼者，長見受用**　鈔批卷一七：「立謂：禪師等常在寺，行道禮佛，使得見也。」（七五九頁上）

〔一二〕**四分**　鈔科卷中二：「『四』下，餘事犯輕。」（六九頁下）資持卷中二：「文列五相，皆非入己，故罪階降，所許雖別。但是泛指施心，未決如注所顯。」（三

〇四頁下）

〔一三〕**並謂未決定**　簡正卷一一：「物雖行僧，由未定屬，自迴入己得提，迴與他得吉。若決別施，屬主已定。若迴此物，望損於他，隨前犯重，迴畜物者，且約畜結。」（七一五頁下）

〔一四〕**隨前犯**　鈔批卷一七：「深云：指第三句已許僧，不許別屬，迴得棄也。自意云：此言通明隨許處，迴入己隨境犯，未必的指一文也。首疏引伽云：若檀越請僧，食次未至，自言我應去，故妄語提。若是食，隨計直犯；若越次差請，此是定屬之物。又復越次專由我意，損他成重。若為前人說法，令物入己犯捨墮；迴尼僧物入己，亦同捨墮。若僧物迴此與塔，即入彼塔，不須還取，以福同故。比丘吉悔，此僧彼僧亦如上。」（七五九頁上）

〔一五〕**迴此、彼畜生物，越心悔**　簡正卷一一：「此屬已定，迴即犯重，何言吉悔？謂勸迴與彼，即得吉也。而物實未與彼，若物與彼，即是不還此僧，便成重故。彼此一人決屬故，迴即犯重。准此一人是定屬，無別相對，辨其未分。有僧次來，當次之人，亦是定屬。而迴與他，望損（七一五頁下）此人，應得不得，故成重也。」（七一六頁上）鈔批卷一七：「立謂：且約畜邊結也，必是有主之畜，各自給物，不許迴互。今若迴此與彼，望主結夷。」（七五九頁下）資持卷中二：「僧祇迴畜物，非人準同，必迴決施，隨境成盜。」（三〇四頁下）【案】僧祇卷一一，三二四頁中。

〔一六〕**十誦、多論**　鈔科卷中二：「『十』下，決施成重。」（六九頁下）資持卷中二：「初，迴僧物。」（三〇四頁下）

〔一七〕**若檀越施此自恣僧物、迴與彼自恣僧者，物應還，此比丘作吉悔**　資持卷中二：「作吉悔者，由非入己，（三〇四頁下）故不成墮。又即還僧，復非成重。」（三〇五頁上）

〔一八〕**乃至此彼一人物，迴亦成重**　資持卷中二：「『乃』下，迴別人物。」（三〇五頁上）【案】多論卷六，五三九頁中。

〔一九〕**準此定屬僧次，迴與他人，成重**　資持卷中二：「『準』下，蓋決。越次，即同迴別。」（三〇五頁上）

〔二〇〕**不犯**　資持卷中二：「不犯三相。上二，約心好惡約物。律中更有許少勸多。（謂許僧少物，勸令增多也。）許少人、勸多人，若戲言、若錯說等，故云『一切』也。」（三〇五頁上）

〔二一〕**若許惡勸與好者**　簡正卷一一：「即持戒為好，破戒為惡也。」（七一六頁上）